出土文献
与早期中国思想世界
王中江 主编

出土文献
与早期道家

丁四新 著

中国人民大学出版社
·北京·

总　　序

　　刻画早期中国文明特征，已有的青铜时代、轴心时代等符号富有象征性。出土的大量简帛文献、文本带来的认识早期中国文明的新契机、新信息，会将人们带到一个具有许多不同可能的想象中。至少从商周到秦汉这一纵贯多个朝代的历史时期，是不是也可以叫作简帛时代呢？客观和公允的回答应说"是"而不应说"否"。这是一个普遍使用竹简、木牍、缣帛进行书写和记载的时代。早期中国的文明、历史、语言、思想等精神创造，除了有限的甲骨文、金石文外，都永恒地留在了简帛和木牍的记忆世界中。

　　相较于甲骨学、敦煌学，简帛学、简牍学因其实物仍源源不断地从地下发现和出土而更加生机勃勃。依据《尚书》记载的"惟殷先人，有册有典"，张政烺先生推测，中国先人将竹简作为书写材料的历史非常悠久。我赞成这一推测，尽管我们发现战国之前的竹简实物还比较少。"册""典"这两个字，清晰地显示了它们的象形身影。

　　从19世纪末特别是从20世纪70年代以来，银雀山汉简、马王堆帛书、定州汉简、睡虎地秦简、郭店楚简、上博楚简、清华藏战国简、北大藏汉简、岳麓书院藏秦简、海昏侯墓汉简等先后问世,至少在扩大和深化早期中国文明(包括文献、政治、法律、语言、古文字、思想及哲学等)的认知上,意义非凡。如果接受默证法,即没有看到的就是不存在的,这些新出土的简帛文献莫非都是无中生有的神话。

简帛文献除了像《周易》《老子》和《论语》等传世本外,大多数是千古未知的佚文。像《黄帝四经》《五行》,即使有相应的记载,但它们的真面目过去一直是个谜。它们重见天日,完全称得上是奇迹。我不想夸大出土简帛文献的重要性,但也决不认可卑之无甚高论的意识。子学传世文献与简帛佚文之间的关系,也许可以用早期中国哲学、思想的主流与支流的关系来解释。流传下来的一般来说都是重要的,没有流传下来的也许不都是那么重要。除了"六经",除了《国语》《战国策》《逸周书》等历史性文献,传世的《晏子春秋》、《老子》、《论语》、《礼记》、《墨子》、《孟子》、《公孙龙子》、《庄子》、《管子》、《荀子》和《韩非子》等典籍,代表的可谓是早期中国哲学和思想的主流。而战国简多为佚文,不管多么重要,相对来说它代表的或许主要是早期中国哲学和思想的支流。

对于早期中国子学传世典籍和新出土的文献,用单一的方法,用单一的概念,用单一的理由,用单一的假定,用单一的例子,去判断和定位它们的早和晚、前和后,既草率又傲慢。《老子》一书在春秋晚期就被叔向引用,在战国时代又多被引用,那么多的早期典籍记载着老子、老聃之名,有人仍振振有词,怀疑《老子》其书和老子其人的真实性,不知这是什么实证方法。单凭《史记·老子韩非列传》中记载太史儋、老莱子是当时的一个传说，不管司马迁是不是相信这个传说，也不管《史记》中其他地方对老子（除列传十一处，还有十二处）、老氏（一处）、黄老（十一处）的记载，就将老子其人变成一个传说。说"三十辐共一毂"只是战国时期车辆轮辐的标准，不管车辆的复杂演变和春秋时期二十八辐的车轮已成为车轮的一种基本标准，且在战国时期也很通行，将《考工记》中记载的"轮辐三十"断定为只是指战国时期的车轮，以此判断《老子》只能出于战国时期，不知这是一种什么论证和求证方法。说周秦古书不是一时一地之物，而是不断增加和附益的结果，如果这主要是指书的内容，那么将这一种情形普遍化，就不知这是一种什么推论方法。

对于出土简帛文献的哲学和思想研究，海内外学界已经有许多积累了。不断扩展和深化这一前沿与交叉领域的研究，需要我们借助新视角、新眼光和新方法，需要我们为其中的各种疑问、疑难和疑点寻找解决的突破口。这一丛书是这一追求和努力的一部分，每部著作都独立从不同方面尝试深化这一领域的研究。它是由我主持的国家社科基金重大项目"出土简帛文献与古代中国哲学新发现综合研究"成果的又一系列，是各位同道精心合作和合力的结果。它的出版令人欣慰和愉悦。希望它能成为这一领域研究的新的出发点。感谢中国人民大学出版社刊行这一丛书，感谢王琬莹女士的精心策划和各位责任编辑付出的辛劳。

王中江

2023 年 3 月

序

历史上先秦古籍古书的重大发现有两次。一次发生在西汉前期，鲁恭王坏孔子宅，得《古文尚书》《礼记》《论语》《孝经》等书篇，史称"孔壁古文"；另一次发生在西晋武帝时期，人们在汲郡一座战国大墓中发现了大批战国中期抄写的竹书，史称"汲冢竹书"。不过，很可惜，这些古书大多没有保留下来。

1942年，一件楚帛书在湖南长沙子弹库被发现，由此拉开了古籍古书大发现的新纪元。以1972年和1993年为界，1942年以来的古籍古书大发现可分为三个阶段。1972年，山东临沂银雀山汉墓出土了大批竹书，标志着第二个阶段的来临。随后，人们相继发现了八角廊汉墓竹书、马王堆汉墓帛书、双古堆汉墓竹书、张家山汉墓竹书、慈利楚墓竹书和九店楚墓竹书等，其中马王堆汉墓帛书的价值和意义尤其重大。1993年10月，人们在湖北荆门郭店1号楚墓发现了大批儒道竹书，标志着第三个阶段的来临。萧萐父先生曾肯定郭店竹书"几乎全是最高水平的学术著作"，是墓主"精心选辑的'最精美的图书'，代表了当时时代精神的精华和学术思潮的主流"，又认为，"这次大批简书的纷纷出土和研究的逐步深化，势必对中华学术文化的未来发展产生巨大的、难以估量的影响"。① 现在看来，这些评论恰如其分，高瞻远瞩，极富胆识。在郭店简之后，人们又相继发现了上博简、清华简、北大汉简、安大简、海昏简、夏家台简、王家嘴简等。这些楚简和汉简包含了大量儒家、道家、阴阳家及经书类、史书类著作。在第一、二阶段的基础上，1992年，李学勤先生率先提出了著名的"走出疑古时代"的口号。② 1998年，郭店简的出版正式宣告了"疑古时代"的终结，大批学者由此走向了新的先秦古籍古书观和中国古代思想文化重构重光的新时代。在郭店简宣告"竹书时代"到来的基础上，上博简、清华简、安大简、夏家台简、王家嘴简等为春秋战国时期的学术思想研究和重构奠定了雄厚的资料基础，已经在很大程度上改变了中国古典学术与中国古代思想研究的环境和生态。③

笔者研究和研读出土先秦秦汉简帛文献已有二十余年，与许多业界同行一样，起步于1998年对郭店简的研究。自那以来，笔者出版了《郭店楚墓竹简思想研究》（2000年）、《郭店楚竹书〈老子〉校注》（2010年）、《楚竹书与汉帛书〈周易〉校注》（2011年）、《周易溯源与

---

① 萧萐父：《楚简重光 历史改写——郭店楚简的价值和意义（1999年10月珞珈山首届郭店楚简国际学术研讨会开幕式上的发言）》，见氏著：《萧萐父选集》，武汉大学出版社，2013年，第133页。萧文原载《文汇报》2000年9月9日"学林"专栏。
② 李学勤：《走出"疑古时代"》，《中国文化》1992年第2期。该文后作为导论，收入李学勤《走出疑古时代》（辽宁大学出版社，1994年）一书，题名去掉了引号。
③ 以上，参见拙作《新出儒家简牍文献及其研究》（《孔子研究》2023年第4期）的介绍。

早期易学考论》（2017年）和《上博楚竹书哲学文献研究》（2022年）五部专著，主持了全国优博课题"楚地出土简帛文献研究"、教育部人文社科重点基地重大课题"上博楚竹书儒道哲学文献研究"、国家社科基金重大项目"出土简帛四古本《老子》综合研究"，在不断辛勤耕耘的基础上取得了不错的成绩。与此相关，近十年来及未来一二十年，笔者特别想做的工作是重新清理、建构、解释和叙述春秋晚期至战国末季的哲学和思想，希望在脉络、结构、观念、内容和内涵上对其做出较大的重塑和改变。

在对待先秦诸家上，笔者大体上持均衡立场和态度，儒、道、阴阳、墨、名、法诸家都在笔者的研究和兴趣范围内。不过，从先秦诸家的传承和思想推演来看，儒、道两家蔚为大宗，而笔者的实际研究亦与之相应，主要集中于这两家的思想和文献上。道家著作和思想，是笔者研究简帛书的一个重点，自1998年以来，笔者研究了郭店简《老子》《太一生水》、上博简《恒先》《凡物流形》《彭祖》、马王堆帛书《经法》《十六经》《道原》等，有些著作还不止研究过一次。这些成果集中起来，足以形成一部内容比较充实的专著。

本书汇集了笔者研究出土道家思想的论文，共五章，它们是《楚简本〈老子〉的思想》《郭店楚竹书〈太一生水〉再论》《"亙"与"亙先"：上博楚竹书〈恒先〉的关键概念研究》《"道"之"一"：上博楚竹书〈凡物流形〉的哲学思想》《本体之道的论说：马王堆帛书〈道原〉的哲学思想》。第一章由拙著《郭店楚墓竹简思想研究》相关章节和段落及《论简本和帛本、通行本〈老子〉的思想差异》(《楚地出土简帛文献思想研究（一）》，湖北教育出版社，2002年）一文合编而成。拙著研究郭店《老子》思想，除见于是书第一章外，又见于第六章、第七章和第八章，今与《论简本和帛本、通行本〈老子〉的思想差异》一文合编为一章。在此基础上，笔者又对相关文字做了一定修改和润色。第二章是笔者对于郭店简《太一生水》篇的再研究，原题为《楚简〈太一生水〉研究——兼对当前〈太一生水〉研究的总体批评》，载于《楚地出土简帛文献思想研究（一）》一书，其中部分文字（《楚简〈太一生水〉第二部分简文思想分析及其宇宙论来源考察》）发表于《学术界》2002年第3期。今次收入本书，笔者做了一定文字润色和修改，但没有改变主要观点。第三章先以英文形式发表于《中国哲学前沿》（*Frontiers of Philosophy in China*）2016年第2期，后以中文形式发表于《新疆师范大学学报（哲学社会科学版）》2017年第3期。今次将中文稿收入本书，笔者做了少量文字润色。第四章由王政杰撰写，我做了部分观点和文字的修改，联名发表于《江西社会科学》2023年第6期。今次收入本书，笔者又按照自己的理解对这篇文章做了局部修改。第五章原载于《湖南省博物馆馆刊》第2期（岳麓书社，2005年），后经修改和润色重新发表于《老子学集刊》第5辑（中国社会科学出版社，2021年）。今次将后一稿收入本书，在此基础上，笔者又做了少量文字润色。本章还以"余论"形式编入了笔者通论帛书《经法》《十六经》《称》《道原》思想的文字，原载于《中国哲学通史·秦汉卷》（江苏人民出版社，2021年）

第三章第三节。最后，本书还附录了《郭店楚竹书〈太一生水〉注译》和《上博楚竹书〈凡物流形〉注译》两文，这两篇文章是笔者新近撰写的，尚未在其他任何地方发表过。

顺便指出，本书凡引用出土文献，残缺或残沥不清之字，用□表示；若字数多少难以判断，则以……表示；可据补之字则补之，并加【】表示；简文中的假借字、异体字等随文注出本字和正字，加（）表示；衍文加⦅ ⦆表示；脱文加〚 〛表示；讹文经改正后的正字加〈 〉表示。出土简帛文献多用重文符号和合文符号，本书凡有引用，一般径直改为本字。

本书整理完毕后，博士生王政杰负责了部分注释的查找和参考文献的编辑，并对部分注释所据古籍版本做了统一。在出版过程中，博士生赵卓凡、王子航、王振辉、陈建汉、王瑞琛和硕士生周心仪、赵丛君参与了本书的校对，特此致谢！

感谢国家出版基金，感谢中国人民大学出版社及有关编辑！希望本书的出版，有助于学界加深对出土道家文献和早期道家思想的理解和研究。

丁四新

癸卯年夏至序于北京双清苑

目 录

第一章 楚简本《老子》的思想 　1
　第一节 从字词、句序变化看楚简本《老子》与帛本、王本的思想区别 　2
　第二节 楚简本《老子》三组的思想及其所无的老子思想 　11
　第三节 楚简本《老子》的仁义观及其与《庄子》、竹简《文子》的关系 　17
　第四节 楚简本《老子》的道论与天人关系 　23
　第五节 楚简本《老子》的含德修身论 　31
　第六节 楚简本《老子》的政治哲学 　34

第二章 郭店楚竹书《太一生水》再论 　45
　第一节 文本分合：追问《太一生水》的理解前提 　45
　第二节 《太一生水》第一部分的内容和思想 　50
　第三节 《太一生水》第二部分的重要概念和命题 　68
　第四节 "道亦其字也，青昏其名"新解及其宇宙论来源 　85
　第五节 《太一生水》应当分篇及其学派性质重估 　100
　第六节 小结 　119

第三章 "亙"与"亙先"：上博楚竹书《恒先》的关键概念研究 124

第一节 《恒先》亙、浧、惌的古文字厘定与"恒""极"的释读 125

第二节 是"恒先"还是"极先" 132

第三节 "恒"与"道""天道""极"的关系 139

第四节 小结 148

第四章 "道"之"一"：上博楚竹书《凡物流形》的哲学思想 151

第一节 《凡物流形》的研究概况及其存在的问题 152

第二节 "一"与"流形成体"：《凡物流形》论宇宙与万物的生成 156

第三节 "一"的修养工夫与政治功效 169

第四节 《凡物流形》与《老子》的关系及其思想来源和性质 178

第五节 小结 184

第五章 本体之道的论说：马王堆帛书《道原》的哲学思想 185

第一节 何谓"道原" 186

第二节 本根之道的消解和本体之道的内涵 192

第三节 圣王之道：知虚之实与上虚下静 208

第四节 余论：《经法》《十六经》《称》《道原》的大旨 219

第五节 小结 230

附录一 郭店楚竹书《太一生水》注译 232

附录二 上博楚竹书《凡物流形》注译 255

参考文献 296

第一章　楚简本《老子》的思想

郭店简发掘于 1993 年 10 月，是战国中期的楚文字抄本。1998 年 5 月，《郭店楚墓竹简》由文物出版社出版，《老子》即是其中的一种。郭店《老子》分三组抄写，甲、乙、丙三组分别抄写在长 32.3 厘米、30.6 厘米、26.5 厘米的竹简上。甲组竹简三十九支，分为上下篇，乙组竹简十八支，丙组竹简十支。楚简《老子》的图版和释文公布后，引起了国内外学者的极大关注，发表了众多研究成果。不过，相比较而言，研究楚简《老子》思想的成果较少。有鉴于此，本章将从多个方面来讨论其思想及相关问题。

需要指出，在本章中，楚简本《老子》，或简称简甲、简乙、简丙；帛书本，简称帛本，或帛甲、帛乙；通行本，一般以王弼本为例，王弼本简称王本，河上公本简称河本。

第一节 从字词、句序变化看楚简本《老子》与帛本、王本的思想区别

一、从字词、文义变化来看

在单句上，通行本《老子》对帛书本、帛书本对楚简本都有所改变，这包括语句的表达方式的改变、字词的增减和句意的调整三个方面。下文将就单句中的字词变化引起其文义变化来比较楚简本《老子》和帛书本、通行本的是非然否。

（1）在同于王本第十九章，简甲作"绝智弃辩"（简1）。帛本与王本同，虽有异文但不异读，作"绝圣弃智"。三本虽有用字的不同，但并无观念上的较大变化。简甲云："绝愚弃虑，民复季〈孝〉子（慈）。"（简1）帛本、王本云："绝仁弃义，民复孝慈。"郭店简整理者读"愚"为"伪"，裘锡圭读"虑"为"诈"[①]，此句即为"绝伪弃诈"。"伪""诈"皆为恶德，都包含虚伪、欺骗之义。由此，学者普遍认为《老子》原本没有偏激、狂戾地排斥仁义等观念的思想，并认为"绝圣弃智""绝仁弃义"是庄子前后流行的观念，因为《庄子》中出现了"绝圣弃知""攘弃仁义"的说法，这特别表现在《庄子》外篇的前四篇中。这些判断和结论虽然值得关注，但是就楚简本来看，笔者认为，尚有商榷的余地。

---

① 荆门市博物馆编：《郭店楚墓竹简》，文物出版社，1998年，第113页。

（2）在同于王本第六十六章，简甲云："江海所以为百谷王，以其能为百谷下。"（简2—3）其中"百谷"一词二见。帛本、王本改为："江海所以能为百谷王者，以其善下之。"此二本省去了后一"百谷"，"能"字提前至前句，后句添加了一"善"字，看起来表现力更强。"能"与"善"一前一后，淋漓尽致地把文义表达了出来。此外，改后的文句变得精练了一些，因此这属于成功的文本改进之例。

简甲下两句"圣人之才民前也"（简3）和"其才民上也"（简3）的两"才"字，帛本和王本都换成了"欲"字。"才"读为"在"，它强调的是一个客观事实，而"欲"字则想象于未然，二字义有别。两相比较，似以"在"字为胜。

（3）在同于王本第十五章，简甲云"长古之善为士者"（简8）。"长"字，王本无，帛本此处缺损。在"长"字前、"好"字后，楚简本有一墨横。此一墨横当属误点，应在"长"字后。"长"与上文"强"字押韵。先秦秦汉传世古籍无"长古"一词，唯一例外见于《论衡·须颂》篇，云"俗儒好长古而短今"。此"长古"是动宾结构，与楚简本不同。简本"长"字当连上读，"好长"，王本作"好还"。"长"，久长，于义为长。王本作"还"字，一于义勉强，二与上文不押韵。

简甲云"是以为之颂（容）"（简8）。帛本、王本作"故强为之容曰"。"强"，勉强。帛本、王本添一"强"字，把"为士者"（或"为道者"）之"微眇（妙）玄达，深不可志"（帛乙）的特点更充分地表露出来，不失为合理的补充。

简甲云："竺（孰）能浊以静者将舍（徐）清，竺（孰）能庀（安）以动者将舍（徐）生。"（简 9—10）帛乙作："浊而静之徐清，女（安）以重（动）之徐生。"帛甲同于帛乙，有异文但不异读。王本作："孰能浊以静之徐清，孰能安以久动之徐生。"王弼注："浊以静，物则得清；安以动，物则得生。"观此注，可知"久"字王本原未必有。又"久"字与上句无对，可知"久"字必为后人所添加。傅奕本作："孰能浊以澄清之而徐清，孰能安以久动之而徐生。""澄清"与"久动"正相对，王本"久"字之衍，可能受此影响。比较三本，帛本最劣，王本其次，简甲最优。简甲比王本多"将"字，甚佳，于文义较长。

简甲云"保此道者不谷（欲）尚呈（盈）"（简 10）。帛本、王本皆无"尚"字，于文义有损。但为何帛本、王本去掉了"尚"字呢？原来帛本、王本在文末添加了"夫唯不【欲】盈，是以能敝而不成"（帛乙）一句，根据蝉联的需要，简本的"尚"字就被去掉了。帛本与王本的改造，有得有失。

（4）在同于王本第六十四章，简甲云"教不教"（简 12），简丙作"学不学"（简 13），帛本、王本均从简丙。教与学有别，不过两字古可互训，似不应非此即彼，以为必有一是。又，"学"古作"斅"。《说文·教部》："斅，觉悟也。"段玉裁注："斅、觉，叠韵。《学记》曰：'学然后知不足。'所谓觉悟也。《记》又曰：'教，然后知困'，'知困，然后能自强也。故曰：教学相长也'。《兑命》曰：'学学半。'其此之谓乎！按《兑命》上'学'字谓'教'，言教人乃益己之学半。教人谓之学者,学所以自觉,下之效也;教人所以觉人,上之施也,故古统谓之学也。"①段注已说明"教"与"学"的区别与联系,特别指出这两个字是可以通借的。因此过分强调简甲与简丙,以及简本与帛本、王本的差异性,这可能是错误的。

简甲"临事之纪"(简11)一句,含蓄概括,其后诸本作"民之从事也,恒于亓(其)成事而败之"(帛甲),则平白浅显,不抵楚简本远甚。

(5)在同于王本第三十七章,简甲云"道亘亡为也"(简13),"为"字帛甲、帛乙两本俱作"名",王本作"为",从简甲。"无名"与"无为"有别,此处当作"无为"。

简甲云:"夫亦将智足,智〖足〗以静。"(简13—14)下"智"下,脱"足"字,当补。"智足",帛甲、帛乙两本俱作"不辱",王本作"无欲"。帛本释文出版后,人们常谓"辱""欲"音同互假,而忽视了"辱""欲"二字形义上的差别。②今与简甲比较,"辱"未必是"欲"字之借。简本作"智(知)足",形音义俱尽,帛本作"不辱",其义有别。又,同于王本第三十六章,简甲云"智足不辱"(简36),帛本亦作"智足不辱",王本作"知足不辱",是"智(知)足"与"不辱"两词自来即相区别。权衡"智(知)足"与"不辱",当以楚简本为胜。王本作"无欲",与"知足"义近,属于同义换词。

---

① (清)段玉裁:《说文解字注》,上海古籍出版社,1981年,第127页。
② 高明:《帛书老子校注》,中华书局,1996年,第426–427页。

（6）在同于王本第二章，简甲云"长短之相型（形）也"（简16）。"型"，帛本作"形"，王本作"较"。"型"通"形"，王本作"较"，误，前人已指出。①

简甲云"万物作而弗忎也"（简17）。"忎"，帛乙作"始"，王本作"辞"。高明谓"始""辞"音通，"辞"当假为"始"，"始"为本字。②于省吾《老子新证》根据金文认为"始"与"辞"均为"翻"之借。"翻"，司也；"司"训"主"。所以"万物作焉而不司"是说"万物作焉而不为之主也"。③丁原植同意此说，认为作"司"解更符合《老子》原意。④笔者认为，当从高说，"忎"读为"始"是正确的。

（7）在同于王本第十六章，简甲云："至（致）虚，亘〈亟（极）〉也；兽（守）中，笃也。万勿（物）方作，居以须〈寡（观）〉复也。天道员员，各复其根。"（简24）在楚文字中，"亘"与"极"常混用，此处"亘"应是"极"字之误⑤，如简乙第2号简有两"亘"字，正为"极"字之误。"兽（守）中"，帛本、王本俱作"守静"，失故书之旧。陈鼓

---

① 毕沅云："古无'较'字，古文以'形'与'倾'为韵，不应作'较'。"刘师培云："《文子》云'长短不相形'；《淮南子·齐俗》曰'短修相形'，疑《老子》本文亦作'形'，与'生'、'成'、'倾'协韵。'较'乃后人旁注之字，以'较'释形，校者遂以'较'易'形'矣。"蒋锡昌云："按顾本成玄英疏：'长短相形……何先何后？'是成'较'亦作'形'。"转引自高明：《帛书老子校注》，中华书局，1996年，第230页。
② 高明：《帛书老子校注》，中华书局，1996年，第233页。
③ 于省吾：《双剑誃诸子新证》，中华书局，1962年，第233页。
④ 丁原植：《郭店竹简老子释析与研究》，万卷楼图书有限公司，1999年，第115页。
⑤ 李零：《郭店楚简校读记》，载陈鼓应主编：《道家文化研究》第17辑，三联书店，1999年，第466页。

应说:"由此更加突显了老子'守中'之说。"① 陈说是。"方",帛本作"旁",王本作"并"。"方"读作"旁"。《说文·上部》:"旁,溥也。"《广雅·释诂一》:"旁,大也。"一说"方""旁"均通"并"。"并"者,皆也,都也。《诗·小雅·宾之初筵》:"既醉而出,并受其福。""并受其福"即皆受其福。"居",帛本、王本俱作"吾"。"吾"与"居"形近易混,作"居"字是。"须",帛本、王本作"观"。"观复"出自《周易》。楚简本"须"同"頾"。"頾",待也。"须复"与"观复"有所不同。一说当作"观复"解,则简文"须"字为"寡"字之误,"寡"读作"观"。

简甲云"天道员员",帛甲作"天物雲雲",帛乙作"天物祏祏",王本作"夫物芸芸"。据此可知,王本"夫"字当是"天"字之讹,简甲和帛本俱作"天"字可证。简甲作"天道",帛本作"天物",其义有别,当以楚简本为是。又,"物(勿)"字疑是"道"字之讹乱。在古书中,"天道"常见,而"天物"少见。员员、雲雲、祏祏、芸芸之写法虽异,但不异读,通作芸芸。芸芸是众多、杂乱不绝之貌。由"天道员员,各复其根"来看,老子强调天道的杂多性。一说楚简本"员员"当读为"圆圆",此说疑非。楚简本的"天道员员"与《吕氏春秋·圜道》的"天道圜"不是同一命题。

(8)在同于王本第五十七章,简甲云"夫天多期(忌)韦(讳)而民尔(弥)畔(叛)"(简30)。"畔",帛本、王本均作"贫"。作"贫"字解,非。"畔""贫"二字,均当读为"叛"。

---

① 陈鼓应:《初读简本〈老子〉》,《文物》1998 年第 10 期。

简甲云"民多利器而邦慈（滋）昏"（简30），"邦"，帛甲作"邦家"，王本作"国家"。在上古时期，"邦"与"家"有别，"家"字当是后来衍增的。

简甲云"法勿慈（滋）章"（简31），帛乙作"□物兹章"，王本作"法令滋彰"。"法令"与"法物"不同，相差较大。"法物"，指由君主制定而由臣民遵从的法度、礼仪等事物。

顺便指出，郭店《老子》甲组第30—31号简一段文字当读为："夫天多忌讳，而民弥叛；民多利器，而邦滋昏。人多知天，奇物滋起；法物滋章，盗贼多有。"四字为句及四字偶句，是早期《老子》文本演变的一个重要现象。①

（9）在同于王本第五十五章，简甲云"和曰常，智（知）和曰明"（简34），帛甲虽有异文但不异读，帛乙作"和□□，知常曰明"，王本作"知和曰常，知常曰明"。四本相较，可知简甲最合理，《老子》此段简文以"和"为中心词。帛乙始改下句之"和"字为"常"字，王本进而将上句一并改为"知和曰常"。其变动的痕迹清晰可见，而文义亦随之变化。楚简本以"和"为关键词，以"和"规定"常"，以"知和"规定"明"，这与帛乙、王本重"知"重"常"的观念不同。帛乙、王本在一定程度上消解和掩盖了"含德之厚"（即"和"）的章旨。

---

① 刘笑敢对《老子》文本演变过程中的四字句趋同现象有特别的说明。刘笑敢：《从竹简本与帛书本看〈老子〉的演变》，载武汉大学中国文化研究院编：《郭店楚简国际学术研讨会论文集》，湖北人民出版社，2000年，第466-474页。

（10）在同于王本第四十一章，简乙云"中士昏（闻）道若昏若亡"（简9）。后一"昏"字，帛本、王本均作"存"。"昏""存"二字古音相通，若"昏"为"闻"之借，那么"闻"与"存"之义有别。"若闻若亡"，是说中士闻道，闻之未深，闻之未信，习学在口耳肌肤之表。"若存若亡"，则是说中士闻道习之未固，存亡未定，于义亦近。

简乙云"大器曼成"（简12），帛乙作"免"，王本多作"晚"。"曼""免""晚"三字音通。一说"曼"通"免"，"免"者，无也。[①]一说"曼""免"均当读为"晚"。《韩非子·喻老》云："（楚）庄王不为小害善，故有大名；不蚤见示，故有大功。故曰：'大器晚成，大音希声。'"《吕氏春秋·先识览·乐成》先引《老子》"大智不形，大器晚成，大音希声"三句后，以禹之决江水、孔子之用于鲁及子产治郑的故事阐明了"大器晚成"的道理。据此，《老子》原意似当作"晚"字。

总体上来说，竹简用字比帛书和通行本稍胜，但各有优劣。除历时性的变化所造成的讹误外，对于早期《老子》文本，我们一要重视其文本变化的规律性，二要重视其文本变化所导致的文义及思想变化，以及时代思想对于《老子》文本、文义及思想的影响。就第一点来看，上举第二例和第八例都体现了文本演变的规律性——蝉联和对偶法则。此外，声韵和字形通假法则，上下文的自我理解循环及历史材料的解释证据在理解活动过程中也都是很重要的。

[①] 廖名春：《楚简〈老子〉校释（五）》，载郑万耕主编：《中国传统哲学新论——朱伯崑教授七十五寿辰纪念文集》，九洲图书出版社，1999年，第503页。

二、从句序、词序变动来看

帛本和王本对楚简本《老子》的句序、词序做了较多改动，其中一些引起了文意或文本优劣的变化，值得注意。例如：

（1）在同于王本第二十五章，简甲云："天大，地大，道大，王亦大。"（简22）帛甲、帛乙、王本皆以"道大"在前，而以"天大，地大，王亦大"继之。顺便指出，简甲的次序还见于《淮南子·道应》所引《老子》。这两种次序的意义对于今人而言可能颇有差别。大概自帛本开始，"道大"被置于"四大"之首，被突显出来，而这似乎与"道"在早期中国思想中之地位的上升是相一致的。毫无疑问，对于今人而言，"道大，天大，地大，王亦大"的言说次序也被视为《老子》哲学重"道"的一个证据。不过，在老子当时，中国古人通常只有"三大"（天大、地大、王大）的意识，因此老子提出"域中有四大"的观念，将"道"作为其中一大来看待，这本身即是对于"道"的高度重视。对于老子而言，他无须将"道大"放在其他三大之前。

（2）在同于王本第五十六章，简甲云："闭其兑，塞其门；和其光，同其尘；挫其锐，解其纷，是谓玄同。"（简27—28）在帛本、王本中，"挫其锐，解其纷"在前，"和其光，同其尘"在后。这种文本顺序上的改动，似是根据文意的递进关系，即文意的加深和扩大来进行的，应该被看作一种合理的而不是毫无根据的有意改动。"和光""同尘"的观念，在帛本和王本中被突显出来，与"玄同"之义相近。

（3）在同于王本第五十七章，简甲云："是以圣人之言曰：我无事而民自富，我无为而民自化，我好静而民自正，我欲不欲而民自朴。"（简31—32）中间三句，帛本、王本均作："我无为而民自化，我好静而民自正，我无事而民自富。"这与楚简本很不一样。笔者认为，楚简本的次序是按照句子在观念上的重要性或文意上的递进关系来排列的。简甲云"万物将自定"（简14）。简乙云"清静为天下定（正）"（简15）。简乙的"定"字当读为"正"，所以"我好静而民自正"应该放在一个更重要的位置。两相比较，帛本及王本的排序显得颇不合理，近于杂乱。

通观楚简本与帛本、通行本《老子》词句顺序的变化，比较重要的可举出如上三条，而这三条俱在简甲。另外，简甲还有大量句序被后人扰动；相对而言，简乙和简丙则少得多。这一情况说明了什么问题呢？这可能是由于简甲的抄写时代更早，比简乙、简丙流传更久，因此导致人们可以改动句序的机会愈多，进而导致其例子愈多吧。

第二节　楚简本《老子》三组的思想及其所无的老子思想

郭店《老子》三组，大概抄写于不同时期，很可能是当时流传的三种《老子》文本。这三组楚简《老子》有许多区别，其中，思想区别是不容忽视的。

一、楚简本《老子》三组的思想

（一）甲组的思想

依据整理者所编简序及章序，郭店《老子》甲组的思想包括（引文从宽式）：（1）绝智弃辩，绝巧弃利，绝伪弃诈；视素保朴，少私寡欲。（2）圣人之在民前也，以身后之；其在民上也，以言下之；天下乐进（推）而弗厌，以其不争也，故天下莫能与之争。（3）知足之为足，此恒足矣。（4）以道佐人主者，不欲以兵强于天下，善者果而已，不以取强。（5）善为士者，必微妙玄达，深不可志；保此道者，不欲尚盈。（6）无为故无败，无执故无失，慎终如始；能辅万物之自然而弗能为。（7）道恒无为；知足以静。（8）为无为，事无事，味无味。（9）居无为之事，行不言之教；作而弗始，为而弗恃，成而弗居。（10）道恒无名；守朴；知止不殆。（11）有状混成，先天地生，可以为天下母；未知其名，字道，强名大；域中有四大；道法自然。（12）天地之间，虚而不屈，动而愈出。（13）致虚守中，居以须〈寡（观）〉复。（14）为之于其无有，治之于其未乱。（15）挫锐解纷，和光同尘，是谓玄同。（16）我无事而民自富，我无为而民自化，我好静而民自正，我欲不欲而民自朴。（17）含德之厚，比于赤子；和曰常，知和曰明。（18）知足不辱，知止不殆，可以长久。（19）返也者，道动也；弱也者，道之用也；天下万物生于有，〖有〗生于无。（20）功遂身退，天之道。

由以上摘录的要点可以看出，甲组的思想大体上由三点构成：其一，论道之本体及道性的内容，包括宇宙论思想。其二，论致虚守中、含德法天的修养内容。其三，有关道治主义的政治思想和处世之道，包括保朴、寡欲、不争、知足、无为、无名、弗居等内容。当然，这三点是彼此联系的，不能截然分开。有一种意见认为，甲组竹简的内容只有上述第三点内容，这是不正确的。另外，由于甲组有两个分篇墨记符号，并且根据其文本编排情况来看，现存竹简似非其全部，所以甲组所依据的《老子》母本的内容应当更为丰富。

（二）乙组的思想

郭店《老子》乙组的思想包括：（1）治人事天莫若啬；【重积德】；【深根固柢】，长生久视之道。（2）为道日损，无为而无不为。（3）绝学无忧。（4）畏人之所畏。无身：以身为天下。（5）大象无形，道【褒无名】。（6）闭门塞兑。（7）清静为天下正。（8）修德：修之身，其德乃真；修之家，其德有余；修之乡，其德乃长；修之邦，其德乃丰；修之天下，【其德乃溥】。（9）观德：以身观身，以家观家，以乡观乡，以邦观邦，以天下观天下。

由以上摘录的要点可以看出，乙组的思想主要表现在德论和修身论上，包括积德、修德、观德，以及长生、存身、"清静为天下正"。另外，乙组也有论道体（"道褒无名"）及"为道日损"的内容。

（三）丙组的思想

郭店《老子》丙组的思想包括：（1）贵言；成事遂功，而百姓皆谓我自然；故大道废，安有仁义，六亲不和，安有孝慈，邦家昏乱，安有正臣。(2)道【之出言】，淡呵其无味也，视之不足见，听之不足闻，而不可既也。(3)兵者【非君子之器，不】得已而用之。(4)圣人无为，故无败；慎终如始，则无败事矣；是以能辅万物之自然，而弗敢为。

由以上摘录的要点可以看出，丙组的思想主要是自然无为。此外，还有关于道之体用和兵观的内容。

从以上对竹简《老子》三组之思想要点的摘录来看，三者的内容或主旨确实是有所区别的。其中甲组的思想内容最为全面，在道论、德论、修身论和政治论上都有较多的文字论述。从思想内容的概括性来看，甲组实已包括乙组和丙组的思想主旨。乙组强调修身论，丙组突出自然无为的思想，但也都有论及道体和道用的文字。从具体文本来看，现存三组《老子》简基本上互不重复，而这一点倒是一个需要进一步解释的问题。它们是带有区别性的摘抄活动的结果吗？若如此，那么为什么它们要抄写在三种竹简上，且抄写者不同呢？"摘抄"，必须满足一个预先的假定，即抄写者所面对的《老子》已是一个相对完整的文本。另外，文本所体现的抄写特征应该基本同时。但是，这些假定不但是无法证实的，而且根据我们的考察，竹简《老子》三组的抄写时间也并非基本同时。而对于抄写者为什么要把《老子》其他三分之二的内容排除掉这一问题，目前学者的回答只是猜测性的，并无推论的真凭实据。笔者认为，郭店《老子》三组的来源很可能不同，而这三种不同来源的《老子》原来是否同处于一个完整的文本中或同一个本子之中呢？这是一个难以确知其答案的问题。笔者倾向于认为，《老子》原本分组，有可能是分散流行的,然后才集结成一个五千言的《老子》本子。《老子》文本的变化,从春秋末期到战国中期,似乎经历了一个不断累积和完善的过程。郭店《老子》分三组抄写、制作的事实,似乎表明了这一点。

二、楚简本所无的老子思想

正如一些学者所指出的,五千言《老子》尚有大量思想内容及其文本不见于郭店《老子》。唐明邦教授即首先列出了六点[①],这六点是:其一,五千言《老子》对"玄之又玄"的道,做了抽象而深刻的描述。如通行本第一、六、十四、二十一、三十九、四十二章。其二,五千言《老子》富有丰富的辩证法内容。如通行本第十一、二十二、二十八、三十六、四十三、五十八、七十八章。其三,五千言《老子》强调直觉思维。如通行本第十、四十七章。其四,五千言《老子》有不少言论富有"民本"思想。如通行本第七十五、六十、七十七、五十三、八十章。其五,五千言《老子》具有"爱民治国"的政治思想。如通行本第六十、十、三、八、六十五、四十九、五十八章。其六,五千言《老子》具有"哀兵必胜"的军事思想。如通行本第六十八、六十九、七十六、六十七、四十六、三十一、七十四、七十二章。不过,需要指出,在笔者看来,郭店《老子》对于前三点是有所论述的,其中一些论述或观点是非常重要的。如甲组说"道恒无为""道恒无名""有状混成""道法

[①] 唐明邦:《竹简〈老子〉与通行本〈老子〉比较研究》,载武汉大学中国文化研究院编:《郭店楚简国际学术研讨会论文集》,湖北人民出版社,2000年,第432—434页。

自然""致虚守中""我无为而民自化""含德之厚""返也者，道动也；弱也者，道之用也"等。对于后三点，郭店《老子》确实未做论述。

比较起来，郭店《老子》对本体之道的论述相对不足，对民本思想的论述颇为欠缺。这反映出楚简本的思维重心集中在君主、圣人之统治及如何搞好统治这一点上。一言以蔽之，郭店《老子》的思想集中在"道恒无为"上，只不过这一思想在楚简本中尚未向其两端尽力拓展，即一端向宇宙论和本体论不断深化，建立其形而上本原，另一端向民本主义落实，彰显其君道之善和人性之善。

日本学者谷中信一教授也比较了郭店《老子》与今本《老子》的差别，他说郭店《老子》中没有"一"的概念，没有以"水"为范例的议论，主动言及"德"的概念的内容很少，看不到对"仁""义""圣""智"的近乎极端的否定态度。① 在笔者看来，他所说的第一、二条是比较正确的，但是第三条未必是也。虽然"德"字出现得少了一些，但是它在楚简本中仍然是一个非常重要的概念，相关内容也非常多。关于第四条，许多学者都提出过此一看法，但是在笔者看来，这是一个需要重新讨论的问题。笔者认为，部分学者对于原始儒道关系的理解未必妥当，有失公允。笔者的意见，参见下文。

---

① ［日］谷中信一：《从郭店〈老子〉看今本〈老子〉的完成》，载武汉大学中国文化研究院编：《郭店楚简国际学术研讨会论文集》，湖北人民出版社，2000年，第439-440页。

第三节 楚简本《老子》的仁义观及其与《庄子》、竹简《文子》的关系

一、楚简本《老子》的仁义观

自郭店简出版以来,学者大多认为,相对于帛本、通行本来说,郭店《老子》在思想上的最大不同是,其在原始儒道思想的发源期并无直接反对仁义观念的明证,联系今本的某些内容,反而可以说,道家之道德观念与儒家之仁义观念在老子那儿是并存不悖的。而仁义成为道家强烈批评的儒家伦理观念,大概始自战国中期,至孟庄时这种批评已经达到了相当激烈的程度,《庄子》一书即是此种时代精神的明证。陈鼓应等人比较了郭店《老子》甲组与通行本第十八、十九章,认为:楚简本云"绝伪弃诈",崇尚朴质,与老子、孔子所处时代风尚相应,而今本《老子》作"绝圣弃智""绝仁弃义",则反映了战国中后期学术观点对立极化的情况;在人际关系上,"道德"的主要内涵可以表现为仁、义、礼,老子不仅肯定了仁义,而且不反对礼,他所反对的是失去实质内涵而流于形式的礼;通行本"智慧出,有大伪"的增文导致"仁义"与"大伪"的对立,从而产生出对仁义的贬抑解释,不过这与下文肯定孝慈的说法不相一致。① 由此可知,陈鼓应先生对于战国早中期道家所持学说,尤其是对于道家对仁义礼智的态度问题,与传统看法有很大不

---

① 陈鼓应:《从郭店简本看〈老子〉尚仁及守中思想》,载陈鼓应主编:《道家文化研究》第17辑,三联书店,1999年,第69—72页。

同。但是不是这样？这是一个值得讨论的问题。

郭店《老子》甲组曰："绝智弃辩，民利百倍；绝巧弃利，盗贼无有；绝伪弃诈，民复孝慈。三言以为辩不足，又令之有乎属：视素保朴，少私寡欲。"（简1—2）与通行本相较，差别较大的是"绝伪弃诈"一句，王本作"绝仁弃义"。"伪""诈"，简文原写作"愚"和"慮"。"愚"和"慮"，是否应当释读为"伪"和"诈"，学界尚有争议。① 不过，在笔者看来，这两个字还是读为"伪""诈"比较可靠。

就通行本来看，《老子》对仁义是有所批评的。如王本第五章说："天地不仁，以万物为刍狗；圣人不仁，以百姓为刍狗。"这是对于"仁"的明确否定。第三十八章说："故失道而后德，失德而后仁，失仁而后义，失义而后礼。夫礼者，忠信之薄而乱之首。"在一定意义上，这一章对于仁义也有所批评。郭店《老子》丙组也有类似批评。丙组前三支简为一章，云："大（太）上下智有之，其次亲誉之，其次畏之，其次侮之。信不足，安（焉）有不信。犹乎其贵言也。成事遂功，而百姓皆曰我自然也。故大道废，安（焉）有仁义；六亲不和，安（焉）有孝慈；邦家昏乱，安（焉）有正臣。"（简1—3）四"安"字俱读为"焉"，训为"于是"。"大道废""六亲不和""邦家昏乱"，与"自然"

---

① 参见《美国"郭店〈老子〉国际研讨会"综述》，《国际儒学联合会简报》1998年第2期，第18页。在《读郭店〈老子〉》一文中，高明说："'愚'字不仅可以假借为'伪'，还可以读作'为'和'化'，从同音假借考虑，也可读作'义'。"又说"慮"字，"假借为'诈'或'仁'，都不妥当，此字究竟应该如何考虑，还要进一步研究"。参见高明：《读郭店〈老子〉》，《中国文物报》1998年10月28日第3版。

之义正相反对，所以就产生了非自然的人为了，于是"有仁义""有孝慈""有正臣"。此处文本对"仁义"的贬抑是颇为清晰的。① 顺便指出，帛书两本在楚简本的基础上又多出了"智慧出，有大伪"一句。此句是基于《老子》文意和修辞方法（对偶）而被编者合理添加进来的。

总之，到目前为止，我们没有明确证据认为老子具有尚仁的主张，相反地，在一定程度和一定角度上他对于仁义还是有所批评和贬抑的。因此，那种认为在战国中早期，儒道两家的仁义道德观是和合一团而没有分别、对立的观点，是缺乏根据的，也是难以成立的。当然，老子在其批评中包含着重构道、德、仁、义、礼的主张，但是这没有构成对其独特批评的否定理由，实际上这正是老子批评仁义观念的实质所在：他的批评不是通过必欲去之而后快的方式进行的，而是通过根源性的寻找和比较来展开的。所以对于《老子》的批评特质，我们应该在"如何批评"上来理解它。老子对仁义观念的批评和重构，后来成为《庄子》思想发展的内在根据，并得到了充足甚至激烈的发展。

二、楚简本《老子》与《庄子》、竹简《文子》的关系

《庄子》对于仁义的态度，承继《老子》而来，同样具有两重性。《庄子》外篇一方面对于儒家的仁义思想采取了强烈批判的态度，如说

---

① 张岱年先生说："竹简中也有'大道废，有仁义'这句话。说明老子对仁义还是反对的。"参见王博：《张岱年先生谈荆门郭店竹简〈老子〉》，载陈鼓应主编：《道家文化研究》第17辑，三联书店，1999年，第23页。

"安取仁义"(《庄子·马蹄》)、"攘弃仁义"《庄子·胠箧》等,但是另一方面,庄子或庄子学派又站在更高的立场上,主张兼容儒家的仁义学说,这在内、外、杂三篇中皆有表现。于是,这里的关键问题仍然在于如何理解道德与仁义的关系。根据笔者个人研读《庄子》的体会,庄子之所以要激烈地批判儒家的仁义学说,实是因为在当时或此前有一些儒者把仁义观念抬到了学问思想的顶点,出现了"擢德塞性"(《庄子·骈拇》)、"毁道德以为仁义"(《庄子·马蹄》)的偏激主张。而在此儒道分野的关节点上,庄子或庄子学派自然是站在道家立场上来批判儒家过激地宣扬仁义观念的,因为在以道德统摄仁义和在以仁义充塞道德上,这两个学派的立场有根本不同。如果承认以道德作为学问的根本点,那么庄子或庄子学派不仅不顽固地拒斥仁义思想,反而会力图积极地把其融会在自己的思想体系中,如肯定仁义的合理性存在,并对其做出新的阐释,以"道德已明而仁义次之,仁义已明而分守次之"(《庄子·天道》)的次序把仁义容纳在自己的思想体系之中。

相比之下,汉简《文子》与《老子》《庄子》略有不同,它对圣、智、仁、义、礼五者明白无误地采取积极、肯定的态度,显然融会了儒家思想。竹简《文子》曰:

0615 则敬爱、损退、辞让、守□服之以

0600 不嬨(慈)不爱,不能成遂,不正

2259 之所畏也,礼者民之所□也。此四

0591　踰节谓之无礼。毋德者则下怨，无

0895　0960　则下诤，无义则下暴，无礼则下乱。四

0575　德，则下有仁义，下有仁义则治矣

2248　道德，则下毋仁义之心，下毋仁义之

0917　平王曰："用仁何如？"文子曰："君子

0920　是谓用仁

1097　不仁者，虽立不□□其

0208　理事，故必仁且

0874　兹谓之无仁，淫

0749　□□仁者取人，百

0869　耶。·平王曰："用义何如？"文子曰："君子□

0852　‖：有行义者如是

0759　义而兄

2436　□□是胃用义

2236　□也，义者以之象德也而艰

2373　不义是胃（谓）

2356　足佳生义，义

1188　之所义，唯

0904　□之□而知之乎？"文子曰："未生者可

0896　1193　知。"平王曰："何谓圣知？"文子曰："闻而知之，圣也。

0803　知也。故圣者闻 ‖

1200　而知择道。知者见祸福

0765　刑，而知择行，故闻而知之，圣也。

0834　知也成刑（形）者，可见而

0711　未生，知者见成①

上所引汉简《文子》，与《老子》《庄子》不太一样。今本《老子》《庄子》对儒家主张的圣、智、仁、义、礼等都存在一定批判文字，楚简《老子》也包含一些相近内容，但是汉简《文子》不同，它不但没有此种思想，而且直接、明确地吸纳了儒家的相关内容，改造为自身的有机成分，这成为它的一个显著特征。上引竹简《文子》的思想要点是把圣、智、仁、义、礼五者与道德统一起来，其思维倾向是以道德积极地肯定与容纳圣、智、仁、义、礼五者。如此看来，竹简《文子》的思想具有调和儒道的特征。但是，需要指出，这并非道家学派的主流，也没有体现当时思想的大势：从战国中期到西汉初期，诸子百家互相攻讦和批判，成为当时思想发展的基本动力和一般现象。郭店简正有一篇名叫《五行》的竹书，其思想主体即是论述圣、智、仁、义、礼五者与道德之关系的，这与竹简《文子》有相通的一面。这具体表明，在《文子》学派那里，儒道之间有一些思想或主题是可以相通的。②

---

① 以上所引《文子》简，参见河北省文物研究所定州汉简整理小组：《定州西汉中山怀王墓竹简〈文子〉释文》,《文物》1995 年第 12 期。

② 邢文对《文子》与《五行》的"圣智"做了比较，可参阅。邢文：《八角廊简〈文子〉与帛书〈五行〉》,载陈鼓应主编：《道家文化研究》第 18 辑，三联书店，2000 年，第 244-249 页。

第四节　楚简本《老子》的道论与天人关系

殷周对于本原的思考，大致经过了从帝命观到天命观，以及从天命论到天道论的转变。不过，这些转变并不是以牺牲传统文化的旧本原为代价的，而是在新观念发生、发展的同时，旧观念也随之保存下来，并被新观念赋予更丰富或更深刻的内涵。这样，在春秋晚期，帝、天、道三者之间既构成了一定程度的张力，又逐渐形成了一股趋同的巨大力量。笼统言之，帝、天、道三者可以合一，成为人自身生命与德性的根本来源，而人的整个身心活动亦无不受其主宰、制约与规范。

一、从楚简本看《老子》的道论

郭店简的天道观继自殷周，但其具体内容是什么呢？这是一个值得回答的问题。

首先看郭店《老子》的道论。"道"是老子哲学的基本概念，老子对其做了根本性的改造和提升。"道"的内涵很丰富和深刻，极具哲学性，这使得其成为道家思想系统中的基本概念。在郭店《老子》中，"道"无疑是最重要的概念。由此，我们需要追问郭店《老子》道论的具体内容。"道"最难言，简甲云："有狀混成，先天地生。敓穆，独立不改，可以为天下母。未知其名，字之曰道，吾强为之名曰大。"（简21—22）这段话见于王本第二十五章。"敓穆"，李零从通行本读为"寂寞"。① 据简文，老子认为宇宙间存在一个终极始源或终极实在，它不

---

① 李零：《郭店楚简校读记》，载陈鼓应主编：《道家文化研究》第17辑，三联书店，1999年，第462页。

被他者左右和改变，它是其自身的主宰，具有独立自在的特性，同时它是超越于名言与世间万有的存在。作为名言的"道"，虽然指向终极始源和终极实在，但它不是终极始源或终极实在自身，而是终极始源或终极实在的强名。终极实在本身是不可名说的。虽然道难以名言，但是它毕竟在人的思想和言语世界中有所言说和指谓，并且在人的深沉体验中崭露出来。通过对道之道性的言说和把握，老子对本然之道做了深刻描绘。

　　道具有超越性。而何谓超越性？相对于万事万物是有的存在来说，道是无的存在。世间万事万物恒有相状、声触、名言等特性，而有之所以为有，通过人的感觉与心智即可把握；而道之无性或超越性，不但超离言意之表，亦超越于心智的求索。道之本体只能以神会而不能以目遇。简甲云："道恒无名。"（简18）简丙云："故道【之出言】，淡呵其无味也，视之不足见，听之不足闻，而不可既也。"（简4—5）《太一生水》曰："道亦其字也，青昏其名。"（简10）"青昏"或读为"请问"。需要指出，道虽然无名，"淡呵其无味"，"视之不足见，听之不足闻"，但是老子认为道本身是存在的。所谓无名、无味、无形、无声之道，并不是对于道自身之存在性的否定。正因为道自身超越于人的感官与名言的认知和把握，所以常人几乎无法进入悟道闻道的境界。简乙云："上士闻道，仅能行于其中。中士闻道，若闻（存）若亡。下士闻道，大笑之。弗大笑，不足以为道矣。"（简9—10）上士、中士、下士，大抵与孔子所谓上智、中民、下愚之分相若。老子根据闻道的能力把人分为三等，上士闻道，虽然确知其实有，但只有勤勉不已才能践行其中。中士闻道，若有所闻，若无所闻，道之真实、存在与否，皆在恍惚之间。下士闻道，则实无所闻；不但实无所闻，且对道之真实表现及道自体的实在性都不置可否；不但不置可否，而且对于闻道的行为及其所闻都予以漠然大笑。这种貌似天真的大笑，正反衬出道体的超越性，以及闻道的艰难性。

道是小、大的对立统一。道恒无名，又恒无为，可以名之为朴，郭店《老子》甲组云"朴虽细，天地弗敢臣"（简18）。所谓朴小之性，实际上指明了道是天地之母和万物的总根，物物而不物于物者。这种朴小的道性，侯王若能守之而毋失，则能成己成物，治国平天下。简甲云："侯王能守之，而万物将自化。"（简13）又云："侯王如能守之，万物将自宾。"（简18—19）所谓自化，与造作相对，自化强调自然而然，造作则是有心而为，它违反了道性。简甲云："化而欲作，将贞（镇）之以无名之朴。"（简13）这是说，侯王应当守紧道的朴小之性，而不掺入丝毫人为的痴想和狂为。守之又守，镇之又镇，这是一个与道合一的永恒过程。朴小之道作为万有的根源，并不意味着其所生化的形而下世界也是朴小的，简甲云："譬道之在天下也，犹小谷之与江海。"（简20）道不仅作为源泉，化生出一个庞大无比的世界，而且它即在其中。因此，所谓道之朴小特性，是相对于世间万有之有形性而言的。道之与天下，犹小谷之与江海，江海乃小谷之积聚。但是，小谷与江海之水性为一，因此从化生之根到化生之万有，皆为道之体现。道充满世界，充盈天下，这是道的超越性含摄于其全体性之中。这种全体性就世间万有而言，故道具有"大"的特性。道的朴小之性寓于道的大性之中，也是必然之理。简甲云："未知其名，字之曰道，吾强为之名曰大。大曰澨（逝），澨（逝）曰远，远曰反（返）。"（简21—22）"澨"当读为"逝"，通行本即作"逝"。这种道的大性，老子作了强调，言其与天、地、王三者构成所谓"域中四大"①，其地位之高即不言而喻。而道的这种"大"性又具有什么特征呢？竹简曰"大曰逝，逝曰远，远曰返"，"返"者回复其当初，终始若环。这几句大概是说，道之大性与道的朴小之性互相转化，而相通为一。确实，我们不应该把道的朴小之性与道的大性割裂开来，二者的关系是"犹小谷之与江海"。

从道之大性到道的朴小之性，或从道的朴小之性到道之大性，这是道的运动。郭店《老子》简甲云："返也者，道动也；弱也者，道之用也。"（简37）道的运动不是直线型的，不是断绝的，而是能够进行自身回复的。物极必回返，乃道动的必然。简甲云："天道员员，各复其根。"（简24）"员员"通"芸芸"，纷繁不绝之貌。大概在古人的理解中，万事万物虽然错综复杂，但是总必复归其根源和复归其来处，落叶归根，川谷入海，万物皆出于土而皆入于土，皆出于机而皆入于机，莫不如是。这种复返之性，正是老子之所以重视致虚

---

① 裘锡圭云："右，《郭店》误释'国'，我在校读此书原稿时失校。此字亦见云梦秦简，是'圅'字异体。'有'与'域'古音相近可通。'圅'从'有'声，亦可与'域'相通。简文之'圅'，跟帛书本的'国'一样，似皆应从今本读为'域'。"裘锡圭：《郭店〈老子〉简初探》，载陈鼓应主编：《道家文化研究》第17辑，三联书店，1999年，第49页。

守中、居以须〈寡（观）〉复及含德修身的原因。何以老子很重视修德？因为德即是天道在人生命中的持载者，及人由道回复其生命本原的中介。一句话，道与德在人的生命本质中具有直接的同一性。老子对道的朴小之性的强调还表现在柔弱胜刚强的观念上，"弱也者，道之用也"。

如果以朴小为道本，则柔弱为道用，柔弱之道正体现出道之朴小自主的内在本性。简甲云："益生曰祥，心使气曰强，物壮则老，是谓不道。"（简35）老子主张柔弱，以柔弱为道用。当然，需要指出的是，老子言柔弱胜刚强，或者说"物壮则老，是谓不道"，大都是在道用或者在形而下之物的意义上来说的。而如果就道之体性而言，那么那种自强自刚、充盈不已的内在活力也是老子并不反对的。这种内在的力度，从"天地弗敢臣""万物将自化""万物将自宾"（简18、13、19）等句子中深刻地反映了出来。所以老子反对的只是那种外在的刚强，使物趋于老死的僵硬，使人的心智陷溺于情欲的刚强，使人主"以兵强于天下"（简6）的强大；而他所希望和主张的是那种真实可依的内在之强，是长生久视和抟气至柔之强，是使事物看似柔弱却充满生机之强，是以道佐人主而使天下太平久治之强。总之，如果老子主张刚强的话，那么这将是一种以道为根柢的内在之强。从道用角度论述强弱各自的优劣，这是老子道论的一个特点。《太一生水》第9号简云："天道贵弱，削成者以益生者，伐于强，责（积）于【弱】。"这段话似乎受到了《老子》的影响，反映出"贵弱"在战国中期已经成为一个流行的道家观念。

二、从楚简本看《老子》的"天道"概念

老子论道,很重视"天道"概念。其一,"天道"一词在老子之前已经产生,几乎具有与帝命或天命相同的特性,老子认同之。而且,在有些章段,老子论"天道"其实即是论"道"。其二,"天道"与"道"存在区别,通常天道与地道、人道相对。需要指出,"天道"中的"天"字,或者相当于神性的天、帝,或者相当于必然的、不容更改的宇宙铁则。所以,一旦人们把一种观念上升到"天道"的高度加以肯定,那么此一观念即具有不可动摇的神圣性与权威性。当然,这种天道也不尽是在提升的过程中超越于人类自身而成其为纯粹外在的规范者,即在人道之自身天道亦可以直接地体现出来。如郭店《老子》简甲云"功遂身退,天之道也"(简39),就含有此义。还需要指出,人道与天道也不尽然是一致的,当且仅当二者相对立、相冲突的时候,老子即强调人道应当效法天道。违抗天道的命令,实即人道之罪恶,是非法的。由此可见,老子非常重视"天道"概念。王本第七十七章云:"天之道,其犹张弓与?高者抑之,下者举之,有余者损之,不足者补之。天之道,损有余而补不足,人之道则不然,损不足以奉有余。孰能有余以奉天下?唯有道者。"如何实现人道与天道的一致?当然是在修德上下功夫,郭店《老子》简甲云"视素保朴,少私寡欲"(简2),又曰"不争""不欲尚盈"(简5、10),又曰"能辅万物之自然而弗敢为"(简12—13),又曰"我无事而民自富,我无为而民自化,我好静而民自正,我欲不欲

而民自朴"(简31—32)等,都主张人道应当效法天道,而天道则内在地规范与构造着人道的内涵。所以就天人之际,或人道与天道的关系,老子认为,其表现为自然性。郭店《老子》简甲在论及道为"域中四大"之一后,紧接着又说:"人法地,地法天,天法道,道法自然。"(简23)人、地、天、道转相效法,法自然本身即是一种人为,但是这种人为却又是以道法自然为内在规定的,所以此中的人为、人法,其实质即是无为和自然,简甲曰"能辅万物之自然而弗敢为"(简12—13),正是此意。自然既是道性,又是人性,天人之际以及天人的互入都以"自然"为真正的联结点。得自然之枢要,即真正掌握了天人相通之道。

老子所主张的人道,以天道为基础。从修道、为道的角度看,郭店《老子》简乙云:"〔为〕学者日益,为道者日损。损之或损,以至无为也,无为而无不为。"(简3—4)《老子》简甲云:"孰能浊以静者,将徐清;孰能安以动者,将徐生。保此道者不欲尚盈。"(简9—10)《太一生水》第11号简云:"以道从事者必託其名,故事成而身长。"它们都是在天道的基础上来论述人道的内涵的。郭店《老子》简丙云:"故大道废,安(焉)有仁义;六亲不和,安(焉)有孝慈;邦家昏乱,安(焉)有正臣。"(简2—3)这里所谓"大道",可以理解为天道。大道被废弃了,于是有仁义;六亲不和,于是有孝慈;邦家昏乱,于是有正臣。天道高于人道,并与人道存在张力。由此可知,人道应当效法天道,也只有效法天道它才是合理的。以天道立本,而以人道法天道,这是老子的一贯观念，是其思想核心。

在战国中晚期，由于庄子消人入天，"天"即成为"自然"的代名词。其实，在老子那里，天道即包含自然之道在内。

三、楚简本《老子》的天人关系

关于郭店道家的天人关系，以《老子》甲组第22—23号简的一段话为总要，其文曰："天大，地大，道大，王亦大。域中有四大，王处一焉。人法地，地法天，天法道，道法自然。"殷人的上帝观以敬命为天人关系的总表达，西周的天命论以敬德为天人关系的总表达。孔子的天命观则渗透了其天道观，他对天人关系的理解以"知天命"为根本。老子的天道观也渗透了天命观，他对天人关系的理解以"法自然"为根本。在天人关系中，老子亦强调人的一面，但其所谓强调实质上是对于人的提升。作为"域中四大"之一，王与天、地、道相并列，"域中有四大，王处一焉"（简甲22）。而这种提升，显然是有意为之的。在殷周文献，包括《诗》《书》或出土甲金文中，殷周的先祖生前曾为人王，死后被其血亲后代鼓吹为配天之神，所谓"殷之未丧师，克配上帝""文王陟降，在帝左右"（《诗·大雅·文王》）是也，这其中暗含着"域中有四大，王处一焉"的思想。在殷周的宗教观念中，上帝与人王的关系是父子，此子称"元子"，具有荷承天命的绝对权力，是专有而排他的。老子把"王"作为"域中四大"之一，这固然相对于天帝与人王的父子关系有所提升，使之与天、地、道相并列，但是在当时王毕竟只是人中的一个特殊分子，他虽然可以在一定意义上代表人民，但是并不具备普遍性，这是由当时的文化背景所决定的，而老子不可能突破这一点。不过，老子以"人法地，地法天，天法道，道法自然"的自然性原理解决了天人关系的沟通问题，这无论是在思想史上，还是在对人的本原性的理解上，都是非常深刻的，极具原创性。如果说孔子的"知天命"还是偏重于德性的修养，把天人关系作为一种类似于对象性的东西来沉思与敬畏的话，那么老子的"道法自然"观则以自然性原理把天人关系融通或贯通了起来。自然性是人能真正效法天地或效法道的根本，也是天人合一的真正原因。

第五节　楚简本《老子》的含德修身论

一、含德论

在修养论上，郭店《老子》主张以自然之道"含德""修身"，消解各种欲望对身心的异化。

就"含德"来说，老子认为"含德之厚者，比于赤子"（简甲33），以此顺应天道之自然，完全消解心中的智巧和欲望，达到内心的平和。老子叫人要"欲不欲""学不学""辅万物之自然而弗敢为"（简丙13—14、简甲12—13），要"无事""无为""好静""欲不欲"（简甲31、32），要"守朴"（简甲18—19）、"视素保朴，少私寡欲"（简甲2），"弗居""弗始""弗恃""不争""知足"（简甲17、4、6）。

而对于人应如何做工夫，消解人欲，而达到自然之道，老子主张"致虚""守中""居以须〈寡（观）〉复"（简甲24）。这即是说，人们既要在致虚中守住心性本原，又要在静待万物复归其本原中以觉知天道的本原，或者说，人必须在觉悟生命之自然性的同时守住此自然性，使之在人的心性中生根和发展。这在老子看来即是真正的"为道"，真正的"含德"和"积德"，是"【深根固柢】，长生久视之道"（简乙2—3）。

基于心性上的修养，老子又主张"修身"。修身是"含德"和"积德"的工夫来源。老子云："修之身，其德乃真。"（简乙16）相对于外物或其所依存的外部世界来说，身是人的生命存在的根本。所以修德于身，一方面使得个体生命具有来自道的真实性，另一方面使得个体生命具有联系世界的本原。有德的个体生命支撑着人的整全生命，由身向家、国、天下依次发挥其作用。前者属于"含德"，而后者属于"积德"。"含德"是修身工夫，而"积德"则是政治工夫。"含德"有厚薄的不同，而"积德"有广狭之区别。相比较而言，"含德"比"积德"更基础。

二、修身论

在"修身"方面，老子认识到"身"对于生命本身的重要性，认为身比名、货等具有更大更重的价值，故人应返回其自身，做到"以身观身"（简乙17），而不能为外在于"身"的价值所异化和诱惑。老子认为，人应当顺从自然，通晓"功遂身退"（简甲39）之道，主张"【贵为身于】为天下""爱以身为天下"(简乙7—8),以寄托、寄寓的形式肯定其自身生命的存在,从而化解"有身"之大患。这是老子对于人身和人生的安顿之法。

郭店《老子》甲组第8—10号简的一段文字描绘了得道之士的生命境界,云:"古之善为士者,必非(微)溺(妙)玄达,深不可志。是以为之颂(容):豫乎如冬涉川,犹乎其如畏四邻,严乎其如客,涣乎其如释,屯(敦)乎其如朴,地(沌)乎其如浊。孰能浊以静者,将徐清,孰能安以动者,将徐生。保此道者不欲尚盈。""非溺",王本作"微妙",当从王本读。其中,"微妙玄达"是境界义,"不欲尚盈"是其思想实质。

甲组第27—29号简的一段文字宣扬了"玄同"境界。所谓玄同境界,即把人从千万重束缚中解脱出来,从智欲的偏执中还原出来,使人在和光同尘中立于独境,立于生命的真正本原中:不亲不疏,不利不害,不贵不贱,而为天下贵。生命之贵,贵在其心住于玄同之境中,超然独在。

在"非(微)溺(妙)玄达"和"玄同"之境上,老子所主张的更高的生命境界是人在"域中四大"(简甲22)中缘会其自身,成就一自然的生命境界。此一自然的生命境界以"四大"为构架,以"人法地,地法天,天法道,道法自然"(简甲22—23)为阶梯,实现生命的大飞跃。相对于"含德之厚者,比于赤子"(简甲33)来说,"道法自然"的生命境界成了老子生命境界的另一极。显然,老子"含德""修身"的最终目的在于让人在"域中四大"中缘会其自身和成就其自身。

第六节 楚简本《老子》的政治哲学

以道治理天下、国家，这是道家政治哲学的基本特性。"道""德""无为""自然"是道家思想的基本概念。从道治角度来看，"无为"和"自然"构成了"道"的两个基本原则，前者从手段言，而后者从效果和目的言。

一、治身与治世

郭店道家简的道治思想首先表现在心物、身世关系上，依次分为治心、治身、治世、治物等问题。治心与治身，笔者在上文已有所论述，这里单就二者与治世、治物的关系做一论述。人立身于天地之间，既有精神自由的问题，也有肉体安立的问题，二者缺一不可。对于此身的存立或安立问题，老子的解决办法是以"亡（无）身"消解"有身"。郭店《老子》乙组第 5—8 号简论述了何以存身的问题，云："【何谓贵大患】若身？吾所以又（有）大患者，为吾又（有）身。及吾亡（无）身，或（有）可（何）【患焉？故贵为身于】为天下，若可以託天下矣。爱以身为天下，若可以迱（寄）天下矣。""亡身"即"无身"，与"有身"相对。"迱"通"寄"，与"託"同义。《说文·言部》："託，寄也。"寄托、寄寓之义。如何达到"无身"？归之于自然即为无身。竹书认为，只有通过"贵为身于为天下"或"爱以身为天下"的"亡（无）身"工夫，一个人才能真正实现寄身、存身于天下，以及消解内心对于此身之不存的忧患。因此，立身于天地间的此身已经内在地蕴含着与此天下如何和谐、统一的问题。老子的解决办法是以"无身"消解"有身"，从而达到物我两忘、玄同齐一的境界。

甲组第28—29号简云："故不可得而亲，亦不可得而疏；不可得而利，亦不可得而害；不可得而贵，亦｛可｝不可得而贱。故最为天下贵。"这段简文对得道圣人所达到的境界做了进一步的生动刻画。这是一种独立自在、超然绝对的道境，是本体之存在特性在人格上的直接反映。在乙组第15—18号简"善建者不拔"章，老子阐述了由身内向身外变化的不同修养活动，及其与德性增长（如"修之身，其德乃真"等）的关系。一方面，这告诉我们，从修之身到修之天下，是有位格的不同及广狭差异的；另一方面，这又似乎暗示着，从修之身到修之天下有某种关联，即在老子那里，修身或治身已内在地包括了治世、治物的问题。

治身与治世及其关系，是道家关心的重要问题之一。

二、自然与无为

老子说"域中有四大"，"四大"指天、地、道、王。王之所以为"四大"之一，是因其为人之极。《说文·王部》："王，天下所归往也。董仲舒曰：'古之造文者，三画而连其中谓之王。三者，天、地、人也，而参通之者，王也。'孔子曰：'一贯三为王。'"所引孔子曰，出自纬书。一贯三，即能与天地人参通，这种解释出自汉人的思维和想象，不是王的本义。在老子看来，王之所以为大，一者因其为人中之最，二者因其法自然之性，具有统贯天、地、道三者的特征。"域中有四大"，"四大"成其所是的根本特性是自然性。自然性也是道治主义的本质所在，人之成为王，王为"域中四大"之一，都与自然关系密切，老子所设想的圣人或侯王就是以自然性为基本内涵的。简甲云："圣人欲不欲，不贵难得之货；教不教，复众之所过。是故圣人能辅万物之自然，而弗能为。"（简甲11—13）简丙云："是以【圣】人欲不欲，不贵难得之货；学不学，复众之所过。是以能辅万物之自然，而弗敢为。"（简丙13—14）简丙又云："成事遂功，而百姓曰我自然也。"（简丙2）这几段引文都表明，道治主义很重视自然性，并以其为本质。从这三条简文来看，自然性可以分解为更具体的内容，并可以在人的具体实践活动中表现出来。

简甲云："道恒亡（无）为也。"（简甲13）又云："道恒亡（无）名。"（简甲18）无为、无名之道，正是侯王治理天下国家的基本原则。如何治理物的世界？其本在于无所治而治，即为无为、事无事、味无味的无为之治。侯王如果能守住此无为之道，又能以无名之朴镇抚之，知足以静，那么万物将自化、自定和自宾。万物之所以不应当受人为的干预、扰乱，在老子看来，这是因为自然是物的本性，而万物也只有在自然中才能合乎其本性地发展。以人为强加于万物的生化，这是违反自然之道的。人亦一物，治理民众也应当顺从自然之理。简甲云："天地相合也，以逾（揄）甘露，民莫之命天〈而〉自均安。"（简甲19）"逾"

当读为"揄","揄"是引出、引下、引降之义。"天"是"而"字之讹。"均",均平。"安",安定。甘露由天地之气相合而降下,不关人事天命;民众之均平、安定亦复如是,并不需要用外在于自然的教命加于其上。老子基于"道法自然"的原理,认为物的生成是天地相合的结果,而不是由天命造成的。天地相合是一个本来如此的自然发生过程,事物不需要一个外在于其自身生成的至上神或他者赋命,才成其为该事物;事物的生成遵循自然之道。人生之后,作为物的对立者,开始打破世界的原始性。人对于世界的分裂,第一点即体现在从无名到有名上,但是老子思想的警觉性即在此呈现出来:"名亦既有,夫亦将知止,知止所以不殆。"(简甲19—20)以"知止"的精神,将人对物的作用从其能动性上分开,而听物自化,或者说,在人的主体能动性的自我止落中而"万物将自宾"(简甲19)、"万物将自定"(简甲14)。这种对人为的反省已经深入老子思想的骨髓中,将冰冷的自我怀疑和清醒植入人的主体能动性的深处。

不过,这是否意味着老子主张人为应当全然废弃呢,而"知止""知足"是否仅满足于对事物的分辨和称谓而已呢?通观《老子》全书,老子"知止""知足"的反省,是对任何人为而言的,从人为的伊始老子即展开怀疑和反省,把自然与人为分开看待。作为哲学家,老子的反思深度是彻底的。但是,老子并不主张以自然废除人为,而是主张以自然制导人为,防止人为的放纵和穷逐不返,所以老子的"自然"概念本身即内在地统摄着人为:自然并非必定只是人为的自然,但是人为必定是自然的人为。老子云"为无为，事无事，味无味"（简甲14），又说"欲不欲"（简甲11—12）、"无为而无不为"（简乙4）、"能辅万物之自然而弗敢为"（简甲12—13）等，皆是此意。

无为之为，乃法自然而为；自然之为，乃人法自然之性而寓之于身、发之于行而已。郭店《老子》甲组云："至（致）虚，亘〈亟（极）〉也；守中，笃也。万物方作，居以须〈寡（观）〉复也。天道员（芸）员（芸），各复其根。"（简24）"致虚""守中"乃修身者向内固植自然的工夫。自然化之于身，亦与人对万物本性的体验密切相关，虚而能入，守而不失，"居以须〈寡（观）〉复"，则可体验万物的生灭、天道的还复，无非在此自然性上往来驱驰罢了。

三、治邦与治天下

老子道治主义的表现，主要体现在如何治邦和治天下两个方面，其中包括如何治理百姓及个人如何安世的问题。郭店《老子》甲组开篇两章论述了圣人应当如何治理百姓的问题。第1—2号简云："绝智弃辩，民利百倍；绝巧弃利，盗贼亡（无）有；绝伪弃诈，民复季〈孝〉慈。三言以为史（辩）不足，或（又）令之或（有）乎属：视索（素）保朴，少私须〈寡〉欲。""伪"字，原简从为从心，上下结构。"诈"，原简从虍从且从心，上中下结构。此句整理者释读为"绝伪弃诈"[①]，其说是。虚伪、欺诈，是两种恶德，与老子所主张的自然之道相悖。简文

---

① 荆门市博物馆编：《郭店楚墓竹简》，文物出版社，1998年，第113页。

"季"字是"孝"字之讹,"须"是"寡"字之讹。如何治理,才能使"民利百倍""盗贼无有""民复孝慈"呢?老子认为其方法在于"绝智弃辩""绝巧弃利""绝伪弃诈"。"智",在老子这里是指违反心神、违反自然的人为之智巧。智与德是相反的,智巧崇尚向外的追求与贪执,而德则崇尚内在的安恬和淳朴。"辩",指文过饰非的巧辩,或者是愚民不诚的诈辩,这种辩已完全脱离了人性的真诚,而沦为为辩而辩,并异化德性的诈辩。"巧",指工巧,以人为雕琢为意,与天然相对。"利",是从统治者的角度来说的。在国家治理过程中,统治者当以义主利。如果统治者为利而利,以获利为目的,并将其转化为个人欲望的满足,这将导致作为解决利益问题的基石——义的坍塌。国不以利为利,而以义为利,这种义利观古人很早就已经认识到了。对于利,老子的特殊之处在于,从统治者的角度主张绝弃之,以无利为利,所谓"绝巧弃利,盗贼无有"是也。从全章看,老子论述的重心不在前三句上,而是通过揭示前三句的缺失,进而云:"三言以为史(辩)不足,或(又)令之或(有)乎属:视索(素)保朴,少私须〈寡〉欲。""视素保朴"的"视"字通"示",与"保"字相对,是显示、显露之义。简文主张返回素朴状态,返回人性之初,而这跟"含德之厚者,比于赤子"(简甲33)和"【是谓深根固柢】,长生久视之道也"(简乙2—3)的说法相近。老子无非是要人在其生命活动中守紧其自然性,同时"少私寡欲",要人从外在于德性的私欲贪执中解脱出来。总之,"视素保朴,少私寡欲"不仅是统治者进行德性修养的座右铭,而且也是基于治道的需要对于私欲、智巧、言辩的否定，从而解除套在百姓身上的束缚，使人性返朴，并根据自然性返朴到规范统治和治理的内核中。

郭店《老子》甲组还论述了圣人治民当具备善下不争的精神，必须取信于民，为民所推戴，其统治或治理才会是有效的。甲组第2—5号简曰："江海所以为百谷王，以其能为百谷下，是以能为百谷王。圣人之在民前也，以身后之；其在民上也，以言下之。其在民上也，民弗厚也；其在民前也，民弗害也，天下乐进（推）而弗厌。以其不争也，故天下莫能与之争。"这段话强调了不争之德对于统治者之统治的重要性。当然，不争之德在此表现为手段性的，老子从统治手段上看到了不争之德的重要。不过，不争之德也可以看作无为、自然观念的表现。

修身的最终目的在于治邦和治天下。如何治邦和治天下？丙组第4号简曰："执大象，天下往。往而不害，安（焉）平大（太）。""大象"，又见于乙组第12号简云"天象无形"，其中的"天"字系"大"字之误。"大象"指自然无形之象，即本体之道的一种存在状态。"安"同"焉"，训为乃、于是。"大"读为"太"，"太"同"泰"字。丙组竹简下文云："道【之出言】，淡呵其无味也，视之不足见，听之不足闻，而不可既也。"（简丙4—5）这段话指出了道具有无形象而"不可既"的特征。在此章，老子认为，执大象以治，则天下乐往而无厌；任性自然，"往而不害"，于是天下太平。乙组第15号简云"清静为天下正"，清静与自然相应，以清静治天下，是老子思想的宗旨之一。《史记·老子韩非列传》即云："李耳无为自化，清静自正。"

郭店《老子》甲组第29—32号简曰:"以正治邦,以奇用兵,以无事取天下。吾何以智(知)其然也?夫天多忌讳而民弥叛,民多利器而邦滋昏;人多智(知)天,奇物滋起,法物滋彰,盗贼多有。是以圣人之言曰:我无事而民自富,我无为而民自化,我好静而民自正,我欲不欲而民自朴。"这一段的主题是"以无事取天下",演绎下来是"我无事而民自富,我无为而民自化,我好静而民自正,我欲不欲而民自朴"。无为、自然,是治邦与治天下的两大原则。"正"者,合乎自然之大经;"奇"者反经,强调智力因素。治理方法通常是正中有奇、奇中有正,奇正是体现无为与自然的两种方法。"以奇用兵",这是从方法论上说的,是对当时战争方法的一种客观总结,但这并不意味着老子欣赏战争和鼓励战争,恰恰相反,老子是以悲哀之情来看待和评价战争的。丙组第6—10号简曰:"君子居则贵左,用兵则贵右。故曰兵者,【非君子之器,不】得已而用之,恬淡为上。非美也,美之,是乐杀人。夫乐【杀人,不可】以得志于天下。故吉事尚左,丧事尚右。是以偏将军居左,上将军居右,言以丧礼居之也。故杀【人众】,则以哀悲莅之,战胜,则以丧礼居之。"这一章简文即明确告诉我们老子的用兵价值观。

为什么要"以正治邦,以奇用兵,以无事取天下"?老子说,天下充满忌讳,反而使人民更加叛离;人民拥有的锋利武器愈多,国家反而更加昏乱;人民知道的事情愈多,古怪事物反而不断发生;珍好之物愈是得到彰显,盗贼反而络绎不绝。这就是老子主张"以正治邦,以奇用兵,以无事取天下"的原因。而"以正治邦,以奇用兵,以无事取天下"的本质是:"我无事而民自富,我无为而民自化,我好静而民自正,我欲不欲而民自朴。"这四句话体现了无为、自然的道治精神,是道治主义原则的经典表达。在这些陈述的两端,一边是圣人,一边是民众:圣人之德为无事、无为、好静、欲不欲,而民众则因此得其德,自富、自化、自正、自朴。圣人和民众所展现出来的特性虽然有主从、先后之分,但是其思想实质并无二致,是无为与自然的关系。

郭店《老子》乙组第1—3号简云:"治人事天莫若啬。夫唯啬,是以早⫶是以早⫶服。【早服】是谓【重积德,重积德则无】不克,【无】不克则莫智(知)其亙(极),莫智其亙(极),可以有国。有国之母,可以长【久。是谓深根固柢】,长生久视之道也。"对于此章,《韩非子·解老》篇做了很详细的解释。《解老》云:"聪明睿智,天也;动静思虑,人也。"聪明睿智为天体,动静思虑为人用,韩非子对在人者的天人属性做了划分。《解老》又说:"书之所谓治人者,适动静之节,省思虑之费也。所谓事天者,不极聪明之力,不尽智识之任。苟极尽则费神多,费神多则盲聋悖狂之祸至,是以啬之。啬之者,爱其精神,啬其智识也。故曰'治人事天莫如啬'。"今人高亨说:"是'啬'本收藏之义,衍而为爱而不用之义。此'啬'字谓收藏其神形而不用,以归无为也。"[①]简单说来,老子主张以"啬"的方法治人、事天,以养生积德。而所谓"啬"的方法,实质就是法自然的道术。《解老》又说:"母者,道也。道也者,生于所以有国之术。所以有国之术,故谓之'有国之母'。"回归

---

① 高亨:《重订老子正诂》,古籍出版社,1956年,第123页。

自然而以啬治人事天，这是积德的根本观念和方法。能积德，则能统御万物，治理邦国。掌握了治国的母道，就可以长久存在，这就叫作深根固柢、长生久视之道。从法自然的啬道以治人事天到重积德以统治邦国，这其间存在紧密的关联。

郭店《老子》乙组第15—18号简云："善建者不拔，善抱者不脱，子孙以其祭祀不辍。修之身，其德乃真。修之家，其德有余。修之乡，其德乃长。修之邦，其德乃丰。修之天下，【其德乃溥。以家观】家，以乡观乡，以邦观邦，以天下观天下。吾何以知天【下然哉？以此】。"其中，"修之天下【其德乃溥以家观】家"十二字中有脱文，应补"以身观身"四字，作："修之天下，【其德乃溥。〖以身观身，〗以家观】家。"此章简文论述了随着位格的不同，人主所具之德亦应随之变化，二者既相互联系，又相互区别。在老子看来，人们必须根据位格来反观其自身，每一位格是有区别的，不可替代的。不过，尽管位格是相互区别的，但是它们有大小之别。修身和修德是为了产生相应的个人和社会功用，一者"修之身，其德乃真"，二者"修之家，其德有余"，三者"修之乡，其德乃长"，四者"修之邦，其德乃丰"，五者"修之天下，其德乃溥"。通过修身，获道于己身而使之有德，以成就自己、家庭、乡里、邦国和天下，这是老子的逻辑。

总之，老子的道治主义以"道法自然"或"能辅万物之自然而弗敢为"为根本特性，以"我无事而民自富，我无为而民自化，我好静而民自正，我欲不欲而民自朴"为基本结构，以"视素保朴，少私寡欲""不争""知足""知止""弗骄、弗矜、弗伐""弗始、弗恃、弗居""欲不欲，学不学""不欲尚盈"等为具体内容。不过，需要强调指出的是，老子的道治主义主要是从圣人或某一政治实体中的最高统治者来说的，因此我们不能把对圣人言说的东西，错位地套在百姓的头上。凡是自觉自愿地以圣人自律的人，或者说愿意以道治主义自律的统治者，老子所说的道治原则都符合其相应的身心修养的需要。

此外，还需要指出，老子对于上古礼乐文化并未刻意批评，没有力图拔除而后快的用心。郭店《老子》乙组最后数简论及修德建本的问题，丙组第6—10号简谈及用兵之礼的问题，皆是老子未废弃礼教的证据。甚至可以说，它们正是老子精通礼学的证据。[①] 虽然老子对礼乐及其相关的伦理道德有所批评，但是他的态度比较温和与克制。郭店《老子》甲组第1号简曰："绝伪弃诈，民复孝慈。"丙组第2—3号简云："大道废，安（焉）有仁义；六亲不和，安（焉）有孝慈。"它们皆是老子未废伦理道德的证据。老子的伦理道德观，也是建立在"道法自然"上的。或者说，老子以"道法自然"的新观念重释了上古时代的伦理思想，并以之为统系。老子道法自然的伦理观，也是其道治主义思想的一个组成部分。

---

① 老子通礼，相关文献较多，古书多有记载。《史记·老子韩非列传》："孔子适周，将问礼于老子。"作为周守藏室之史的老子，不通礼学，这是不可能的。在当时的礼乐文化背景下，"不学礼，无以立"，当时的中国古人，特别是贵族阶层，行礼、懂礼是社交的必备条件。当然，我们应当把老子对礼的知识与对礼的态度分别开来。老子懂礼，在某些知识上可能超过了孔子，故孔子问礼于老聃；但是，在对礼的态度上，老子基于道德主义的立场而持温和的批评态度。

第二章 郭店楚竹书《太一生水》再论

《太一生水》是郭店竹书中的一篇,由十四支简构成。根据有关信息,对于这十四支简整理者原有两种处理方案,一种是将其与郭店《老子》丙组合为一篇,都看作原始《老子》的一部分,另一种是将其与《老子》分别开来,单独列为一篇。整理者彭浩等最终将其处理为单独的一篇,这显然是经过深思熟虑的结果。《郭店楚墓竹简》出版(文物出版社,1998年5月)后,《太一生水》引起了学者的极大兴趣,讨论很热烈。从文本分合到字词、概念、命题的含义,以及竹书的学派性质,学者对于此篇竹书都产生了许多争论,至今难有定论。鉴于此篇竹书在思想上的重要性,笔者在梳理学者意见的基础上对其再做分析和讨论,以期解决分歧,推进对此篇竹书的理解和研究。

第一节 文本分合:追问《太一生水》的理解前提

一、文本分合的三种意见

在《郭店楚墓竹简》出版后,《太一生水》是学者讨论的热点篇目之一。关于此篇竹书的分篇与命名问题,目前学界有几种意见。第一种认为它应该与同墓出土的简本《老子》丙组同篇,皆为当时《老子》书的一部分。① 因此这一观点不认同有所谓独立的一篇《太一生水》。第二种认为竹简《老子》丙组应当与《太一生水》分拆开来,别为两篇。竹简的原整理者即采用此种做法,而这一做法得到了绝大部分学者的赞成。第三种或者认为简本《老子》甲组为经,简本《老子》乙组、丙组及《太一生水》为传,这是周凤五先生的意见②;或者认为《太一生水》是《老子》的传,这是陈伟先生的意见③。可以看出,第三种意见实际上是承认第二种看法的,但是它强化了《太一生水》与《老子》的关系,认为它们很密切,乃至可以作为经传来看待。在《〈太一生水〉"名字"章解释——兼论〈太一生水〉的分章问题》一文中,裘锡圭先生将《太一生水》分为三章。他说:"为了称引的方便,可以把《太一生水》所包含的三章,分别命名为'太一生水'章(1至8号简)、'名字'章

---

① 崔仁义将竹简《老子》丙组和《太一生水》编在一起,称为《老子(A)》,见氏著:《荆门郭店楚简〈老子〉研究》,科学出版社,1998年,第36—39页。李学勤先生和邢文也都把《太一生水》当作竹简《老子》的一部分,见李学勤:《荆门郭店楚简所见关尹遗说》,《中国文物报》1998年4月8日第3版;邢文:《论郭店〈老子〉与今本〈老子〉不属一系——楚简〈太一生水〉及其意义》,载姜广辉主编:《中国哲学》第20辑《郭店楚简研究》,辽宁教育出版社,1999年,第165—186页。不过,李、邢二位后来都改变了看法,同意郭店简原整理者的做法。

② 周凤五:《郭店竹简的形式特征及其分类意义》,载武汉大学中国文化研究院编:《郭店楚简国际学术研讨会论文集》,湖北人民出版社,2000年,第54—55页。

③ 陈伟:《〈太一生水〉校读并论与〈老子〉的关系》,载《古文字研究》第22辑,中华书局,2000年,第230页。是文又载台北楚文化研究会编:《古文字与古文献》试刊号,台北楚文化研究会筹备处,1999年。

（10 至 13 号简）和'天道贵弱'章（9、14 两号简）。"[①] 这是一种新眼光，就十四支简的《太一生水》本身，裘先生似乎看出了某种问题。另外，还有一些意见与这一问题相关，笔者在此就不再一一罗列了。

二、批评

上述第一种意见，即把简本《老子》丙组与《太一生水》合并，都看作当时《老子》文本之组成部分的看法，目前看来是难以成立的。首先，帛书两本《老子》、今本《老子》及先秦秦汉诸子引《老子》都没有提供任何直接证据，可以证明《太一生水》属于《老子》的一部分。其次，平实而客观地分析《老子》与《太一生水》在思想和语言形式上的差别，也可以看出《太一生水》与简本《老子》丙组，以及与整部《老子》相差很大。最后，虽然《太一生水》与简本《老子》丙组具有相同的简册形制，书迹也相同，但这两点并不能证明二者是必然同书或同篇的。相反的例子有很多，在此不必列举。第三种意见虽然没有把简本《老子》丙组与《太一生水》合为一组，但有明显的调和倾向。不过，其立说的根据也很难说是确实、充分的。

裘锡圭先生的意见包含调和的地方，一方面，他为把二者分别开来，从思想和语言上提供了众多证据，但是另一方面，他在评述李学勤与陈伟的观点时却多有折中。他说："按照这种观点，可以把《太一

[①] 裘锡圭：《〈太一生水〉"名字"章解释——兼论〈太一生水〉的分章问题》，载《古文字研究》第 22 辑，中华书局，2000 年，第 221 页。

生水》并入《老子》丙组,但仍应对它们加以区分,也许可以在原来的《老子》丙组前标'一',在原来的《太一生水》前标'二'。这样处理,可能要比把它们分成两篇妥当些。"① 这种调和见解,实际上是由二者在思想上的巨大差异与竹简形制的完全相同在裘先生心中不断斗争而导致其立场妥协的结果。而这种妥协的结果可能会引发理解上的混乱,因为此种意见在态度上是暧昧的,没有严格地阐明简本《老子》丙组与竹书《太一生水》的确切关系。

以上看法无论是哪一种,不管把《太一生水》与简本《老子》丙组分拆开来与否,都是以竹简的统一性为前提的。而所谓统一性包括两点:第一,它们的竹简形制相同;第二,它们在内容或思想上相通。对于第一点的过分强调,就导致了《太一生水》与简本《老子》丙组同篇的论调,并以所谓二者思想相通的证据来加强这一观点。与此相关,对于竹简形制的过分依赖和猜想,就导致了所谓经传的说法。严格说来,通过把《太一生水》与简本《老子》丙组分拆开来、各自成篇的观点,郭店简整理者已自觉地意识到在分篇问题上思想的标准胜过了竹简形制的标准。不过,在笔者看来,竹简原整理者并没有把这一观念贯彻到底,即他们把《太一生水》十四支简合为一篇,显然他们对这些简的分合问题没有进行严格且足够的追问:《太一生水》十四支简在思想上是否确实高度统一而可以称之为一篇,或者相反,我们应该把它们分拆开

---

① 裘锡圭:《〈太一生水〉"名字"章解释——兼论〈太一生水〉的分章问题》,载《古文字研究》第 22 辑,中华书局,2000 年,第 219 页。

来，分为不同篇段呢？这是一个新的问题，即由十四支简组成的《太一生水》到底是一篇还是几篇的问题。

三、提出问题

默认或坚持《太一生水》十四支简在思想上是一致的观点，就必然会认为其内部是完整而统一的，在成篇的意义上是不可再分的。进一步考察这种理解的前提，其要害是把《太一生水》的"太一"与"道"这个概念直接等同起来，认为竹书的"太一"就是"道"。这样理解的结果，就必然把《太一生水》以"太一"为中心的一段文字与同"道"相关联的另一段文字大体上贯通了起来，而融合在一起了。很可能郭店简的原整理者就是这么想的。但是，这种默认的理解前提未经严格的审查和有力的证明，因此我们有必要重新审视与检讨这篇竹书，并至少追问两个问题：其一，在《太一生水》中，"太一"与"道"这两个概念是否可以直接等同起来？若可以等同起来，则其直接的文本证据是什么？其二，在《太一生水》撰作的时代，"太一"与"道"是否就是同一的？归根结底，以上两个问题的实质就是：由十四支简组成的《太一生水》篇确实是、毫无疑义地就是一篇不可分拆、前后高度贯通的竹书吗？如果经过分析和考察，"太一"与"道"在这十四支简中不是同一概念的话，那么必然就会导致此篇竹书的分裂，从而也导致人们对其学派性质的重新检讨和衡定。

第二节 《太一生水》第一部分的内容和思想

一、《太一生水》应当分为两大部分或两篇

在笔者写作《〈太一生水〉考论》一文时，整个学术界当时基本上沉浸在接受整理者所做的学术成果及其相关想法中，笔者亦不例外，认为《太一生水》十四支简应与简本《老子》丙组别为两篇。① 现在看来，这种做法仍有不足，整理者当时似乎没有意识到竹书《太一生水》无论在叙述脉络上还是在思想上都存在着一定断裂：这十四支简是否都能够称之为"太一生水"，或归之于一篇叫作《太一生水》的竹书，这是颇成问题的。需要指出，在一定程度上，笔者当时已意识到了此一问题。文章是这样说的："首先需要指出的是，《太一生水》篇从目前残存及整理后的简文编排来看，文意可以分成两个大的部分，从第1至第8号简为通篇的纲领，总论宇宙生成的内容或原理；第二部分包括第9至第14号简，内容是以'道'这一概念对'天地'范畴作了具体的甚至实有的解释。但通观这两部分的内容，上下文意间似不甚含衔应接。"② 比利时学者戴卡琳（Carine Defoort）和法国学者贺碧来（Isabelle Robinet）都曾表达过相近的疑惑。戴卡琳认为，除第9号简外，《太一生水》前后两部分并没有多大联系。③ 贺碧来指出："《太一生水》是一篇不够完整

---

① 丁四新：《郭店楚墓竹简思想研究》，东方出版社，2000年，第1—3页。
② 丁四新：《郭店楚墓竹简思想研究》，东方出版社，2000年，第86页。
③ ［比］戴卡琳：《〈太一生水〉初探》，载陈鼓应主编：《道家文化研究》第17辑，三联书店，1999年，第340页。

的文章,是否在'一'之前有太初或道,我们无法知道。"① 她们的见解和怀疑是很有见地的。通过思想上的比较和学术史的考察,以及对先入之见的突破,笔者现在认为,所谓由十四支简构成的《太一生水》两部分文字,其实本应该分作两篇。第一篇仍可称为《太一生水》,包含前八支简;第二篇则当称为《天地名字》,包含后五支简。第9号简也属于第二篇,但其具体位置难以确定。第二篇的题目似乎也可以称为《天道贵弱》。为了论证此一观点,我们先将十四支简全部引出。简文见下②:

> 大(太)一生水,水反辅大(太)一,是以成天。天反辅大(太)一,是以成地。天地【复相辅】$_1$也,是以成神明。神明复相辅也,是以成阴阳。阴阳复相辅也,是以成四时。四时$_2$复相辅也,是以成沧热。沧热复相辅也,是以成湿燥。湿燥复相辅也,成岁$_3$而止。故岁者,湿燥之所生也。湿燥者,沧热之所生也。沧热者,【四时之所生也】。四时$_4$者,阴阳之所生【也】。阴阳者,神明之所生也。神明者,天地之所生也。天地$_5$者,大(太)一之所生也。是故大(太)一藏于水,行于时,周而或(又)【始,以己为】$_6$万物母;一缺一盈,以己为万物经。此天之所不能杀,地之所$_7$不能

---

① [法]贺碧来:《论〈太一生水〉》,载陈鼓应主编:《道家文化研究》第17辑,三联书店,1999年,第337页。
② 下引简文,参见荆门市博物馆编《郭店楚墓竹简》(文物出版社,1998年)及裘锡圭按语第125—126页;李零:《郭店楚简校读记》,载陈鼓应主编:《道家文化研究》第17辑,三联书店,1999年,第476页。

埋，阴阳之所不能成。君子知此之谓【智，不知此之谓蒙。】₈

天道贵弱，雀（削）成者以益生者，伐于强，责（积）于【弱，□□□□□】₉。

下，土也，而谓之地；上，气也，而谓之天。道亦其字也，青昏其名。以₁₀道从事者必託其名，故事成而身长。圣人之从事也，亦託其₁₁名，故功成而身不伤。天地名字并立，故伬（过）其方，不思相【尚（当）：天不足】₁₂于西北，其下高以强；地不足于东南，其上【厚以旷。不足于上】₁₃者，有余于下；不足于下者，有余于上。■ ₁₄

通读如上十四支简的释文，我们大致可以把它们从内容上分成两个部分。第一部分从第 1 号简到第 8 号简，也就是从"太一生水"开始，到"君子知此之谓……"为止。第二部分从第 9 号简到第 14 号简，也就是从"天道贵弱"开始，到"有余于上"为止。

二、太一生水

我们先来讨论第一部分的内容和思想。简文所谓"大一"，即"太一"。"太一"，先秦古书常常写作"大一"[①]；"太"本写作"大"字。从

[①] 《荀子·礼论》："贵本之谓文，亲用之谓理，两者合而成文，以归大一，夫是之谓大隆。"《大戴礼记·礼三本》也有相同的语句。《礼记·礼运》："是故夫礼，必本于大一，分而为天地，转而为阴阳，变而为四时，列而为鬼神。"两"大一"皆读为"太一"。马王堆帛画《太一将行图》中间的神像题名为"大一"，又题记有"大一祝曰""大一将行"的文字。其所谓"大一"，即"太一"，是楚宗教信仰中的最高神灵。

内容上来看，此一部分又可分为三层。第一层从"太一生水"开始，到"太一之所生也"为止，详细叙述了太一生成宇宙的过程与环节。第二层从"是故太一藏于水"开始，到"阴阳之所不能成"为止，论述了太一的周遍性、超越性和存有性。第三层即"君子知此之谓……"这句话。考察这三层的逻辑关系，第一层与第二层相距较近，第三层与前两层相距较远。因此，如果我们有必要只分两层的话，那么第一、二层可以合并，因为其论述的内容都与"太一"生成论有关，而第三层的内容则属于人道，其内容大概是说人应当知觉和把握此太一生成论罢了。这种人为法应当以自然法为基础的观念，是中国古代思想的一般模式和套路。通过阅读和分析竹简文本，可知第一、二层所构成的文意是完整无缺的，"太一"的本体论及其宇宙生成论即呈现在我们面前。但是，第三层的语意内涵是有缺陷的，而这种缺陷似乎不仅表现在该支残简所带来的文字缺失上，而且表现在其语句的短促和思想的不足上。对于第8号简缺文，李零的补释如下：

君子知此之谓【□，不知者谓□。■】①

赵建伟说："'之谓'下面约缺七字，紧接'谓'字下似可补'圣'字，即'君子知此，之谓【圣】'。"② 赵建伟补作"圣"，乃是根据此字

---

① 李零：《郭店楚简校读记》，载陈鼓应主编：《道家文化研究》第17辑，三联书店，1999年，第476页。
② 赵建伟：《郭店楚墓竹简〈太一生水〉疏证》，载陈鼓应主编：《道家文化研究》第17辑，三联书店，1999年，第387页。

与上文成、经、盈、生协耕部韵的理由。① 但此句及下句是否有必要押韵，这是一个问题。因此此一缺字可以补作"知（智）"，下一句的末字可以相应地补作"蒙"。顺便指出，李零的补文是有问题的，前文说"君子知此之谓□"，后文说"不知者谓□"，这前后两句不甚一致。另外，第 8 号简后是否存在脱文，这也是一个问题。

如何深入、准确地理解《太一生水》第一部分的内容，目前学界在某些概念和命题上存在较大争议。第一是关于"太一生水"的宇宙生成论的模式问题。李零、邢文和陈松长等学者均有具体图式和说明。② 李零说此部分文字"主要是讲'天道'即太一创造天地四时的程序"③。这一说法基本符合现存简文内容，不过它忽视了太一作为本根这一特征及君子知此云云的论述。第一部分简文不但讲述了宇宙生成论的内容，而且对于太一的存有特性及君子知论做了或多或少的论述。考察李零和邢文等人的叙述，笔者认为，关于"太一生水"的宇宙生成图式，他们的描述虽然存在一定差异，但差异并不大。前者简明，且特别突出了分隔的理解④；后者详细，且特别突出了反辅与相辅的概念。⑤ 实际上，我们只有将二者结

---

① 赵建伟：《郭店楚墓竹简〈太一生水〉疏证》，载陈鼓应主编：《道家文化研究》第 17 辑，三联书店，1999 年，第 387 页。

② 王志平亦有图式，参见王志平：《〈太一生水〉与〈易〉学》，载李学勤、谢桂华主编：《简帛研究》二〇〇一年卷，广西师范大学出版社，2001 年，第 93-95 页。

③ 李零：《读郭店楚简〈太一生水〉》，载陈鼓应主编：《道家文化研究》第 17 辑，三联书店，1999 年，第 317 页。

④ "分隔"，指李零强调了天地、神明、阴阳等概念是相对的、可以分析的。

⑤ 两人的图式，参见陈鼓应主编：《道家文化研究》第 17 辑，三联书店，1999 年，第 325 页；《中国哲学》第 20 辑《郭店楚简研究》，辽宁教育出版社，1999 年，第 166-167 页。

合起来，才能更准确地表示竹书《太一生水》的宇宙生成论系统。①

比较起来，陈松长的理解颇为不同。他认为《太一生水》所说宇宙生成论的顶端是水，而不是太一，其关键在于他对"太一生水"一句的理解与众人有别。他将"太一生水"理解为"太一生于水"，"于"字省略了，而"生"字训"出"。②毫无疑问，这种理解是不正确的。何以见得这种理解是不正确的？古代汉语常省略虚词"于"字，这一点是常识，陈说于此没有错误。但是，在《太一生水》篇中"太一生水"一句并非如其所云，"生"字后省略了"于"字。从词义看，"太一"相对于"一"而言，乃极一之义，因此不应当认为"水"在"太一"之先。以"水"在"太一"之先，这是与"太一"一词的词义相矛盾的。从思想资料来看，我们未闻"水"为宇宙本根之说，相反，"太一"作为宇宙生成之根的说法在古籍中却多见，这可参看《荀子·礼论》《大戴礼记·礼三本》《礼记·礼运》《吕氏春秋·大乐》《鹖冠子·泰鸿》《庄子·天下》《淮南子·诠言》《淮南子·主术》等文献。有一种意见，根据《管子·水地》认为水是宇宙的终极始源。这其实是不对的。《管子·水地》只说水为万物的本原、诸生之宗室，却没有在宇宙论上认为它是天地万物的本根。从《太一生水》篇自身来说，我们也不应当认为太一生于水。《太一生水》第1号简曰："太一生水，水反辅太一，是以

---

① 同时这也说明了，图像自身在表意的时候总是会有缺陷的，难以穷尽其意。
② 陈松长：《〈太一生水〉考论》，载武汉大学中国文化研究院编：《郭店楚简国际学术研讨会论文集》，湖北人民出版社，2000年，第545页。

成天。天反辅太一,是以成地。"这几句话说得很清晰、明白:太一乃生成的主体,水乃辅体,"反辅"一词正表明水生于太一,而不是太一生于水。

就"生"字,庞朴先生认为它不是"派生"而是"化生"之义。他说:

> 太一以后,首先生出者是水。必须注意的是,这个所谓的"生",不是派生,而是化生。就是说,它不像母鸡生蛋、老狗下仔那样,生出一个独立于母体之外的什么第二代来;而是太一化形为水,绝对物化为相对,抽象固化为具象。所以太一生出水来以后,水既非外在于太一,太一亦不外在于水,太一就藏在水中,水就是活生生的太一。此时,从太一生水来说,水是所生者,是受动者;从水藏太一来说,太一则成了所藏者和受动者,这就叫"水反辅太一",水对太一的反作用。①

在另一篇文章中,庞朴先生表达了同样的意思。他说:

> "太一生水"的"生"字,也很值得考究。本来在自然界,鸡生蛋和蛋生鸡,是两种不同的生法。鸡生蛋以后,鸡还是鸡,蛋自是蛋,这可以说是"派生"。而蛋生鸡以后,蛋便不复存在,化成

---

① 庞朴:《一种有机的宇宙生成图式》,载陈鼓应主编:《道家文化研究》第17辑,三联书店,1999年,第302-303页。

鸡了，故不妨谓之"化生"。如果要追究鸡与蛋到底谁是先生，那么派生、化生便不足以解释了，而需由另一种生——"发生"来回答：鸡和蛋都是从无鸡无蛋的状态中生发出来的。

太一生水属于化生，即太一变化为水。太一生水或变化为水以后，太一不复直接存在了，但并不消失，它就在水中，作为本体而在水中，水可以说是太一所现之象，也可以说，太一是绝对、是普遍，水是相对、是个别，绝对寓于相对之中。所以简中说："太一藏于水。"

太一生出水来，又藏于水中，这是典型的化生。①

在训解"生"字时，庞先生举出了派生、化生、发生三义，并对这三种含义做了区别。如果我们不对这些区别做更深入、细致的讨论，那么它们似乎已是明晰而准确的。然而事实上可能并非如此，以母鸡生蛋、老狗下仔来解释所谓"派生"一词，实际上忽视了这一概念的其他内涵，这就是"派生"并不排斥派生者在其所派生物中的呈现与贯通。而这一点正是派生者——"太一"作为本根的本体性的特质所在，也是其区别于天地万物的基本原因所在。简单来说，"派生"一词虽然在不同古典文本中存在内涵上的差别，但是并不必然排斥"本根"与"本体"之义，甚至可以说它正是以此两种含义为其基本规定的。换言之，"太一"规定

---

① 庞朴：《"太一生水"说》，载姜广辉主编：《中国哲学》第21辑《郭店简与儒学研究》，辽宁教育出版社，2000年，第196页。

其自身，是作为本根的本体。作为本根，它派生天地万物；作为本体，它存在于其所派生的天地万物之中。以蛋生鸡来说明"化生"之义是恰当的，但是以蛋生鸡的化生关系来阐明现象与本体的关系是无效的。就《太一生水》文本来看，太一生水之后，太一作为实体的独立性并没有被消解掉。第1号简云："水反辅太一，是以成天。"同号简又云："天反辅太一，是以成地。"很显然，太一在其生水、生天之后，其实体并没有被消解掉，不然，如何"反辅"之呢？因此庞朴先生云"太一生水或变化为水以后，太一不复直接存在了"，这一说法不符合简文原意。

另外，竹简下文说："是故太一藏于水，行于时，周而又【始，以己为】万物母；一缺一盈，以己为万物经。此天之所不能杀，地之所不能埋，阴阳之所不能成。"（简6—8）这一段简文说明太一是这样一种实体：它能生万物且生于万物，它超越万物而又与万物混成在一起。《太一生水》云"太一藏于水"，此"水"与"太一生水"的"水"不同，主要强调其润生或生成万物的特性，所以下文说太一通过春夏秋冬四时的周期性运动而成为万物之母。简文又云"一缺一盈"，其所谓盈、缺，以月亮为喻体，一方面指万物的生长和消杀，另一方面指太一本体在生成论中的变化："盈"者，太一之分也，万物之成也，充盈于宇宙万物之中；"缺"者，万物之消杀也，太一含藏于水之中。这样的太一，方为万物之经。无疑，"太一"是这段简文叙述的中心。同时，这段简文也说明在与万物的对待中，太一作为实体并没有被消解掉，因此简文的"生"是不是像庞朴先生所说的那种化生，这是很成问题的。如果需要用比喻来做说明,"太一藏于水"中的二者关系更像是溶解物。顺便指出,"太一生水"与"太一藏于水"是两个不同阶段上的命题,它们不应该被混淆起来。

像许多学者一样,笔者曾指出"太一"在先秦典籍中有三种含义。①其一,"太一"是宇宙的本根和本体,一与万物之多相对。此义先秦子书多见。其二,"太一"指太一星,《史记·天官书》曰:"中宫天极星,其一明者,太一常居也。"据此,太一既是星名又是神名。中国古人把以北极星为中心的天区,认为是天的中心,称之为中宫。太一、北斗星在中宫,由此古人衍生出太一乘斗车或帝乘斗车的神话。其三,"太一"指太一神,上文已提及。从楚汉文献及出土资料来看,太一崇拜与楚文化关系很大。屈原《楚辞·九歌》中有《东皇太一》一篇,开篇即云:"吉日兮辰良,穆将愉兮上皇。"上皇即东皇太一,皆含有至上神的意思。王逸注:"太一,星名,天之尊神,祠在楚东,以配东帝,故曰东皇。"宋玉《高唐赋》曰:"进纯牺,祷璇室,醮诸神,礼太一。"(《文选》十九)刘良注:"诸神,百神也。太一,天神也。天神尊,敬礼也。"《鹖冠子·泰鸿》曰:"中央者,太一之位,百神仰制焉。"《越绝书·宝剑记》曰:"蛟龙捧炉,天帝装炭,太一下观,天精下之。"贾谊《楚辞·惜誓》②曰:"飞朱鸟使先驱兮,驾太一之象舆。苍龙蚴虬于左骖

---

① 丁四新:《郭店楚墓竹简思想研究》,东方出版社,2000年,第91—98页。
② 王逸说:"《惜誓》者,不知谁所作也。或曰贾谊,疑不能明也。"《惜誓》开篇说:"惜余年老而日衰兮,岁忽忽而不反。"据此,此篇不当为贾谊所作。贾谊二十四岁贬长沙,二十八岁时被征回京,三十三岁时死于梁怀王太傅任上。一说贾谊作《惜誓》,用屈意而代屈原惜之。

兮，白虎骋而为右骖。"《淮南子·天文》《淮南子·本经》《淮南子·诠言》《淮南子·主术》皆有关于"太一"的论述，并以太一为创生的原神。从出土文物来看，楚地出土了"兵避太岁"戈①，马王堆出土了关于太一神出行的帛画②，包山楚简载有"太"或"蚀太"神③，这些资料都表明从战国中期到汉代，太一神崇拜先流行于楚地，后弥漫全国。这样看来，《太一生水》中的"太一"能够与太一神毫无关系吗？这是一个值得重视的问题。就《太一生水》第一部分来看，第一种含义是非常适合的，第三种含义也是比较适合的，唯有第二种含义存在疑问，很可能是不恰当的。以神性的含义来理解太一，太一即兼有第一种含义。

李零、李建民、李学勤和彭浩等先生曾先后就《太一生水》，尤其就第一部分文本发表了看法，认为它具有数术性质。④他们充分注意到了"太一"在天文学上的含义，但是对其神性内涵的阐述略显不足。笔者认为，在数术脉络中，只有突出"太一"的神性，我们才能恰当地解

---

① 李学勤：《"兵避太岁"戈新证》，《江汉考古》1991年第2期。该文论证了此戈与太一的关系，但学术界目前尚无定论。
② 陈松长：《马王堆汉墓帛画"太一将行"图浅论》，《美术史论》1992年第3期。
③ 刘信芳：《包山楚简神名与〈九歌〉神祇》，《文学遗产》1993年第5期；李零：《包山楚简研究（占卜类）》，载《中国典籍与文化论丛》第1辑，中华书局，1993年；陈伟：《包山楚简初探》，武汉大学出版社，1996年，第161-162页。
④ 李零：《读郭店楚简〈太一生水〉》，载陈鼓应主编：《道家文化研究》第17辑，三联书店，1999年；李建民：《太一新证——以郭店楚简为线索》，载中国出土资料学会编辑：《中国出土资料研究》第3号，1999年3月；李学勤：《太一生水的数术解释》，载陈鼓应主编：《道家文化研究》第17辑，三联书店，1999年；彭浩：《一种新的宇宙生成理论——读〈太一生水〉》，载武汉大学中国文化研究院编：《郭店楚简国际学术研讨会论文集》，湖北人民出版社，2000年。李学勤文，原载陈福滨主编：《本世纪出土思想文献与中国古典哲学研究论文集》（上），辅仁大学出版社，1999年。

释"太一"作为创生本原的原因,并且其神性内涵远远重于其天文学内涵,在本质上它是最高的神灵实体。从竹书来看,太一生成万物的生成,乃是一种创生,其中既有主力又有辅力,而不是所谓自然无为。因此"太一"创生万物的力量来源应当建立在神灵信仰的基础之上,如若把其内涵过分天文学化,反而难以说明问题。

总之,"太一"相对于"一"而言,是宇宙万物的终极始源,既是宇宙的本根,又是万物的本体。从功能上看,与《老子》中的"道"相当。只不过,《老子》以"道"来指称终极始源,而《太一生水》则以"太一"来指称终极始源罢了。同时,竹书的"太一"也可能具有数术特征,只不过其神性意义远重于其天文学意义。从宇宙论来看,"太一生水"及"水反辅太一,是以成天"的特异性似乎反映出竹书倾向于浑天说。张衡《浑天仪注》云"天表里有水",又云"天地各乘气而立,载水而浮",其中"水"的位置及其重要性与《太一生水》的"水"较为类似。这种带有浑天说色彩的宇宙论,与《太一生水》第二部分文字所反映的盖天说是不同的。

三、神明

"神明"一词在《太一生水》中到底是何义,学界对此问题颇有争议。

在中国古代典籍中,"神明"有五义:一指外在于人的神灵实体;二指人物所内含的作为其生命力或灵性根源的东西,即精神;三指功能意义上的神妙作用；四指境界层面上的通达与仙化；五指当动词用时以神性显明其德性。有时候，这些词义交织在一起，在古典文本中较难分辨。

在《太一生水》第一部分的简文中，"神明"一词凡四见。此"神明"为何义，目前学术界主要有四种意见，或认为是神灵实体，或认为是日月，或认为是天地的神奇功能，或认为是一种精神境界。王博说："该篇的'神明'，李零提到是指一种精神境界，我觉得应是指日月。"① 许抗生认为："所谓'神明'也可以理解为无形莫测的精气（神）和精气显现出来的作用及现象（明）……要比把神明解释成'神祇''精神'或'智慧'更好些。"② 邢文、熊铁基对把神明解释为日月的说法做了批评，但二人对于此词的解释颇不相同。③ 邢文认为："《太一生水》中的'神明'指的只能是神祇。"④ 熊铁基则认为："我认为神明也属相对抽象的一类。"他大概认为神明相当于精神一词。⑤ 由于《太一生水》篇所提

---

① 王博：《美国达慕思大学郭店〈老子〉国际学术讨论会纪要》，载陈鼓应主编：《道家文化研究》第 17 辑，三联书店，1999 年，第 10 页。

② 许抗生：《初读〈太一生水〉》，载陈鼓应主编：《道家文化研究》第 17 辑，三联书店，1999 年，第 313 页。

③ 邢文：《论郭店〈老子〉与今本〈老子〉不属一系——楚简〈太一生水〉及其意义》，载《中国哲学》第 20 辑《郭店楚简研究》，辽宁教育出版社，1999 年，第 169-170 页。熊铁基：《对"神明"的历史考察》，载武汉大学中国文化研究院编：《郭店楚简国际学术研讨会论文集》，湖北人民出版社，2000 年，第 533 页。他引用《淮南子·道应》文本，较有证明效力。

④ 邢文：《论郭店〈老子〉与今本〈老子〉不属一系——楚简〈太一生水〉及其意义》，载《中国哲学》第 20 辑《郭店楚简研究》，辽宁教育出版社，1999 年，第 168 页。

⑤ 熊铁基：《对"神明"的历史考察》，载武汉大学中国文化研究院编：《郭店楚简国际学术研讨会论文集》，湖北人民出版社，2000 年，第 533 页。

供的语境不足，人们在理解上难免会产生分歧。

笔者倾向于邢文的意见，认为"神明"指天神地祇。不过，更准确地说，竹书的"神明"相当于《淮南子·精神》所说的"二神"。《淮南子·精神》所说"二神"，经天营地，生阴生阳，其含义很显然与泛指所有在天之神和在地之祇的"神祇"一词不同。从竹书看，居于神明之上的太一、水、天地，居于神明之下的阴阳、四时、沧热、湿燥、岁，均为实体或经验可感之物，且天地、阴阳、四时、沧热、湿燥五者具有成对出现、两两对应的特征，《淮南子·精神》所说的"二神"即可以满足此一特点。《淮南子·精神》曰："古未有天地之时，惟像无形，窈窈冥冥，芒芠漠闵，澒濛鸿洞，莫知其门。有二神混生，经天营地，孔乎莫知其所终极，滔乎莫知其所止息。于是乃别为阴阳，离为八极，刚柔相成，万物乃形，烦气为虫，精气为人。"这是神创说，其中的"二神"为创世的本原神灵，而不是指在天或在地的那些鬼神。不过，从本篇的宇宙生成论来看，"神明"也包含着"神"者申也、"明"者萌也的含义，是万物生成的力量本体。

四、太一生成万物的三种形式：自生、反辅和相辅

需要指出，许多学者在太一生成万物的系列中只注意到了天地、神明、阴阳等概念是相对而相区别的一面，过分强调了天地、神明、阴阳两两彼此的独立性，而忽视了二者具有相反相成、相互依赖的关系，其看法不免存在偏颇之处。《太一生水》云："天地【复相辅】也，是以成

神明。神明复相辅也，是以成阴阳。阴阳复相辅也，是以成四时。"（简1—2）"复相辅"既把二者区别开来，又把二者紧密联系起来。因此，当谈论天地、神明、阴阳这些概念的时候，我们既要看到其对待对立义，又要看到其相合不离义。

太一生成万物，有三种方式：一是自生，二是反辅，三是相辅。第一种方式在古书中习见，"太一生水"的方式即为自生。第二、三种生成方式颇为特别。"辅"，辅助。"反辅"指反辅太一，其主从关系很清楚：太一是主导的方面，而水、天是辅助的方面。"相辅"则与此不同，"相"者互相，它似乎指相对相关的双方彼此间的互辅。但是，依笔者意见，这只是其含义的一个方面；从更内在层面来看，"太一"仍居于相辅的双方之中。换言之，天地、神明、阴阳等的相辅是显性的，而太一在其中发生作用则是隐性的。总结起来，水的生成方式是自身，由太一自生；天地的生成方式是反辅太一，太一生之；神明、阴阳、四时、沧热、湿燥的生成方式是相辅，在彼此相辅的过程中由太一生成。在有天地之后，太一似乎并不直接介入宇宙生成的活动中，而是通过天地、神明、阴阳等的彼此相辅作用来完成。故"相辅"乃太一间接生成神明、阴阳等事物之法。

顺便指出，李零以正、反、合三题的辩证法来理解"反辅"这一宇宙生成模式[①]，这是不正确的。德国哲学家黑格尔辩证法关于矛盾的运

---

① 李零：《读郭店楚简〈太一生水〉》，载陈鼓应主编：《道家文化研究》第17辑，三联书店，1999年，第317页。

动、发展，是在精神现象自我否定的意义上来规定正题、反题与合题之间的内在关系的。但是，在太一创生天地、神明、阴阳等的过程中，我们根本看不到矛盾的双方及其自我否定这些要素。实际上，太一在生物过程中仍然是生成事物的最主要原因。而水或天，不过是反辅的必要条件，并且是外在于太一而去作用于太一的。

五、《太一生水》宇宙论的特点与疑难之处

《太一生水》的宇宙观及其万物生成的模式，与同时代或其后的诸子观点很不一样。首先，它认为宇宙的原初始源或终极始源是太一。而太一是什么？据《太一生水》本文，它并没有予以具体指实。根据楚文化系统，它或许指至上神（创生之神、主宰之神），但不管怎样，它指母根性的终极存在和终极实体。其次，作为太一所生的第一个生出物及同时为反辅太一的第一个介质，水在宇宙生成的梯级结构中所居处的位次、所起的作用及其重要性，与其他传世先秦文献中的相关叙述颇不一样。可以设想，《太一生水》背后应当存在着一个独特而悠久的文化传统和思想传统。另外，水的特殊性还表现在它出现在天地之先。水作为宇宙产生的必经阶段，这是其他传世先秦文献所没有的。顺便指出，一般所谓"宇宙"概念是通过"天地"一词来理解的，而这样的"天地"概念在古人的理解中是有形有象的，属于形而下界。从一般经验认识来看，水应该属于形而下界；但是，在《太一生水》中，它包括两种形式，一种是存在于天地间的水，另一种是先于天地存在的水。为什么竹书会设想"水"先于"天地"而存在呢？其目的是什么呢？最可能、最合理的推测是，根据浑天说，"水"的设置是为了解决先于天地的宇宙质料及天地如何在太虚中乘浮而不坠不陷的问题。再次，《太一生水》认为地后于天产生，这似乎是合乎逻辑的，但是与天地由一气分成及天地同时产生的观念不同。最后，需要指出，在天地、神明、阴阳、四时、沧热、湿燥相辅生成的过程中，太一自身及其作用并没有消失，而是以隐蔽的、间接的形式置身于其中。这也即是说，太一置身于天地、神明、阴阳等的相辅活动过程中，暗中活泼泼地发生着作用。第6—8号简曰："是故太一藏于水，行于时，周而又【始，以己为】万物母；一缺一盈，以己为万物经。此天之所不能杀，地之所不能埋，阴阳之所不能成。"这表明在万物的生成过程中太一始终独立地起着作用，而据此所谓"相辅"之义，即应当联系太一来做解释。①

虽然在上文中笔者对于"太一"与"水"的关系做了一定的解释，但是疑问并没有因此完全消失，《太一生水》第一部分文本最让人困惑的地方即此太一与水的关系问题：太一生水——太一何以必须生水？太一藏于水——太一何以必须藏于水？学界目前对于这两个问题的探讨虽然获得了一些可以印证的零星材料，但从总体上来看并没有取得多大进展，没有从根本上解决人们心中的疑惑。学者的研究无非表现在如下

---

① 丁四新：《郭店楚墓竹简思想研究》，东方出版社，2000年，第121页。赵建伟也认为："'复相辅'的下面省去了'太一'，这是说天地辅助太一，在太一的作用下（或曰太一通过天地）生出神明。"见赵建伟：《郭店楚墓竹简〈太一生水〉疏证》，载陈鼓应主编：《道家文化研究》第17辑，三联书店，1999年，第317页。

三个方面：其一，通过对"太"字的字形分析，认为"太"与水本来相关[①]；其二，通过对数术资料的考察，认为太一下行而生水[②]；其三，通过对哲学文献的考察，认为水是万物的本原。[③] 这些考察可以备说，但严格说来，它们不具备勘破谜底的真正效力。笔者认为，"水"在此篇竹书中的特殊地位和作用可能是对先秦原始浑天说的反映。

总之，《太一生水》第一部分叙述了"太一生水"的宇宙生成论系统，强调了太一具有作为本根和本体的特性。就太一自身来说，它是极、一的统一，是宇宙未辟的原初始源和终极始源，同时是宇宙开辟的创生者。其宇宙生成论系统，与其他先秦文献所述颇为不同。它对"水"的强调和突出，以及演化宇宙的三种方式，也是这部分竹书文本的价值所在。它可能与天文数术思想相关，但它的神性特征最为突出和重要，在楚文化系统中得到了众多印证。又，从这一部分文本，甚至全部十四支简来看，尽管在功能上"太一"相当于老子的"道"，但是没有直接而可靠的文字证明竹书的太一即道。此外，第8号简末及其后残失的文字，应当是较为重要的，因为它们是中国人理解宇宙的兴趣、价值和目的所在。

[①] 《说文·水部》："泰（太），滑也。"段玉裁注："字从廾水，水在手中，下溜甚利也。"参见段玉裁：《说文解字注》，上海古籍出版社，1981年，第565页。

[②] 数术资料的来源大多是楚地出土的文物和传世文献。而传世文献大多取自汉代以后，有些甚至取自宋明，其证明效力较为有限。

[③] 义理上的解释，大多只能说明部分问题。如学者喜欢用《管子·水地》等做证明材料，其实《管子·水地》与《太一生水》没有实质的关联，但作为一种思想资源的因素来看待，则是无可厚非的。

第三节 《太一生水》第二部分的重要概念和命题

一、第 9 号简的归属与"天道贵弱"观念

先看竹书第二部分文本的编联及第 9 号简的归属问题。竹书第二部分的内容包括第 9 号简至第 14 号简。《郭店楚墓竹简》一书的整理者将第 9 号简单独列出，显然是因为其难以与其他五支简拼合的缘故。李零直接将其与后面五支简拼接起来，合为一章。陈伟等人将其后调，置于第 12、13 号简之间，与最后三支简合为一段。① 裘锡圭亦将其后移，置于第 14 号简之前，且分为两章，与陈伟的做法不同。

对于第 9 号简的缺文，李零补作："天道贵弱，削成者以益生者，伐于强，责于【□；□于弱，□于□】。"② 并指出："'责于'下缺文可容七字，疑简本缺文作'□；□于弱，□于□'，所伐所责是强者、盛者或众者之类，后面可能是相反的意思，即所助所益为弱者、劣者或寡者。"③ 可以看出，李零的拼接和补释出于推测的成分较多，所补释文难以将第 9、10 号简连接起来。这种做法是否可靠，颇值得怀疑。陈伟将第 9 号简移至第 12、13 号简之间，其所补释文为："天地名字并立，故

---

① 主张第 9 号简应放在第 12、13 号简之间的学者，还有刘信芳等人。参见刘信芳：《荆门郭店竹简老子解诂》附录，台北艺文印书馆，1999 年，第 76 页。崔仁义所编竹简的序号不同于《郭店楚墓竹简》一书，但文本安排与陈伟、刘信芳相同。参见崔仁义：《荆门郭店楚简〈老子〉研究》，科学出版社，1998 年，第 37 页。
② 李零：《郭店楚简校读记》，载陈鼓应主编：《道家文化研究》第 17 辑，三联书店，1999 年，第 476 页。
③ 李零：《郭店楚简校读记》，载陈鼓应主编：《道家文化研究》第 17 辑，三联书店，1999 年，第 477 页。

讹其方,不思相【尚】。□□□天道贵弱,削成者以益生者,伐于强,积于【弱。是故天不足】于西北,其下高以强。"① 陈伟做法的缺欠,裘锡圭先生已做了批评。其明显的不足之处是,第 12 号简末尚有 3 字空格没有补出。裘先生指出:"在他(指陈伟——引者注)的释文里,9 号简下端的三个缺字空而未补。从上下文看,显然很难找到可以补在这里的三个恰当的字。"② 再仔细推敲上下文,陈伟把第 9 号简放在第 12、13 号简之间,从文意上看并不太合适。比较起来,裘先生的简序调整方案可能是最好的。他在做了自我批评之后③,认为应该把第 9 号简移至第 14 号简之前,并填补上了缺文,引述如下④:

……天地名字并立,故过其方,不思相尚。【天不足】$_{12}$ 于西北,其下高以强;地不足于东南,其上【□□□。■】$_{13}$

天道贵弱,削成者以益生者,伐于强,责于【□。是故,不足于上】$_9$ 者,有余于下;不足于下者,有余于上。■$_{14}$

---

① 陈伟:《〈太一生水〉校读并论与〈老子〉的关系》,载《古文字研究》第 22 辑,中华书局,2000 年,第 227-228 页。

② 裘锡圭:《〈太一生水〉"名字"章解释——兼论〈太一生水〉的分章问题》,载《古文字研究》第 22 辑,中华书局,2000 年,第 220 页。

③ 裘文说:"1 至 8 号简的系联,有坚强的内容上的依据,研究者皆无异议。现在列为第 9 号的简,郭简整理者原来是把它排在现在的 13 号简之前的。我在审订《郭简》原稿时,认为 12、13 两号简文应该连读,所以把这一简抽出来,列于前后两段之间,当时曾怀疑此简之后可能有缺简。现在看来,这样处理是不合适的。"见裘锡圭:《〈太一生水〉"名字"章解释——兼论〈太一生水〉的分章问题》,载《古文字研究》第 22 辑,中华书局,2000 年,第 219-220 页。

④ 裘锡圭:《〈太一生水〉"名字"章解释——兼论〈太一生水〉的分章问题》,载《古文字研究》第 22 辑,中华书局,2000 年,第 220 页。

裘先生的简序调整与补文虽然解决了陈伟释文中的一些问题，但是仍然存在一个重要障碍。第 13 号简末残断部分当有七字空格，但裘先生只补了三字，然后以分章符号"■"了断之，不补。这种做法如果不是天才的预见，那么多少有些武断了。从文意来看，第 14 号简与第 12、13 号简的内容及其句法逻辑是紧密相关的，把它们分割成两章这并非很恰当。而且，将第 9 号简放在第 14 号简之前，前后两句的因果关系比较勉强。实际上，裘先生对于自己的这种做法也是存有疑虑的。他在同一篇文章中说："最后还应指出，我们所分的第二、三两章原来只是一章的可能性，并不能完全排斥。作为我们第二章末简的 13 号简，下端残去的一段可容纳七个字。除去要补给'其上□□□'句的三个字，还剩四个字的地位。如果补上'人道贵强'之类的四字句，文义就可以跟我们的第三章首简开头的'天道贵弱'连上。不过在一章之内，先极力强调天地是物，接着马上把'天道'当作'道'的同义词来用，总显得有些别扭。所以我们还是把它们分成了两章。"[①]

　　基于以上考察，第 9 号简的位置可以肯定目前仍然未能解决。现有的几种排序方式，都存在不足或难以成立之处。这说明从第 9 号至第 14 号简的这一部分文本，可能有缺文或佚简，或者隐含着我们难以察觉的其他文本问题。笔者认为，郭店简整理者当初把第 9 号简单独分列出的做法，是审慎而妥稳的。退而求其次，尽管裘说目前尚存有疑问，但是

[①] 裘锡圭:《〈太一生水〉"名字"章解释——兼论〈太一生水〉的分章问题》，载《古文字研究》第 22 辑，中华书局，2000 年，第 224—225 页。

自第9号简后的六支简在文意上有相关之处，从思想研究的角度来看，权且将它们捆绑在一起进行研究，这是允许的。①

再看第9号简的"天道贵弱"命题。这个观念合乎先秦道家的思想传统。《庄子·天下》对老聃、关尹的思想做了较为细致的概括，其中一句是这样的："以濡弱谦下为表，以空虚不毁万物为实。"《荀子·天论》说："老子有见于诎，无见于信。"《吕氏春秋·不二》指出"老聃贵柔""关尹贵清""列子贵虚"，而"列子贵虚"的说法又见于《尸子·广泽》篇。仅就通行本《老子》来看，老子确实很重视"柔弱"的观念，如第三十六章曰"柔弱胜刚强"，第四十章曰"反者道之动，弱者道之用"②，第四十三章曰"天下之至柔，驰骋天下之至坚，无有入无间"，第七十六章曰"故坚强者死之徒，柔弱者生之徒"，第七十八章曰"弱之胜强，柔之胜刚，天下莫不知，莫能行"。上引《老子》诸文，实以"弱者道之用"一句为统率。柔弱是道的作用，其他各章皆据此发挥。而为何柔弱是道的作用呢？老子是从经验的角度来做证明的。

同时，也应该看到，"天道贵弱"与"弱者，道之用"这两个命题也有差别。"天道"不同于"道"，它只是"道"之一义。③在此句中，"天

---

① 第9号简与其他五支简，在内容上并不很协调。严格说来，应该把《太一生水》现有的十四支简分为三个部分，前八支简为一部分，第9号简单独为一部分，后五支简又为一部分，各部分的关键词和中心内容都不同。

② 郭店《老子》甲组第37号简："返也者，道动也；弱也者，道之用也。"

③ 在古典文献中，与"天道"相并列的词语有地道、神道、人道，不过处于此相对意义中的"天道"，实只是指人可仰观的天文现象及其客观规律。而当不处于此相对意义中的时候，"天道"贯通天、地、神、人，具有"主宰"和"必然"的双重含义。可以看出，"天道贵弱"之"天道"，其特性属于后者，为应然世界的主宰者和规定者。

道"是主语,"贵"是谓语,"弱"是宾语。"天道贵弱"是说,天道贵尚柔弱,或天道以柔弱为尊贵。此"天道"有选择权能,有好尚之性,属于应然法则的代名词,而"柔弱"则是其选择和好尚的对象。下文云"削成者以益生者",又云"伐于强,责(积)于【弱】"等①,即是"天道贵弱"的具体表现。而《老子》"弱者,道之用"的命题则更进一层,一者回到"道"自身,比"天道"更抽象和更本原,二者"弱"在这一命题中被直接规定为道的功用,这是从道性上来做出此规定的。因此老子的"弱者,道之用"是一个较为纯粹的哲学命题,而"天道贵弱"则带有一定程度的神性色彩,此"天道"具有"削成""益生""伐强""积弱"等"贵弱"意志和赏罚性格。虽然有如此差别,但这并不妨碍我们把二者关联起来,它们在思想上是颇相一致的。

二、关于"道亦其字也,青昏其名"的讨论

先看学者对于"道亦其字也,青昏其名"的争论。学者对于第10—14号简的理解存在较大争议,其中争议最大的是"道亦其字也,青昏其名",而这句话也是理解竹书第二部分文本的关键。目前,关于"名""字"之所指,学者一般以《老子》中的相关资料为背景②,并结合

---

① "责",读为"积",从陈伟、刘信芳读。陈伟:《〈太一生水〉校读并论与〈老子〉的关系》,载《古文字研究》第22辑,中华书局,2000年,第229页;刘信芳:《荆门郭店竹简老子解诂》附录,台北艺文印书馆,1999年,第78页。

② 相关资料,参见《老子》第一、十四、二十一、二十五、四十一章等。其中第一、二十五章的有关论述,最为重要。

整个《太一生水》十四支简来做理解，认为"名""字"都是针对"道"而言的，"名"是"道"之名，"字"是"道"之字。裘锡圭已准确地表达了这一派学者的观点①：

> 姜注正确地认为上句简文是就道而言的。他指出：简文所以要说"道亦其字也"，是由于上文所说的"地"和"天"也都是字。作为真的实在的道，是不能名的，所以勉强以"道"为其字。《老子》第二十五章："有物混成，先天地生，寂兮寥兮，独立不改，周行不殆，可以为天下母。吾不知其名，字之曰道，强名之曰大。"所表现的是同样的思想。②这些意见是正确的。姜注把"请问其名"的"其"，理解为指以"道"为字者。③"道亦其字也"的"其"，也应这样理解。如果考虑到《太一生水》章的用语，也可以说"其"就指太一。《考释》就认为"其"指太一。④《疏证》认为"其"指"太一"，亦即道，这是对的；但又认为"其"之所指包括"天地之道"，还认为"'青昏'是'道'之名"⑤，这则是不对的。

---

① 裘锡圭：《〈太一生水〉"名字"章解释——兼论〈太一生水〉的分章问题》，载《古文字研究》第22辑，中华书局，2000年，第222页。
② ［日］河井义树、姜声灿等：《〈太一生水〉译注》，载［日］池田知久监修：《郭店楚简の研究（一）》，大东文化大学大学院事务室，1999年，第56页。
③ ［日］河井义树、姜声灿等：《〈太一生水〉译注》，载［日］池田知久监修：《郭店楚简の研究（一）》，大东文化大学大学院事务室，1999年，第57页。
④ 陈伟：《〈太一生水〉考释》，载《古文字与古文献》试刊号，台北楚文化研究会筹备处，1999年，第71页。
⑤ 赵建伟：《郭店楚墓竹简〈太一生水〉疏证》，载陈鼓应主编：《道家文化研究》第17辑，三联书店，1999年，第389页。

裘说不确，其所说"姜注"的作者其实是河井义树。① 不过，姜声灿的看法与河井义树相同。总结此派学者的观点，他们首先完全恪守《老子》第二十五章"吾不知其名，字之曰道，强为之名曰大"来理解竹书"道亦其字也，青昏其名"这句。从哲学上来看，此派学者实际上认为本体之道因名言的介入而一分为二，一者为不可名之道，一者为可名之道。不可名之道即本体而默示本体，可名之道指向本体而呈现为可言之道。如此，在他们看来，"道亦其字"的"道"乃可名之道，并非恒名（常名）或本名，不过是不可名之道体因人之言说而生起的字。此"道"（所谓字者）因道体（所谓恒名者）而来，且与其密切相关，据此他们认为"道亦其字也，青昏其名"的两个"其"字亦指道体自身（实体）——此道与可名言之道不同。由于他们对于"道亦其字也，青昏其名"的理解完全归宗于《老子》，故"青昏"二字就被他们释读为"请问"，"请问其名"一句表反诘之意。姜注（当作河井注）中存在的某些矛盾和谬误，裘锡圭已做回护和修正。但是，这篇学者的解释果真是正确无误，而合乎竹书原意的吗？对此，我们需要更为耐心的分析和证明。

再看学者对于《老子》"名""字"的讨论与批评。就《老子》的"道"及其所谓"名""字"来看，通行本《老子》第一、十四、二十五和四十一章非常重要。第二十五章说"道"有"字"，有"强名"；又说

---

① 《太一生水》的日文译注，作者为松崎实、姜声灿、谢卫平、河井义树。第9、10号简由河井义树作注，第11至14号简由姜声灿作注。见［日］池田知久监修：《郭店楚简の研究（一）》，大东文化大学大学院事务室，1999年，第28-61页。

"吾不知其名",此"名"则指其本名、常名。而所谓本名、常名,意指道体自身。这样,名(常名)与字是有区别的,它们与道(体)的关系是不一样的。通行本第一章云:"道,可道,非常道;名,可名,非常名。无名,天地之始;有名,万物之母。"① 可道(此道,言说也)之道,并非常道(此道,道体也);可名(此名,称名也)之名,并非常名(此名,常住不变之名也)。由此看来,道与名有紧密关联,常名与常道的对应紧密,可名之名则与可道之道对应。现在,我们应该更进一步追问:常名与常道的内涵到底指什么?常道,我们可以换言"道体"来做理解。不过,《老子》只肯定了常道是实存的,并认为它是不可以言说的:本体不可能在"有"中完全敞开其自身。常名是不可称名之名,此名与有相对,其实即是无名。很显然,老子是以超越名言的常名来指代常道的。所以下文说:"无名,天地之始;有名,万物之母。"常名之道(其实无名),是作为本体的本根;可名之道(即指有名),则是众现象的母根。这样一来,道就是无名与有名的统一,是本体与现象的统一。老子对名及其与道之关系的思考非常深刻。

回到第二十五章"吾不知其名,字之曰道,强为之名曰大"三句,可知"其名"指道(本体)的常名,而由此名则必可指实此道;而由于道(本体)既不可道,常名亦不可名,因此指向此道的、与常名相关涉的可名之名就只能称之为强名或字了。在老子看来,"道"和"大"都

---

① 马王堆帛书《老子》甲本:"道,可道也,非恒道也。名,可名也,非恒名也。无名,万物之始也。有名,万物之母也。"王弼本的句读与此相同。后人或在"无""有"两字后断句,非是。

只是道（体）的"强名"与"字"，而不是道本身。还需要指出，常道、常名都是超越于我们的感觉与名教的，并不存在于人们的言语世界之中；它们是老子权且设定而用来传达本体之所在的两个方便概念而已。总之，名（"不知其名"之名，非"可名"之名）是所谓本名、常名，属于本体界的概念；字是所谓强名，属于言语世界的用语。

再看学者对于竹书"名""字"的讨论。笔者认为，竹书的"名""字"内涵与《老子》一书的意指是不太一样的。河井义树、姜声灿说，竹书的"名"指本名、真正的名，"字"是惯用名，是通称；又说"名"指"本名、真正的名"，故可与"实"相当。① 裘锡圭认为，竹书的"名"指能直接反映事物的本名，"字"（取义于与人名相配的"字"）指不能直接反映实质的一种惯用名。② 他们对于"名""字"的理解或定义大体上是一致的，都想表达同一个意思。粗略看来，他们的理解似乎是没有问题的，但是细看其具体分析却令人难以认同。竹书云："下，土也，而谓之地；上，气也，而谓之天。"河井义树、姜声灿认为"土"和"气"是"地"和"天"的名，"地"和"天"则是其字。③ 裘锡圭赞

---

① ［日］河井义树、姜声灿等：《〈太一生水〉译注》，载［日］池田知久监修：《郭店楚简の研究（一）》，大东文化大学大学院事务室，1999年，第55页。
② 裘锡圭：《〈太一生水〉"名字"章解释——兼论〈太一生水〉的分章问题》，载《古文字研究》第22辑，中华书局，2000年，第222页。
③ ［日］河井义树、姜声灿等：《〈太一生水〉译注》，载［日］池田知久监修：《郭店楚简の研究（一）》，大东文化大学大学院事务室，1999年，第55、57、59页。其实这种想法可能最初是由韩禄伯提出的，邢文说："韩禄伯教授对土、地、气、天与名、字的关系有具体的分析。"邢文：《论郭店〈老子〉与今本〈老子〉不属一系——楚简〈太一生水〉及其意义》，载《中国哲学》第20辑《郭店楚简研究》，辽宁教育出版社，1999年，第185页。

成这种意见,他说:"这样理解,跟下文'天地名字并立'句相应,无疑是正确的。"① 由此可见,他们对"名""字"的理解又与《老子》显然不同。首先,他们把名字与名实两对概念混淆了起来。这是不正确的。天、地、气、土各有其名,各有其实。其次,他们以土、气分别为地、天之名,地、天为土、气之字的看法,其实只是在它们之间做了概念区别而已,与老子对道做超越层面的理解根本不同。再次,依照他们的看法,《太一生水》第二部分文字中的"名",只可能是"可名"之名,其实体也是凭人的感觉而可以经验到的。其所谓"名",又显然与《老子》所说的名(常名)为两码事:一个是经验的,一个是超验的;一个是有,一个是无。如此一来,这就与他们对下文"道亦其字也,青昏其名"的"名""字"的先行理解颇有矛盾——因为他们已假定他们是按照老子的思想逻辑来构造竹书的"名""字"这对概念的。其实,土、气只不过是地、天的质料或构成成分,而天、地只不过是气、土的累积而至于广厚无垠而已,我们怎么可以说土是地之名,地是土之字,气是天之名,天是气之字呢?这种把土、气与地、天看成名字关系的看法,无疑是错误的。《鹖冠子·度万》云:"所谓天者,非是苍苍之气之谓天也;所谓地者,非是膊膊之土之谓地也。所谓天者,言其然物而无胜者也;所谓地者,言其均物而不可乱者也。"《度万》与《太一生水》第二部分的简文,在思想上具有明显的继承和批判关系。所引《度万》文字

---

① 裘锡圭:《〈太一生水〉"名字"章解释——兼论〈太一生水〉的分章问题》,载《古文字研究》第 22 辑,中华书局,2000 年,第 222 页。

从义理上重新规定了天地的内涵，而对那种纯粹从物质角度定义天、地的观点做了针锋相对的批判。《礼记·中庸》也有一段话与简文及上引《度万》文字有相通之处。《中庸》云："今夫天，斯昭昭之多，及其无穷也，日月星辰系焉，万物覆焉。今夫地，一撮土之多，及其广厚，载华岳而不重，振河海而不泄，万物载焉。"最后，河井义树、裘锡圭等人在解读"名""字"时，把"道亦其字也，青昏其名"与下文的"天地名字"分拆开来，且又不服从文本的叙述顺序，跳过第二句、第三句和第四句，而以第一句来理解第五句。此种解释显然很成问题，有违文本的先后次序。

三、关于"青昏"的讨论与批评

在"道亦其字也，青昏其名"这句中，"青昏"是一个关键词，学者对于它的讨论很多，需要再做梳理和讨论。

既然河井、姜、裘三位的理解具有难以克服的矛盾，那么我们是否应当适当割断来自《老子》宇宙论的传统而直面简文，尝试另一种新的解释呢？实际上，部分学者已经开始了此工作，同时他们也深深地感受到了那种来自维护《老子》传统的巨大压力。最先打破此习惯的学者是美国汉学家夏德安（Donald Harper）教授[①]，比利时汉学家戴卡琳教

[①] 王博说："好像还有一个人提到'青昏其名'并不像整理者所说读为'请问其名'，而是说'青昏'是其名，与上文的'道亦其字也'呼应。"据李零的说法，这个人就是夏德安。见王博：《美国达慕思大学郭店〈老子〉国际学术讨论会纪要》，载陈鼓应主编：《道家文化研究》第17辑，三联书店，1999年，第9页。

授同意他的看法①,李零进一步扩展了此一看法。在《读郭店楚简〈太一生水〉》中,李零说:

> 土在下为地,气在上为天。"道"只是它们的"字"[案:"字"是人成年后起的名,这里似乎是说"道"乃天地后来的名],"青昏"才是它们的"名"[案:"名"是人出生后起的名,这里似乎是说"青昏"乃天地原来的名。"青昏",整理者读"请问",但下文没有答案,比较可疑,夏德安教授以为应即天地的"名",可从。他说马王堆帛书《却谷食气》篇讲天地六气有"清昏",或即这里的"青昏"。②我们怀疑,这里的"青昏"也可能指天地未生时的混沌状态或天地所由生的清、浊二气]。按"道"做事的普通人当然得托"道"的"名",即使是圣人也要托"道"的"名"[案:这里的"名"可能是兼指"名""字"]。他们都托"道"的"名",所以才能既把事情做好,又有益自身,不受伤害。"天地名字并立"[案:这句话的含义还值得推敲,可能是指天地的名、字都已具备,或天地的名、字彼此相当(古人名、字互训)],本来应当天平地齐,但"天道"的安排却偏

---

① 戴卡琳说:"在这里,我不同意整理者的理解,而是遵从 Donald Harper 的建议,直接按照原文解释为清昏,而不同意整理者的更正——请问。"原简文作"青昏",不作"清昏";夏德安以马王堆帛书《却谷食气》篇将其读为"清昏"。戴卡琳:《〈太一生水〉初探》,载陈鼓应主编:《道家文化研究》第 17 辑,三联书店,1999 年,第 345 页。

② 李零说:"感谢夏德安教授在郭店《老子》国际研讨会(Dartmouth College, 1998 年 5 月 22—26 日)上向我指出此点。"参见《道家文化研究》第 17 辑,三联书店,1999 年,第 320 页。李零还在《太一生水》的校读中指出了这一点。参见《道家文化研究》第 17 辑,三联书店,1999 年,第 477 页。

不如此，反而故意让两者错位［案："讹"，简文从心从化，整理者读过，但从文义看，此字是指天地错位，读讹更顺，"方"是配伍之义］，不想让它们平衡对称：天向西北倾斜，上面的天低了，下面的地就高隆；地向东南倾斜，下面的地就低了，上面的天就空阔［案：缺字可能是"虚""阔""空""旷"一类词，下字当韵脚，又可能是"空"或"旷"］。所以说："不足于上者，必有余于下；不足于下者，必有余于上。"①

马王堆帛书《却谷食气》篇说："春食一去浊阳，和以【銚】光、朝霞、【昏清】可。夏食一去汤风，和以朝霞、沆瀣，昏【清可。秋食一去□□】、霜、霜雾，和以输阳、銚〖光〗，昏清可。冬食一去凌阴，【和以端】阳、銚光、输阳、输阴，【昏清可】。"②这段文字所说的朝霞、沆瀣、端阳、銚光、输阳和输阴，学者多认为即《楚辞·远游》和《庄子·逍遥游》中讲的"六气"；而此篇帛书可能与《凌阳子》有关。胡翔骅说："昏清可：昏即銚光，地黄之气，地气。清为天气。……这里是说，地气与天气相适合协调，阴阳中和。一说，'昏清可'指服气在黄昏清晨都可以。"③胡翔骅说"昏清"指天地之气，当是。后一说以

---

① 李零：《读郭店楚简〈太一生水〉》，载陈鼓应主编：《道家文化研究》第17辑，三联书店，1999年，第319-320页。引文末尾两"必"字，原简无，李零误添。参见荆门市博物馆编：《郭店楚墓竹简》，文物出版社，1998年，第14页第14号简图版，第125页释文。
② 湖南省博物馆、复旦大学出土文献与古文字研究中心编：《长沙马王堆汉墓简帛集成（陆）》，中华书局，2014年，第3页。
③ 胡翔骅：《帛书〈却谷食气〉义证》，载陈鼓应主编：《道家文化研究》第3辑，上海古籍出版社，1993年，第384页。

"昏清"为黄昏、清晨，恐非。《云笈七签》卷五十九载《王说山人服气新诀》云："古经法皆有时节行之，今议食气不以时节也。"[1] 若春、夏、秋、冬，无论清晨、黄昏食气皆可，犹不以时节行之也。《楚辞·远游》王逸注："《凌阳子明经》言'春食朝霞'，朝霞者，日始欲出赤黄气也。'秋食沦阴'，沦阴者，日没以后赤黄气也。'冬食沆瀣'，沆瀣者，北方夜半气也。'夏食正阳'，正阳者，南方日中气也。并天地玄黄之气，是为六气。"[2] 可知古人食气大有时节之分，而帛书"昏清可"的语义当如胡翔骅所解。在帛书的基础上，夏德安教授进而把简文"青昏其名"的"青"字读为"清"字，其理解正与此相同。然而，他的这一理解果真合乎郭店简《太一生水》第二部分文本的思想吗？这是一个需要我们做更深入、细致讨论的问题。

李零认为整理者将"青昏"读为"请问"，"但下文没有答案，比较可疑"。这个意见是值得重视的。他在批评整理者意见时所提供的理由，触及了整理者把"请问"作为发问词使用时所导致的突兀性。不过，需要指出，他在一定程度上误解了整理者的意思。实际上，"请问其名"按照整理者的意思，在文中是作为一个反诘疑问句出现的，它不需要下文提供答案。笔者认为，其实整理者所犯的根本错误在于违反了文本组织与释读的基本原则，脱离了具体语境，而跳跃到以《老子》为代表的道家主流中来理解此句。这是一种联想的方法。但是，联想解读法并非

---

[1] （宋）张君房：《云笈七签》，中华书局，2003年，第1319页。
[2] （宋）洪兴祖：《楚辞补注》，中华书局，1983年，第166页。

一定有效，它需要经过文本自身的严格检验，才可能是较为有效的。依此，我们必须重新审查整理者的释读及其他学者的辩护，看一看他们的见解是否真实有效。

第10—12号简云：

（1）下，土也，而谓之地；上，气也，而谓之天。（2）道亦其字也，青昏其名。（3）以道从事者必託其名，故事成而身长。（4）圣人之从事也，亦託其名，故功成而身不伤。（5）天地名字并立，故悊（过）其方，不思相尚（当）。

引文中的序号，为笔者所加，目的是讨论的方便。第二段排在这五段文字中间，一个"亦"字表明它是顺承上一段而来。而这个上一段，是不是就是引文的第一段呢？目前看来，答案只可能是它。第三、四两段与第二段的关系颇为明显，不用再做说明。而第五段中的"天地"一词与第一段的关系紧密，"名字"一词的指涉则当与第二段等密切相关。因此第五段又具有总括前文之含义。总之，通过分析，可以看出这段文本的叙述结构是非常严谨的。而那种一定要把第二段从整个段落中挑拣出来，脱离上下文，进行跳跃式理解，从而产生出天地名字与道之名字的差别的做法，显然是不恰当的。个别学者强调"亦"字的重要性，认为此字表明在天地名字之外也有所谓道的名字。[①] 不

[①] 河井义树等先生即是如此认为的。参见［日］河井义树、姜声灿等：《〈太一生水〉译注》，载［日］池田知久监修：《郭店楚简の研究（一）》，大东文化大学大学院事务室，1999年，第56页。

过,这种看法很难说是可靠的,因为其上文只说"下,土也,而谓之地;上,气也,而谓之天",根本就没有把天气、地土从名字的角度进行区别,何来"亦"字正表明"道"也有名、字的分别呢?况且,若如此理解,"道亦其字也,青昏(请问)其名"的"其"字就失去了上文的依托。某些学者为了自圆其说,就断定"其"是指"道"自身,这是很勉强的。"其"字为代词,从上下文看,"道"不过是"其"字而已,因此"其"具体指代什么,这始终是一个问题。于是有些学者干脆跳过《太一生水》第一部分文本和第二部分文本间的巨大间隔,而直接地断定"其"指第一部分中的"太一",且认为太一即道。此"其"字是不是指"太一","太一"是不是即此"道"?这不是仅凭个人自信,就可以武断地解决的问题。面对此一问题,笔者曾指出:"句中'其'字,是指'天地'还是'太一',抑或作者未加指明的某本体(本根)者?从上文看,'其'似是指'天地',但恐有些非理。我认为应该由'天地'向上推,'其'当是指宇宙的本根或最高存有者。至于它是否一定指'太一',则难断定。"① 上文提到的个别观点,现在看来未必正确。"其"仍当指代"天地"。② 《太一生水》第一部分简文没有直接

---

① 丁四新:《郭店楚墓竹简思想研究》,东方出版社,2000年,第110页。
② 郭沂、邢文、魏启鹏等持此说。郭沂:《试谈楚简〈太一生水〉及其与简本〈老子〉的关系》,《中国哲学史》1998年第4期,第37页。邢文说:"'其'在此与'天、地'相关是没有问题的。"邢文:《论郭店〈老子〉与今本〈老子〉不属一系——楚简〈太一生水〉及其意义》,载《中国哲学》第20辑《郭店楚简研究》,辽宁教育出版社,1999年,第175页。魏启鹏说:"简文谓'道'也是天、地的字。"魏启鹏:《楚简〈太一生水〉笺注》,见氏著:《楚简〈老子〉柬释》,万卷楼图书有限公司,1999年,第77页。

说太一是道，第二部分简文也没有说道是太一，而且从思想上来看，两部分文本间也缺乏很直接、很密切的联系，那么我们凭什么断定太一即道，或者道即太一呢？仅凭这两部分文本的竹简形制相同或者依靠后起的文献，我们就可以直接断定道即太一，太一即道吗？《庄子·天下》云："建之以常无有，主之以太一。"这是《天下》篇的作者对于老聃、关尹之"道"的判定，是以当时流行的"太一"概念来判断和诠释老子、关尹之"道"。另外，"太一"已是一名，以"太一"名道体，则是有名乎，无名乎？有人或许会辩解道"太一"也是强名。然而，这会让"道亦其字也"一句构成自相矛盾，因为"其"在此句中是指代本体。又，上引文的第一段和第五段文义密切，中间以第二、三、四段有机地联系起来，而学者强行将它们从整个段落中割裂出来，进行单独理解，显然破坏了从第一段到第五段的内在联系，从而使得整个段落的叙述变得混乱起来。总之，把"其"字判定为道体，进而把"道"判定为"太一"，这突破了竹简文本自身的脉络和结构，很难说是可靠的。而整理者把"青昏"释读为"请问"的错误，也因此暴露无遗。

总之，根据笔者的意见，竹书第二部分文本的含义和思想，相对于《老子》来说有了很大的不同。我们应当根据这浮出水面的一角，努力去探寻整座冰山。

第四节 "道亦其字也，青昏其名"新解及其宇宙论来源

一、"道亦其字也，青昏其名"新解

竹书云："道亦其字也，青昏其名。"根据前面的分析，"其"指代天地。此句是说，道是天地之字，青昏是天地的本名。在此，"道"被放在天地之后，而成为刻画天地的一个语词。这与《老子》对道的理解根本不同，差别巨大。通行本《老子》第二十五章云："有物混成，先天地生，寂兮寥兮，独立而不改，周行而不殆，可以为天下母。吾不知其名，字之曰道，强为之名曰大。"第四十二章云："道生一，一生二，二生三，三生万物。万物负阴而抱阳，冲气以为和。"道是宇宙的本根，先于天地存在，而天地则由道生成。《庄子·大宗师》云："夫道，有情有信，无为无形；可传而不可受，可得而不可见；自本自根，未有天地，自古以固存；神鬼神帝，生天生地；在太极之先〈上〉①而不为高，在六极之下而不为深，先天地生而不为久，长于上古而不为老。"庄子在《大宗师》中继承了老子关于道的观点，用"本根"的概念重新界定了"道"。而竹书则认为道是天地之字，与老庄的思想不同。因此，我们有必要进一步追问：其一，"道亦其字也"之"道"的内涵到底是什么？其二，"道亦其字也，青昏其名"所包含的宇宙观和宇宙生成论是什么？其三，"道亦其字也，青昏其名"的思想资源是什么？与上述三个问题

---

① 据王叔岷说，"先"字当为"上"字之误。参见王叔岷：《庄子校诠》，"中央研究院"历史语言研究所专刊之八十八，1988 年，第 232 页。

相关，第四个问题是：以道为本根的宇宙生成论思想在当时是不是唯一的？

什么是道？《说文·辵部》："道，所行道也。① 从辵从首。一达谓之道。古文道，从首、寸。"段玉裁注："《毛传》每云：'行，道也。'道者，人所行，故亦谓之行。② 道之引申为道理，亦为引导。'首者，行所达也。首亦声，徒自告切。古音在三部。'《释宫》文。行部称四达谓之衢，九部称九达谓之馗。"③ 许慎对"道"字的两种说解，从不同侧面反映了"道"的含义，不过其实质相同。"道，所行道也"，从人的角度阐明了道为人所行者。道既是人所行的要求与结果，又是规范人之所行者。引申之，道就有道理、条理、引导，以及规范、规律等义。"一达谓之道"在前者的基础上来表现其数量上的规定，与"四达谓之衢""九达谓之馗"相区别。简单来说，道的本义就是指人所行的道路。就道的诸种含义，朱骏声《说文通训定声》举例颇详。④《礼记·中庸》："率性之谓道。"《管子·君臣》："顺理而不失之谓道。"《庄子·缮性》："道，理也。"《庄子·渔父》："道者，万物之所由也。"《荀子·正名》："道

---

① 王筠句读："此文似有误。《韩诗·薛君章句》：'岐有夷行。'行，道也。《毛诗传笺》屡云：'行，道也。'行部只见人之步趋一义，或于此补见，道亦名行之义。其当如何立文，则不能臆测矣。"（清）王筠：《说文句读》卷四，载《续修四库全书》经部第218册，上海古籍出版社，2002年，第586页。

② 李学勤先生说"行""道"有时可以互训，但不是一个字，在音上也不能通假。郭店简以"𠱾"为"道"，乃是一种晚起的现象。李学勤：《说郭店简"道"字》，载中国社会科学院简帛研究中心编辑：《简帛研究》第3辑，广西教育出版社，1998年，第42页。

③ （清）段玉裁：《说文解字注》，上海古籍出版社，1981年，第75页。

④ （清）朱骏声编著：《说文通训定声》，中华书局，1984年，第269—270页。

者，古今之正权也。"这些引文中的"道"主要从物事的角度上来做规定。另外，郭店简《性自命出》或上博简《性情论》的"道"，也不是指本根或宇宙本体之道。如上所举"道"的字义，与"道亦其字也"中的"道"较相一致。

"道亦其字也，青昏其名"是说，"道"是天地之字，"青昏"是天地之名。名先字后，字依名起。既然"道"是具体之道，训理（条理），那么相对而言，"青昏"即指道理未显而尚处于昏墨的状态。总而言之，笔者认为，"青昏"当指天地之本然、浑而未分的状态，"道"则指天地已分辟和发育成熟的状态，此时的天地条分缕析，有条有理，所以名之曰"道"。但不管是"道"还是"青昏"，都不过是天地的"字"或"名"，是用来刻画天地已分、未分的两种存在状态的。夏德安教授认为，"青昏"指清、昏二气。李零的解释则有所转变、推进，他说，这里的"青昏"也可能指天地未生时的混沌状态，或天地所由生的清、浊二气。赵建伟对"青昏"一词也做了较为复杂的分析[①]，然其大体不脱李零所说。在李零的两种解释中，笔者认为第一种说法更为可靠。第二种说法也有可能，但必须先行假定此部分文本的写作完全是建立在气本论的基础上。若果真如此，则这两种解释可以兼容。不过，正如上面已经指出的，第二部分文本还不能直接表明竹书已具有气本论的思想，所以我认为采纳李零的第一种解释是较为妥当的。需要略做修正的是，

---

① 赵建伟：《郭店楚墓竹简〈太一生水〉疏证》，载陈鼓应主编：《道家文化研究》第17辑，三联书店，1999年，第389—390页。

"青昏"一词兼具色彩与清晰度两个因素。"青"者,其色近乎玄墨,所以"青昏"指天地未分之前的昏墨不明的宇宙存在状态。这与具有条理、清晰义的"道"字正相对为义。这样一来,《太一生水》第二部分文本的一个关键词即"天地",它以"天地"为中心论述了天地的构成,并认为天地的形成有一个过程:由未生到已生,是由"青昏"的玄墨、混沌到"道"的明晰、有条理的具体展开。此"道"是具体的物理,而非老子本体、本根之道。这与第一部分文字所说"太一"的思想颇不一致。据此可知,第一、二部分文本分别反映了当时流行的两种不同的宇宙论思想。这两种宇宙论思想,按照五千余言的《老子》来看,与老子的宇宙论都不相同。第一部分文本虽然具有类似于"主之以太一"(《庄子·天下》)的思想,但是除此之外,并无多少文字可以与《老子》或《庄子·天下》所述老聃、关尹的思想相应,因此有人认为《太一生水》是关尹学派的作品①,这种意见很难说是可靠的。第二部分文本虽然具有浓郁的道家色彩,但是在思想的紧要处却与《老子》不同,当别为一系。所以笔者认为,只有把《太一生水》第一、二部分文本分拆开来理解,这才是合理的②;且两部分应当单独命名,前八支简仍命名为

---

① 李学勤:《荆门郭店楚简所见关尹遗说》,《中国文物报》1998年4月8日第3版。
② 比利时学者戴卡琳曾有意要把《太一生水》第一、二部分文本区别开来。她说:"除去这一行(第9简),其余两大段的内容相对连贯:前者(竹简1—8)是关于某种宇宙生成的次序,既长于也不同于《老子》中的,但类似于其它文章。后者(竹简10—14)是更加艰涩的一段。它在一个更加抽象的高度进行联系,大谈命名、事功、避害以及圣人的地位等等。两段文字惟一似乎相同的地方:运动(无论是宇宙论的还是更加现实的)的完美次序是基于一个静止的、空虚的中心,即连续的、可见的秩序的不可见的强大主宰。"戴卡琳:《〈太一生水〉初探》,载陈鼓应主编:《道家文化研究》第17辑,三联书店,1999年,第341页。

"太一生水"，后六支简则应当更名为"天道贵弱"或"天地名字"。因此，那种把《太一生水》前后两部分关联起来思考进而合二为一的观点和做法①，是不正确的。而那种以《太一生水》为《老子》传，甚至以为《老子》之一篇（或一组）的看法，更是难以成立。

总之，根据以上考察和论述，"道亦其字也，青昏其名"中的"青昏"，当指天地未生之前的昏暗、混沌的宇宙本初状况，且作者很可能以此"青昏"之名来指代混沌本根。名先而字后，字因名起。"名"指向天地之未生者，而"字"指向天地之已生者，故"青昏"为"道"之本，"道"是对"青昏"的澄明和否定。此"道"乃具体之道、形而下之道，应该被理解为过程、条理、法则等义，它说明了天地、万物的生化是有"道"可循的，天地的生化和万物的发育正是混沌世界的敞开及其有序化。因此《太一生水》第二部分文本，实际上是以"天地"为论述的中心，陈述了天地的构成质料，追问天地的生成原因，进而解释了天地之所以失均的地势现象。无可否认的是，这其中注入了道家的解释思想，但其旨趣仍然不同于《老子》一书。

顺便指出，类似于"青昏"的描述也见于其他楚地出土文献。马王堆帛书《道原》云："恒无之初，迵（洞）同大（太）虚。虚同为一，恒一而止。湿湿〈混混〉梦梦，未有明晦。神微周盈，精静不熙。

---

① 目前学术界基本上是如此思考和如此认为的。2000年冬天，我在给武汉大学历史系的研究生做有关郭店楚简的报告时，已放弃了这一观点，而基本形成了现在的看法。后来在与两位台湾学者的谈话中，及2001年8月的长沙简帛会议上，也表达了同样的观点。

古未有以(似),万物莫以(似)。古(故)无有形,大迥(洞)无名。"① "迥"读为洞,空也。"大虚"当读为太虚,着重强调了至虚无物的一面。帛书整理小组云:"大虚,天空。"② 此说,疑非。"湿湿梦梦",李学勤说:"文中'湿'疑为'混'字之误,'梦梦'犹云'芒芒',《庄子·缮性》崔注:'混混芒芒,未分时也。'"③ "湿"为"混"之误字,该说是,二字形近。"梦梦",《诗·正月》:"视天梦梦。"注、笺、疏及陆德明《释文》皆以为"乱"或"混乱而无疏理"义。《尔雅·释训》亦云:"梦梦、沌沌,乱也。"所以"湿湿梦梦",乃形容天地未辟之时昏乱、混沌的宇宙原初状态。"古"当读如字,不读为"故"。两"以"字应读为"似",不读如字,因为下文"故无有形,大洞无名"是从形名学上来说的。帛书此句是说,极古之时无物与其自身相似,万事万物也无物与其自身相似,以此阐明天地未辟之前的存在状况是混沌的和无形无名的。它无物可似,无物得似,故无形无名。帛书《十六经·观》云:"黄帝曰:群群□□□□□为一囷,无晦无明,未有阴阳。阴阳未定,吾未有以名。""一囷"犹《淮南子·俶真》"万物一圈也"之"一圈",帛书整理者说:"囷、圈二字古音相近,'一囷'犹言'一圈'。帛书此句指所谓阴阳尚未分判之混沌状态。"④ 1942年发现的长沙子弹库楚

---

① 国家文物局古文献研究室编:《马王堆汉墓帛书(壹)》,文物出版社,1980年,第87—88页。李学勤:《楚帛书与道家思想》,载陈鼓应主编:《道家文化研究》第5辑,上海古籍出版社,1994年,第231页。
② 国家文物局古文献研究室编:《马王堆汉墓帛书(壹)》,文物出版社,1980年,第88页。
③ 李学勤:《古文献丛论》,上海远东出版社,1996年,第163页。
④ 国家文物局古文献研究室编:《马王堆汉墓帛书(壹)》,文物出版社,1980年,第63页。

帛书云："曰故□嬴雹戏……梦梦墨墨，亡章弼弼，□每水□，风雨是于。"伏羲，帛书称之为嬴雹戏（熊包戏）[①]，是楚人崇拜的创始神。到秦汉，伏羲、女娲交尾化生人类乃至宇宙的神话流行广泛。[②] 梦梦、墨墨，皆形容天地未开时昏暗未明、混沌为一之貌。"章"，通"彰"，彰显；"弼弼"，读为"沸沸"，《广雅·释训》说与"混沌"同义。[③] 所以"亡章弼弼"，也是形容天地未开之前混沌为一、昏暗不明的宇宙原初状况的。与出土文献相应，《楚辞》等书也有类似描绘。《楚辞·天问》："遂古之初，谁传道之？上下未形，何由考之？明昭瞢暗，谁能极之？冯翼惟像，何以识之？明明暗暗，惟时何为？阴阳三合，何本何化？""瞢"音梦或蒙，义为昏乱。《天问》在追问"遂古之初"时，也认为古初之时是昏乱不明、上下未形的。

在以"道"为"字"、"青昏"为"名"的基础上，竹书下文接着说："以道从事者必託其名，故事成而身长。圣人之从事也，亦託其名，故功成而身不伤。"人以"道"从事者，何以还要依托其名呢？圣人体道而行者，何以其从事还要依托其名呢？把"名"解释为本体之道，或把"名""字"解释为天气、地土之类，文本即令人费解，于理不通。故所谓"託其名"，即依托天地未生之本原的"青昏"之名。成就事业需要依靠"道"，而不依据混沌（"青昏"）以成之。但事业成功，容易招来

[①] 李零：《长沙子弹库战国楚帛书研究》，中华书局，1985年，第64页。
[②] 有关伏羲、女娲神话的流传和演变，参见闻一多：《伏羲考》，载马昌仪编：《中国神话学文论选萃》上册，中国广播电视出版社，1994年，第683—753页。
[③] 饶宗颐、曾宪通编著：《楚帛书》，中华书局香港分局，1985年，第11页。

他人的嫉妒，乃至杀身之祸，所以简文说，人们必以"青昏"存身。事成功大，却能含混不彰，这是人们之所以存身久远的原因。简言之，"以道从事"，极显天地生化之用；"必託其名"，力行天地根源之本。

第12—14号简曰："天地名字并立，故悡其方，不思相尚（当）：【天不足】于西北，其下高以强；地不足于东南，其上【厚以旷。不足于上】者，有余于下；不足于下者，有余于上。""悡"，整理者原释作"过"。① 李零释作"讹"，并以为交错之义。② 裘锡圭认为"方"训正，"过其方"与"过正"义近。③ 李零认为"方"，位也，并将"化其方"解释为交错其位。④ 天在上方，地在下方，是其正，"过正"也即指天地交错其位。李零和裘锡圭两说的意思相同或很相近。笔者认为"方"犹"道"，指天地的具体特性或规定性，简文强调的是天上地下的特性，第10号简已将此指明。⑤ "悡"读为"过"，似更恰当，训为"失"。"过其方"，谓失其道也。"尚"，原简只残留上半部分笔画，陈伟读如字。

---

① 荆门市博物馆编：《郭店楚墓竹简》，文物出版社，1998年，第126页。
② 李零：《郭店楚简校读记》，载陈鼓应主编：《道家文化研究》第17辑，三联书店，1999年，第477页。
③ 裘锡圭：《〈太一生水〉"名字"章解释——兼论〈太一生水〉的分章问题》，载《古文字研究》第22辑，中华书局，2000年，第224页。
④ 李零：《郭店楚简校读记》，载陈鼓应主编：《道家文化研究》第17辑，三联书店，1999年，第477页。
⑤ 此种天上地下之道，先秦古籍多见其说。《易传·文言》："本乎天者亲上，本乎地者亲下。"《易传·系辞上》："天尊地卑，乾坤定矣。卑高以陈，贵贱位矣。"《礼记·乐记》："天尊地卑，君臣定矣。卑高以陈，贵贱位矣。"《礼记·中庸》更是放言天地之道："博厚，所以载物也；高明，所以覆物也；悠久，所以成物也。博厚配地，高明配天，悠久无疆。如此者，不见而章，不动而变，无为而成。天地之道，可一言而尽也，其为物不二，则其生物不测。天地之道，博也，厚也，高也，明也，悠也，久也。"帛书《缪和》："天之道，崇高神明而好下，故万物归命焉；地之道，精博以尚而安卑，故万物得生焉。"

"不思相尚",他理解为天地要求平等,不允许高高在上。①裘锡圭说:"'相'下一字尚残存上端,从残画及上下文韵脚及文义看必是'尚'字或从'尚'声之字,当读为'当'。"②后来他又认为此句:"大概是不愿相互尊尚的意思。也有可能'尚'应读为'当','相当'与'相称'同义。"③"尚",笔者认为应当读为"当",是"相当""相称"之义。"思"读作"使","不使相当"是说,不使天上地下的特性相称、相均齐。其实,这段文本真正令人费解之处在于如下问题:为什么说"天地名字并立",会导致"故过其方,不使相当"的后果呢?④而"并立"一词的真正含义又是什么呢?这才是问题的重点和难点。"字"因"名"起,"名"在先,"字"在后,从逻辑上来说,"名"和"字"是无法并立的,它们之间是有区别的。推敲文义,简文似乎还不是说的这一层意思。"名"者,"青昏"也。"青昏"是昏暗、混沌之义,代表秩序的紊乱或未有秩序之先者。"字"者,"道"也。"道"有明晰、条理、规范和合理性之义,代表秩序的彰显、建立和巩固。"立"者,建立。既然以"青昏"之无序和"道"之有序来共建整个天地,所以天地或多或少

---

① 陈伟:《〈太一生水〉校读并论与〈老子〉的关系》,载《古文字研究》第22辑,中华书局,2000年,第229页。
② 荆门市博物馆编:《郭店楚墓竹简》,文物出版社,1998年,第126页。
③ 裘锡圭:《〈太一生水〉"名字"章解释——兼论〈太一生水〉的分章问题》,载《古文字研究》第22辑,中华书局,2000年,第224页。
④ 李零说:"本来应该天平地齐,但'天道'的安排却偏不如此,反而故意让两者错位,不想让它们平衡对称。"简文明明是以"天地名字并立"为因,李零在此却说什么"'天道'的安排",可见他并未真正理解此句简文的内涵。李零:《读郭店楚简〈太一生水〉》,载陈鼓应主编:《道家文化研究》第17辑,三联书店,1999年,第320页。

必失其上下之性，而不与所谓天平地齐的理想状态完全相合。在此，竹书表现出中国古人为了解释天地失均的现象而做出的理性努力。如果以天气、地土为"名""字"之说，那么在此这是难以说通的。由此也证明了笔者的解释才是合理的和正确的。

此外，一些学者认为这段文字与《老子》第七十七章相应。① 此恐误会。李零说：

> 《老子》讲"天之道，损有余而补不足"，讲"益生曰祥"，这和简文第二段的内容也非常吻合……简文第二段讲"天不足于西北"，"地不足于东南"，整理者引《淮南子·天文》讲共工触不周山的故事为证，甚确，但对比《老子》可知，这段话的主旨不是讲天地形势而是讲"天之道，损有余而补不足"。②

通行本《老子》第七十七章曰："天之道，其犹张弓与？高者抑之，下者举之，有余者损之，不足者补之。天之道，损有余而补不足，人之道则不然，损不足以奉有余。孰能有余以奉天下？唯有道者。是以圣人为而不恃，功成而不处，其不欲见贤。"就思想性质来说，《太一生水》

---

① 李零：《读郭店楚简〈太一生水〉》，载陈鼓应主编：《道家文化研究》第17辑，三联书店，1999年，第329页。裘锡圭：《〈太一生水〉"名字"章解释——兼论〈太一生水〉的分章问题》，载《古文字研究》第22辑，中华书局，2000年，第224页。[日]河井义树、姜声灿等：《〈太一生水〉译注》，载[日]池田知久监修：《郭店楚简的研究（一）》，大东文化大学大学院事务室，1999年，第61页。其实持此说者甚众，今不一一列举。

② 李零：《读郭店楚简〈太一生水〉》，载陈鼓应主编：《道家文化研究》第17辑，三联书店，1999年，第329页。

第二部分简文的道家气质比较浓厚，可以说是属于道家性质的，但是与《老子》第七十七章的区别较大。简文是以"天地名字并立"作为解释天地失均的根本原因和依据的，有此原因则必有此客观的结果，而《老子》第七十七章则以"天道"为万物的命令者，"天之道，损有余而补不足"正是所谓以理人伦的天道之命。简文通过宇宙论的开显来解释古人的天地观和中国地势的成因，而《老子》第七十七章则通过天道的内在规定阐明道家的真理。故李零说简文的思想主旨也是讲"天之道，损有余而补不足"，这其实是把二者搅混了。简文的理论根据，对于它的宇宙论或天地观来说，属于所谓正面的、积极的解释，而《老子》第七十七章的所谓"天道"则具有强烈的现实性关怀，是所谓正义的化身，具有批判、否定现存"人道"和以"天道"重构合理性之"人道"的作用。从哲学性质来看，简文的"天地名字并立"属于对客观世界的解释，其自然哲学的成分较为浓厚，而《老子》第七十七章"损有余而补不足"的"天道"则属于应然世界的内在规定，是所谓实践理性的范畴。从目的来看，简文的论述最终指向了对中国地势成因的解释，而《老子》第七十七章则以"天道"来规范"圣人"人格："是以圣人为而不恃，功成而不处，其不欲见贤。"当然，无可否认的是，《太一生水》第二部分的简文也有一些思想与《老子》相应合，但从总体来看，此部分简文既不是《老子》的一部分，也不是《老子》的传或《老子》思想的直接发展，而很可能是另一系道家思想的传本。

二、《太一生水》两部分宇宙论的区别

先看竹书《太一生水》第二部分的宇宙论。从结构论来看,《太一生水》第二部分的宇宙结构是上天下地,或者说,天在上而地在下。不仅如此,据此部分简文可知,经验中的天地是不均齐的,地西北高而东南低,相应地,天西北不足而东南有余。而所谓西北高、东南低的地势,自然是以中原为中心建立起来的具体空间观。不仅如此,此部分简文还认为天是由气,而地是由土构成的。从传世文献来看,这种说法已见于《鹖冠子·度万》篇。《度万》曰:"所谓天者,非是苍苍之气之谓天也;所谓地者,非是膊膊之土之谓地也。"《度万》所说天地观,与简文正同。这种天地观,带有极强的经验性,属于典型的盖天说。

在《太一生水》同时代及稍后,天地由一气生成的观念已经产生。上博简《恒先》篇提出了恒气生清气、浊气,及浊气、清气再生天地的说法,而此篇竹书同样属于战国中期的著作。《庄子·齐物论》云:"夫大块噫气,其名为风。"《庄子·大宗师》云:"夫大块载我以形,劳我以生,佚我以老,息我以死。""块"或作"凷"字,"大块"即大地。① 噫,《说文·口部》云:"饱出息也。"如上引文说明"大块"内含气息,是风的发动者。而据此,我们可以说大地内藏丰富的气息,

---

① 俞樾说:"大块者,地也。块乃凷之或体。《说文·土部》:'凷,墣也。'盖即《中庸》所谓'一撮土之多'者,积而至于广大则成地矣。故以地为大块也。司马云:'大朴之貌。'郭注云:'大块者,无物也。'并失其义。此本说地籁,然则大块者非地而何?"参见(清)郭庆藩:《庄子集释》,中华书局,2012年,第46页。

是风的源头，但是否可以据此认为庄子本人已具备大地由一气生成的观念呢？这是一个难以回答的问题。不过，《庄子·知北游》云："通天下一气耳。"《庄子·至乐》曰："杂乎芒芴之间，变而有气，气变而有形，形变而有生，今又变而之死，是相与为春秋冬夏四时行也。"这是明确的天地由一气生成的观念，这似乎表明庄子本人也可能具有此观念。与此同时，据《管子·心术下》《管子·内业》等篇可知，在战国中晚期，精气说已在齐地流行开来。

不过，反观《太一生水》第二部分文本，它是否已具备天地由一气生成的观念，这仍然是一个问题。因为一般说来，春秋至战国时期，诸子在宇宙论上的构想比较复杂，具有明显的差异性，尚未达到高度统一的地步。如老子主张以"道"为终极始源，《恒先》主张以"恒先"为终极始源，《太一生水》第一部分则主张以"太一"为终极始源。除非我们将《太一生水》第一部分文本作为第二部分文本的思想背景，并认为"太一"即元气，我们才可以得出，第二部分文本已具备天地由一气生成的观念。事实上，一些学者就是这样来处理的，他们将《太一生水》第一部分文本与第二部分文本直接统一了起来，将前者作为后者的思想背景，并据此断定第二部分文本中的天地就是由太一生成的。这种推断虽然不能说完全没有根据，但是严格说来，仅具有或然性，而不具有必然性。

《太一生水》第二部分文本的宇宙论属于盖天说，而第一部分文本的宇宙论则与此不同。从生成论来看，第一部分文本的宇宙论带有浑天说的色彩。从太一到成岁而止的过程中,"水"作为先天地生的重要环节,在地位和功能上与汉代浑天说所设想的"水"都高度一致,而与盖天说的区别非常明显。此外,从西北高、东南低的地势描述来看,《太一生水》第二部分文本的宇宙观是建立在以中原为中心的基础上的,其作者应当生活在这一地带,而不太可能是居于南方的楚人。与此相对,竹书第一部分文本的宇宙生成论具有明显的楚文化特征,这主要表现在"太一"和"水"两个术语上。就目前资料可知,"太一"信仰是楚人固有的宗教文化,浑天说也似乎起源于楚国。

浑天说的起源较早,但早至何时,学界尚无定论。一般认为汉初已存在浑天说,武帝时期浑天说流行起来,太初元年(公元前104年)武帝下令颁行《太初历》。浑天说的宇宙生成论,除张衡的《灵宪》《浑天仪注》外,主要见于《白虎通·天地》及《易纬·乾凿度》等纬书。《白虎通·天地》曰:"始起先有太初,然后有太始,形兆既成,名曰太素。混沌相连,视之不见,听之不闻,然后判清浊。既分,精曜出布,庶物施生,精者为三光,号者为五行。五行生情性,情性生汁中,汁中生神明,神明生道德,道德生文章。故《乾凿度》云:'太初者,气之始也。太始者,形之始也。太素者,质之始也。阳唱阴和,男行女随也。'"①《易纬·乾凿度》曰:"故曰:有太易,有太初,有太始,有太素也。太易者,未见气也。太初者,气之始也。太始者,形之始也。太素者,质之始也。气形质具而未离,故曰浑沦。浑沦者,言万物相浑成,而未相

---

① (清)陈立:《白虎通疏证》,中华书局,1994年,第421—422页。

离。"① 其中,"太易"一词系《乾凿度》作者有意添加的,目的是为其易学解释提供依据。

浑天说的宇宙生成论是建立在天地由一气生成观念的基础上的。而这种观念已见于《淮南子·天文》篇,是篇曰:"气有涯垠,清阳者薄靡而为天,重浊者凝滞而为地。"而这种清浊二气生成天地的观念,已见于战国竹书《恒先》篇。《恒先》曰:"恒先无有……有或焉有气,有气焉有有,有有焉有始,有始焉有往者。"(简1)又曰:"浊气生地,清气生天。气信神哉!芸芸相生,伸盈天地。"(简4)先天地之气,《恒先》称为"恒气","恒气"相当于"元气"。恒气分为清气、浊气,进而生成天地。与此相对,《太一生水》第一部分文本的宇宙生成论与此不同,它的生成结构和方式更复杂,反辅、相辅的生成方式及"太一生水"等命题是人们首次见到的。即使我们将"太一"设想为恒气或元气,它也没有清气生天、浊气生地的说法,故《太一生水》第一部分文本与《恒先》在宇宙生成论上的差别比较明显。不过,虽然它们是两个不同的理论系统,但是这并不妨碍它们成为浑天说的理论来源。换言之,浑天说的理论萌芽似乎可以追溯至这两篇竹书。

通过比较,我们可以发现,在先秦宇宙论中,《老子》《庄子》以道为本根的思想并不是唯一的,更不是独占性的。齐地流行气本论思想,楚地出现了太一生成论及对天地已分未分的理性解释。从现有文本

---

① [日]安居香山、[日]中村璋八辑:《纬书集成》上册,河北人民出版社,1994年,第11页。

来看,《太一生水》第二部分文本的"天地名字并立"说与第一部分文本的太一生成说似乎为两个不同的系统,是两种不同的宇宙论思想,它们不当居于同一篇竹书中。第一部分文本是楚人的作品,而第二部分文本很可能出自中原地区。不过,这并不妨碍这两种宇宙论后来会被综合起来。在《淮南子》一书中,我们看到综合的迹象大大加强;在张衡的《灵宪》中,我们看到各种宇宙论思想被高度综合起来,并在综合中做了大力的发展。

第五节 《太一生水》应当分篇及其学派性质重估

一、《太一水生》应当分篇

被命名为《太一生水》的十四支简,它们应该分为一篇还是两篇呢?到目前为止,虽然某些学者论述了前八支简(第一部分简文)和后六支简(第二部分简文)的关系,并做了一定的区别,但都没有突破"一篇"的概念。最先把十四支简当作"一篇"看待或处理的人,自然是郭店简的整理者。整理者的依据主要有二:其一,它们的竹简形制和抄写笔迹相同。其二,整理者认为其思想性质都属于道家,尤其据《庄子·天下》《吕氏春秋·大乐》的有关文字认为第一部分简文中的"太一"就是第二部分简文中的"道"概念。整理者说:"太一,在此为道的代称。《庄子·天下》'建之以常无有,主之以太一',成玄英疏:'太者,广大之名,一以不二为称。言大道旷荡,无不制围,括囊万有,通而为一，故谓之太一也。'《吕氏春秋·大乐》：'道也者，至精也，不可为形，不可为名，强为之名，谓之太一。'"①这两条引文，受到了学者的重视。

关于《庄子·天下》"主之以太一"的"太一"一词，学术界此前约有五种解释。第一种是郭象以"皆各自得"解释"太一"，郭象注："自天地以及群物，皆各自得而已，不兼他饰，斯非主之以太一耶！"②第二种解释把"太一"与"道"联系起来，成玄英疏："太者广大之名，一以不二为称。言大道旷荡，无不制围，括囊万有，通而为一，故谓之太一也。建立言教，每以凝常无物为宗，悟其指归，以虚通太一为主。斯盖好俭以劳形质，未可以教他人，亦无劳败其道术也。"③不过，从成疏来看，"太一"是次于"道"的下一级概念，大道因具有周、遍、咸而虚通为一的特性，所以谓之太一。此"太一"并不具有实体性，与竹书《太一生水》篇所指不是相同的概念。第三种意见把"太一"解释为元气④，不过未认为它就是"道"。顺便指出，这种解释对《庄子》文意的理解可能有误。《庄子·列御寇》曰："小夫之知，不离苞苴竿牍，敝精神乎蹇浅，而欲兼济导物，太一形虚。若是者，迷惑于宇宙，形累不知太初。"成疏："苞苴，香草也；竿牍，竹简也。"⑤细读这段文字，

---

① 荆门市博物馆编：《郭店楚墓竹简》，文物出版社，1998年，第125页。
② （清）郭庆藩：《庄子集释》，中华书局，2012年，第1094页。
③ （清）郭庆藩：《庄子集释》，中华书局，2012年，第1094页。
④ 王世舜、韩慕君编著：《老庄词典》，山东教育出版社，1993年，第512页。
⑤ （清）郭庆藩：《庄子集释》，中华书局，2012年，第1047页。

"太一形虚"四字当非原文所有。郭象注:"小夫之知而欲兼济导物,经虚涉远,志大神敝,形为之累,则迷惑而失致也。"① 可知郭注所本,并无"太一形虚"四字。疑"太一形虚"是在郭注"经虚涉远"的基础上被后人添入正文的。到成玄英作疏时,正文已添加此四字。成疏:"以蹇浅之知,而欲兼济群物,导达群生,望得虚空,其形合太一之元(玄)道者,终不可也。此人迷于古今,形累于六合,何能照知太初之妙理耶?"② 推敲成玄英疏,此处的"太一"含义其实与《庄子·天下篇》一致。《庄子·天下篇》的"太一"一词是用来概括老子、关尹的思想的,把它解作元气,并无文献上的支持。第四种把"太一"分读为大(或太)、一,其依据是《老子》屡言"大""一",而不言"太一"。张岱年先生在解释通行本《老子》第二十五章时即说:"《庄子·天下篇》述老聃关尹之学云:'建之以常无有,主之以太一。'昔人或以常无有三字分读,甚是,而太一二字亦应分读,谓太与一。一即'道生一'之一,太即此文大字。如此文大字非太,何《天下篇》谓老子之学生以太一,而今《老子》中有一而无太?又《老子》下文云'道大,天大,地大,人亦大',是非独道为大,何得以大为道之名乎?"③ 钟泰亦有相近的见解。④ 在各种说法当中,顾实的解释可能最为得当,此为第五种。顾实说:"此所谓不失其大常,喜怒哀乐不入于胸次者,即是

---

① (清)郭庆藩:《庄子集释》,中华书局,2012年,第1048页。
② (清)郭庆藩:《庄子集释》,中华书局,2012年,第1048页。
③ 张岱年:《中国哲学大纲》,中国社会科学出版社,1982年,第17页。
④ 钟泰:《庄子发微》,上海古籍出版社,1988年,第785-786页。

'建之以常无有'也。所谓天下者万物之所一也者，即是'主之以太一'也。此皆即老聃之言以为证也……此所谓常然六事，即是'建之以常无有'也。所谓古今不二，即是'主之以太一'也。《知北游篇》曰：'光耀问于无有。'《庚桑楚篇》曰：'天门者，无有也，万物出乎无有。'《列御寇篇》曰：'兼济导物，太一形虚。'《徐无鬼篇》曰：'大一通之。'是可知无有者，无形也。而太一者，统摄无形有形两界者也。此'无有''太一'两语之塙（确）诂也。盖此正即所谓天地之德也。"① 顾实把"太一"理解为"统摄无形有形两界者"，但没有由此认为"太一"即"道"。他很明白，"太一"和"道"并非相同或相等的两个概念。总之，依《庄子》或后人注疏的解释，我们还无法得出《庄子》中的"太一"即"道"的结论。有学者据《庄子》及其注疏就断定《太一生水》的"太一"即"道"，"道"即"太一"，目前看来这是难以成立的。

整理者提供的第二个证据也很脆弱，这不仅因为《吕氏春秋·大乐》是后起的文献，而且更因为整理者对文献的理解存在误读。《吕氏春秋·大乐》云："音乐之所由来者远矣，生于度量，本于太一。太一出两仪，两仪出阴阳。……万物所出，造于太一，化于阴阳。……道也者，至精也，不可为形，不可为名，强为之名，谓之太一。故一也者制令，两也者从听。"《吕氏春秋·大乐》"太一"的本义是"至一"，与万物之多相对；不过，从生成论的角度来看，它具体指"道"，所以《吕氏春秋·大乐》说"太一"为"道"之强名。就"太一"与"道"的名

---

① 顾实：《庄子天下篇讲疏》，商务印书馆，1933年，第66-67页。

字关系来看,这与《太一生水》篇很不一样。《太一生水》云:"道亦其字也,青昏其名。"按照人们所谓"太一"即"道"或"道"即"太一"的理解,以及认为此"其"字指"太一"来看①,"道"既然已是"太一"之字,那么这就与《吕氏春秋·大乐》所说"太一"为"道"之字正相反对了。另外,《吕氏春秋·大乐》篇的"太一"一词本是为了限定"道"而被名词化的形容词,它与在《太一生水》篇中作为实体存在的"太一"概念也根本不同。而就《太一生水》全部十四支简来看,正如郭沂所指出的:"在《太一生水》中,'太一'和'道'完全不是一回事。'太一'是最高形上实体,而'道'为天地或天地之道。兹举二征〈证〉。其一,从上下文看,'道亦其字也'之前正谈天说地,故此'其'字当然指天地。其二,下文又说:'天地名字并立。'这个'字'当然就是'道亦其字也'的'字'。至于该篇的'太一'与其他哲学家如老聃的'道'相当,甚至'太一'可能来自老聃之'道',那是另外一回事。"② 郭沂已领悟到郭店简的"太一"与"道"不是一回事,但尚未斩断其与老聃的关系。另外,他的叙述还有不够准确的地方,如他说"'道'为天地或天地之道","道"可以说是天地之道或天地之字,却不可说是天地本身。又如,其前文说《太一生水》的"太一"和"道"完

---

① 赵建伟说:"两个'其'字指代'太一'(即'道')。"裘锡圭先生认为他的见解是对的。赵建伟:《郭店楚墓竹简〈太一生水〉疏证》,载陈鼓应主编:《道家文化研究》第17辑,三联书店,1999年,第389页;裘锡圭:《〈太一生水〉"名字"章解释——兼论〈太一生水〉的分章问题》,载《古文字研究》第22辑,中华书局,2000年,第222页。

② 郭沂:《试谈楚简〈太一生水〉及其与简本〈老子〉的关系》,《中国哲学史》1998年第4期,第37页。

全不是一回事，其后文接着说"太一"可能来自老聃之"道"①，这就有点自相矛盾了。笔者认为，简文的"太一"其实并非来自老子的"道"，"太一"有自身的宇宙论和文化传统。因此，那种把《太一生水》中的"太一"和"道"捏合在一起，或者认为它们本来就相同的看法，是不能成立的。

既然我们无法断定简文中的"道"就是"太一"，甚至"道"就是"太一"的可能性证据也被否定掉了，那么连接《太一生水》第一部分和第二部分最强劲的思想链条也就确凿无疑地崩断了。如此，我们还有什么理由相信全部十四支简同为一篇文章呢？仅凭这十四支简的形制及其书迹相同，就断定它们共为一文吗？这个理由更为脆弱。大概今天没有人会相信，仅据相同的开本我们就能够断定不同文字属于同一篇文章或同一书的。竹简形制等硬件只是判断的根据之一，但不是必然的，也不是主要根据；思想和内容的贯通、呼应，才是判断不同文字是属于同篇或同书的主要依据。

总之，根据上文的分析，《太一生水》第一部分简文的内容主要是讲太一生水及如何生成天地万物的具体过程。此"太一"一方面是实体性的，具有个体性特征，另一方面它又超越而内在地流行于其所生成的事物之中，是万物的母根和本经。第二部分简文从其叙述特征来说，与

---

① 正是由于这一类原因，导致郭沂赞同李学勤先生的意见，认为《太一生水》"为关尹一派的作品"。郭沂:《试谈楚简〈太一生水〉及其与简本〈老子〉的关系》，《中国哲学史》1998 年第 4 期，第 37-38 页。

第一部分简文并没有语脉上的连续和关联。而在思想内容上，它主要谈论的是"天地名字"或"天道贵弱"的问题，包括天道贵弱、天地的构成、天地名字的内涵以及天地名字的具体功用。天地名字的功用又表现为以"道"（字）从事而以"青昏"（名）长身，以及对于中国地势之成因的解释。这也与第一部分的思想内容颇不一样。因此从思想内容的角度来看，《太一生水》第一部分简文（前八支简）和第二部分简文（后六支简）缺乏同篇的理由。笔者认为，把这十四支简一分为二，较为恰当，前八支简仍当命名为"太一生水"，后六支简则应更名为"天地名字"或"天道贵弱"，且后六支简可能由两章构成。

二、两部分简文的学派性质

全部十四支简既然已经被判定为两篇，那么下一步的工作就是判断这两篇的学派性质了。先看《天地名字》（或《天道贵弱》）的学派性质。第一，第 10 至第 14 号简的重要用语有天地、气、道、青昏、名字等概念，这些概念的来源较为广泛，同时与先秦道家著作的关系密切。这些概念及在此基础之上建立起来的关于天地未判、已判的混沌和明晰状态，后来在《鹖冠子》《淮南子》《易纬·乾凿度》等书中得到了继承和发展。第二，从文本看，简文具有明显的道家特征，如："以道从事者必託其名，故事成而身长。圣人之从事也，亦託其名，故功成而身不伤。"下文云："【不足于上】者，有余于下；不足于下者，有余于上。"这四句话是说：天气不足于上，则地土有余于下；地土不足于下，则天气有余于上。它们更近于对天形地势的一种客观描述，而其起因——"天地名字并立"则是断定《天地名字》篇属于道家著作的重要证据。第三，如果将第9号简放入此篇中的话，那么它的道家特征就进一步得到强化。第9号简云："天道贵弱，削成者以益生者，伐于强，责（积）于【弱，□□□□□】。""贵弱"是道家的一贯主张。总而言之，《天地名字》篇无疑属于道家著作，是一篇先秦道家佚籍。

  在此基础上，我们还应当追问：《天地名字》可能属于哪一派道家学者的著作？首先它不太可能是老聃、关尹一派的著作，但很可能受到了《老子》思想的影响。竹书以"天地名字"为全篇的关纽，《老子》则以"道德"为全书的中心。竹书以"天地"为中心，有已分与未分、混沌与明晰、青昏与道之别，《老子》则以"道"为中心，它虽然有"道生万物"之说，但与竹书的问题意识不同。竹书把"道"作为"天地"之字，并理解为条理、规律等义，同时又以"青昏"为天地的本原，似在张扬后者而贬抑前者，而《老子》则以"道"为宇宙的本根和本体。竹书以天地名（"青昏"）字（"道"）的并建来解释现成天地的成因，而《老子》则无此解释。这是《天地名字》不可能属于老聃、关尹一派著作的深层次原因。《天地名字》篇受到《老子》思想影响的证据，还见于"以道从事者必託其名……故功成而身不伤"这段文字，与《老子》全生长生之旨相同，且"圣人"是《老子》的重要词汇之一。另外，"不足于上者……有余于上"一段，在表达形式上有模仿通行本《老子》第七十七章文字的迹象。第9号简"天道贵弱"句，受到《老子》思想的影响颇为明显,不须再加阐明。

《天地名字》篇既然不属于老聃、关尹一派的著作,那么它到底属于何派道家的著作呢?笔者认为它可能属于中原一带道家的著作。在宇宙论上,它有两个显著特征,一个是用"青昏""道"两个词语描述了天地已生、未生的状态,另一个是以中原地区为坐标原点来描述西北高、东南低的中国地势。其中,后一点似乎暗中指明了《天地名字》篇写作于中原地区。

再看《太一生水》篇(前八支简)的学派性质。一般认为,《太一生水》篇是楚人的作品,具有很强的楚文化特征。[①] 至于其学派性质问题,目前学界有几种看法。第一种认为它是道家作品,最先持此种观点的是郭店简的整理者。整理者说:"《太一生水》是一篇佚文,文中的'太一'就是先秦时期所称的'道'。该文主要论述'太一'与天、地、四时、阴阳等的关系,是一篇十分重要的道家著作。"[②] 需要指出,整理者名义上是针对全部十四支简来说的,但实际上是就前八支简来说的,因此其片面性不言而喻。而整理者之所以把全部十四支简判定为道家著作,其根据是预先断定竹书中的"太一"就是老子所说的"道"。现在人们仍然相信这十四支简共为一篇,且都为道家著作,其根本原因即在于此。对于其错误,笔者在前文已做分析,这里就不再重复了。

---

① 笔者曾据楚地出土资料和楚文化系统的典籍,对"太一""水"等观念做了较为细致的考察,目的之一就是为了证明《太一生水》是南方楚人的作品。参见丁四新:《郭店楚墓竹简思想研究》,东方出版社,2000年,第91-120页。

② 荆门市博物馆编:《郭店楚墓竹简》,文物出版社,1998年,"前言"第1页。

既然整理者推断由前八支简组成的《太一生水》篇为道家著作的理由和根据已被我们否定，那么它还可能被判断为道家著作吗，还是应当判断为其他学派的著作呢？对于"太一"，李零、强昱、王志平和笔者都有较为详细的考察①，但都过于注重历史材料的搜寻和罗列，不免有累赘之嫌。"水"，在《太一生水》中是一个比较特殊的概念，但从其地位、作用和性质来看，与道家和儒家所言之"水"都颇有差别。②天地、神明、阴阳、四时、沧热、湿燥这六对概念，也不是哪一家的专利品。不过，从太一所生之序列及其程式看，由前八支简构成的《太一生水》属于自然哲学的色彩最为浓厚。笔者在《〈太一生水〉考论》一文中曾说：

> 《太一生水》云太一生水生天生地生神明生阴阳生四时生沧热生湿燥而成岁，反过来说其实也是为了解释岁的成因及岁的构成，作者为此进行了宇宙生成论体系的探究与连缀。这完全是自然哲学家的思考路向……但比较各家自然哲学方面的分量和侧重点，似以

---

① 李零：《读郭店楚简〈太一生水〉》，强昱：《〈太一生水〉与古代的太一观》，载陈鼓应主编：《道家文化研究》第17辑，三联书店，1999年；王志平：《〈太一生水〉和〈易〉学》，载《简帛研究》二○○一年卷，广西师范大学出版社，2001年；丁四新：《〈太一生水〉考论》，见氏著：《郭店楚墓竹简思想研究》第二章，东方出版社，2000年。另外，李零还著有《"太一"崇拜的考古研究》《"三一"考》两文，现连同前引文一并收入《中国方术续考》中。李零：《中国方术续考》，东方出版社，2000年。
② 关于道家和儒家对"水"的性格特征的刻画，可参见美国学者艾兰（Sarah Allan）和笔者的相关论述。[美]艾兰：《太一·水·郭店〈老子〉》，载武汉大学中国文化研究院编：《郭店楚简国际学术研讨会论文集》，湖北人民出版社，2000年，第524-525页；丁四新：《郭店楚墓竹简思想研究》，东方出版社，2000年，第98-103页。

道家的宇宙生成论最与《太一生水》篇相一致，因此把《太一生水》的宇宙生成论思想权且看作道家思想发展的一部分，似更贴近。道家作品《鹖冠子》《淮南子》，在此方面与《太一生水》表现得更为接近，这是一个有力的旁证。①

上述论断，现在看来部分仍然有效，说明由前八支简组成的《太一生水》仍然具有作为道家著作的可能。不过，笔者当时并没有把全部十四支简分别开来进行研究，因此这无疑影响了对此部分简文的认识及其学派性质的判断。

李建民较早提出《太一生水》篇可能受到上古天文数术思想影响的问题。② 李学勤先生的相关论述更为细致和明确。他说：

> 我曾提出，《老子》书中并无"太一"概念，"太一"在道家的起源当出自关尹一派，至于"太一生水"之说的思想性质，还未及论析。本文想讲的，是"太一生水"深受数术家的影响，同天文数书有直接密切的关系。
>
> 至于其数术色彩，只要与1942年长沙子弹库出土的楚帛书对看，就易于判明。……两者年代接近，所说固然不同，而归结于四时成岁则是一致的。四时成岁的框架，正是中国古代数术的基本要

---

① 丁四新：《郭店楚墓竹简思想研究》，东方出版社，2000年，第109—110页。
② 李建民：《太一新证——以郭店楚简为线索》，载中国出土资料学会编辑：《中国出土资料研究》第3号，1999年3月。

素之一。

简文有一处确凿无误的数术性质的证据,即"太一藏于水,行于时"。这两句只有作数术解释,才能够讲通。原来,这里说的是后世所谓太一行九宫数术的雏形。

战国中晚期道家受到阴阳数术学说影响,在《管子》《鹖冠子》等书中都不难看出来。"太一生水"把"道生一"那套道家思想与太一周行结合,正是其时思想潮流的一种表现。①

在上述引文中,前三条纯粹是针对前八支简来说的,第四条则兼及后六支简。从总体上,尤其是从前八支简来看,李先生的观点较为明确,即认为《太一生水》是数术家的作品。其核心证据是第三条,即以太一下行九宫之术来理解和证明"太一藏于水,行于时"的数术特征。但他没有对"太一生水"的命题做出实际的解释,并且对整个宇宙生成论系统也没有做出必要的说明。在笔者看来,以太一下行九宫之术来解释竹书"太一藏于水,行于时"是否合理和可靠,这是很成问题的。

在李说的基础上,彭浩认为《太一生水》具有浓厚的数术和阴阳家色彩。他说:

从上文的讨论中,我们可以知道《太一生水》关于宇宙生成的论述具有浓厚的数术和阴阳家色彩。《汉书·艺文志》云:"阴阳家

---

① 上列各段引文,分别参见李学勤:《太一生水的数术解释》,载陈鼓应主编:《道家文化研究》第17辑,三联书店,1999年,第297、298、298、300页。

者流,盖出于羲和之官,敬顺昊天,历象日月星辰,敬授民时,此其所长也。及拘者为之,则牵于禁忌,泥于小数,舍人事而任鬼神。"阴阳家大多出自掌天文历象之官,其学说的主要特点在于以天象解释人事。《史记·孟荀列传》集解引《别录》:"邹衍之所言,五德始终,天地广大,尽言天事。"简文以"太一"为至高无上的宇宙本原,"【以己为】万物母","以己为万物经",把本是星座名的"太一"作为宇宙的起源和中心。它已不同于其它学说中"太一"的含义,而是被阴阳家用术数理论重新作了解释。简文中的"神明""阴阳""四时""湿燥""沧热"以及"太一藏于水,行于时,周而或【始】"等无不与阴阳家理论相合。因此,从整体来看,《太一生水》应是经数术和阴阳家对道家学说充分改造过的理论。①

彭浩把此篇与阴阳家关联起来,推进了人们对于《太一生水》前八支简的认识,这种理解似乎更合理,更符合竹书宇宙生成论的哲学特性。笔者认为李学勤、彭浩先生的见解很有价值,富有启发性。

与此同时,李零也在进行同样的思考和判断。他说:

《太一生水》,从内容上看,应属宇宙论(cosmology)的范畴。中国古代的宇宙论是天地人"三才"都讲。从技术的角度讲,它与数术之学关系最大。数术讲天地之道,在古代影响很大,是当

---

① 彭浩:《一种新的宇宙生成理论——读〈太一生水〉》,载武汉大学中国文化研究院编:《郭店楚简国际学术研讨会论文集》,湖北人民出版社,2000年,第540页。

时"资源共享"的知识,从道理上讲,什么人都可以关心,什么人都可能涉及。但实际上,它和各种思想流派的关系,还是同阴阳家特别是道家最密切,是以它们所论最有哲理。因为同样是"谈天说地",有没有"终极关怀"可大不一样。有,才能称为"道";无,只能算是"术",甚至只是常识层面上的东西。①

李零的叙述较为清晰。他认为从技术上来讲,《太一生水》与"数术之学关系最大";从道理上来说,"还是同阴阳家特别是道家最密切"。他不同意把《太一生水》判定为数术作品,认为属于阴阳家和道家的可能性最大,这是正确的。不过,他认为此篇竹书属于道家的可能性超过阴阳家,则有商榷的余地。首先,他的判断来自感觉,并没有做具体论证。其次,他的判断是在全部十四支简共为一篇的基础上做出的,难免受到后六支简的影响。最后,他对于什么是阴阳家并未做出细致的说明。笔者认为,《太一生水》前八支简属于阴阳家著作的可能性更大。

业师萧汉明教授对于先秦阴阳家做了较为周到的概括,现将其研究成果摘要如下:

《庄子·天下》说:"配神明,醇天地,育万物,和天下,泽及百姓,明于本数,系于末度,六通四辟,小大精粗,其运无乎不在。其明而在数度者,旧法世传之,史尚多有之。"这里所概括的

---

① 李零:《读郭店楚简〈太一生水〉》,载陈鼓应主编:《道家文化研究》第17辑,三联书店,1999年,第329-330页。

学派特征，与春秋时期的早期阴阳家是相吻合的。他们大都精于天文历法，了解目力所及的恒星分布和日月躔离之行度（即所谓本数），善于推算恒星隐现及个别行星（如木星）的周天行速度（即所谓末度），熟悉春夏秋冬（即四辟）四季更替、天地四方（即六通）阴阳升降的长度关系。他们从史官文化中提炼出阴阳相竞和五行生胜说，并视其为天道的反映，然后根据天象变化及相应的地上分野，判断天道运行对人类生存环境的影响，进而推论政治、军事的吉凶得失和诸侯国的存亡兴衰……他们倡导的阴阳相竞和五行生胜说的天道观，却是地地道道的自然哲学。

战国早期以后，阴阳家在学术上走向成熟，同时这个学派也开始出现分流。阴阳家在学术上的成熟主要表现在务时寄政思想的形成，而其末流则以阴阳五行灾异为务，《汉志》所说的"及拘者为之，则牵于禁忌，泥于小数，舍人事而任鬼神"者，当属此等之流。

阴阳家学派的基本特征是通过考察天官时日以体天道，并遵循天道之刑德而依时寄政以尽人事。早期阴阳家偏重天文，后期阴阳家偏重历法，这是阴阳家思想中的科学成分。重天文却不离星占，在早期或为时代之不可免。在后期，阴阳家出现分流，言星占言阴阳五行灾异者虽精于天官日时，但已流于数术方士之列，至汉代而一并进入官方儒学之中。①

---

① 上引各段，参见萧汉明：《阴阳——大化与人生》，广东人民出版社，1998年，第91、92、113页。

早期阴阳家的思想还带有比较明显的史官文化特征,其成员为一些精通天道的史官和星占家。所以《庄子·天下》说:"其明而在数度者,旧法世传之,史尚多有之。"观测和研究日月星辰的"数度之学",就是对早期阴阳家思想的最好概括。不可避免地,他们的思想浸染在宗教气氛中,但也无可否认,他们的天道观也有客观的依据和科学的因素。根据《庄子·天下》所言,此期阴阳家的思想系统包括神明、天地、阴阳、六合、四时及日月、星辰等基本概念和名称。后期阴阳家的思想从《管子·四时》到《月令》,走向成熟。《管子·四时》说:"阴阳者,天地之大理也;四时者,阴阳之大经也;刑德者,四时之合也。刑德合于时则生福,诡则生祸。"这是阴阳家最突出的理论特征,与司马谈《论六家要旨》相合。《论六家要旨》曰:"尝窃观阴阳之术,大祥而众忌讳,使人拘而多所畏。然其序四时之大顺,不可失也。……夫阴阳、四时、八位、十二度、二十四节,各有教令,顺之者昌,逆之者不死则亡,未必然也,故曰'使人拘而多畏'。夫春生夏长,秋收冬藏,此天道之大经也,弗顺则无以为天下纲纪,故曰'四时之大顺,不可失也'。"(《史记·太史公自序》《汉书·司马迁传》)依《论六家要旨》《汉书·艺文志》的说法及业师萧汉明的考察,战国中后期阴阳家有派系之分。概括说来,有正统派,《庄子·天下》所谓明于数度者、司马谈所谓顺时者、《汉书》所谓历象授时者;有禁忌派,春秋战国之星占者、司马谈所谓大祥而众忌讳者、《汉书》所谓拘者;有五德终始派,如邹衍、邹奭①;有兵阴阳派,见《汉书·艺文志》所列诸文献的作者。各派都以天道观为其理论根据,其中正统派和五德终始派最重天道观的建构。邹衍即有"谈天衍"(《史记·孟子荀卿列传》)的美誉,不过此篇竹书非邹衍所作,是可以肯定的。衡量阴阳家诸派,《太一生水》最近于以观测天象时节和建构天道观为其本业的正统派。

其实,通过以上分析可知,除了"太一"未明言之外,阴阳家的核心观念正合于《太一生水》的思想倾向。所谓宇宙生成论的构想及自然哲学的解释性质,都是阴阳家之天道观的实质所在。《史记·孟子荀卿列传》云:"邹衍……乃深观阴阳消息而作怪迂之变,《终始》《大圣》之篇十余万言。其语闳大不经,必先验小物,推而大之,至于无垠。先序今以上至黄帝,学者所共术,大并世盛衰,因载其禨祥度制,推而远之,至天地未生,窈冥不可考而原也。先列中国名山大川,通谷禽兽,水土所殖,物类所珍,因而推之,及海外人之所不能睹。称引天地剖判以来,五德转移,治各有宜,而符应若兹。"这段引文即是明证。同时,可以推断,邹衍是不会排斥把"太一"作为其宇宙生成论的终极始源的。根据前面的考察,"太一"也应该是流行于阴阳家间的老传统之一,并影响了战国中晚期的其他学者。

关于数术,《汉书·艺文志·数术略》云:"数术者,皆明堂羲和史

---

① 业师萧汉明把二邹归入儒家范围,本文不同意这一观点。萧汉明:《阴阳——大化与人生》,广东人民出版社,1998年,第159-169页。

卜之职也。史官之废久矣，其书既不能具，虽有其书而无其人。《易》曰：'苟非其人，道不虚行。'春秋时，鲁有梓慎，郑有裨灶，晋有卜偃，宋有子韦。六国时，楚有甘公，魏有石申夫。汉有唐都，庶得粗觕。"由此可知，数术家原本都是春秋以前旧学之遗，与阴阳家的关系非常密切。如果说数术家在战国至汉初仍然在历象日月星辰的话，那么阴阳家则逐渐远离了此一具体、细致的天官工作，而投身于宏观的理论构想和实际的"大祥而众忌讳"的禁忌预言中了。《汉书》把数术分为六类，即"天文""历谱""五行""蓍龟""杂占""形法"。前三类与阴阳家关系密切，如不严格区分，亦可谓之阴阳家。其中"天文"类有《太壹杂子星》二十八卷、《太壹杂子云雨》三十四卷，"五行"类有《泰一阴阳》二十三卷、《太一》二十九卷。另外，《汉书·艺文志·兵家略》"兵阴阳"条曰："阴阳者，顺时而发，推刑德，随斗击，因五胜，假鬼神而为助者也。"其中"随斗击"，说明了阴阳家思想与"太一""北斗"等星象颇有关系。"兵阴阳"条列有《太壹兵法》一篇，正说明了这一点。

根据郭店简的发掘报告，《太一生水》是战国中期的著作。在战国中期，阴阳家的思想已经成熟。阴阳家一方面积极创建自己的基本学说，包括宇宙论和致用之道等，另一方面却也因此与数术家有所分离。[①]

[①] 早期数术思想是阴阳家形成的重要组成部分和思想来源之一；而当阴阳家的发展渐趋成熟的时候，它一方面与数术家相分离，另一方面其自身也不断地生发、衍生出新的数术家来。

从上面的考察来看，《太一生水》的基本概念和观念在战国中期的阴阳家思想系统中应当都已存在。从《汉书》所言数术家和阴阳家的情况来看，笔者认为，《太一生水》属于阴阳家的可能性最大。其原因在于《太一生水》的宇宙论是一系统的宇宙生成论，太一在其中的地位和作用显然已超出了一般数术的理解，而具有极强的宇宙本根论和哲学本体论的含义。这一点，当是由思想更深刻、自然哲学性质更强的阴阳家来完成的。此外，还必须指出，《太一生水》的根本观念"太一"可能具有楚文化的宗教背景，这不仅因为竹简出于楚都附近，而且因为传世和出土资料都已表明"太一"本是楚人崇拜的最高神灵，而它在哲学中被本根化和本体化似乎是必然的事情。

总之，由前八支简构成的《太一生水》篇的学派性质，与道家、数术家和阴阳家相近。而《太一生水》只言"太一"而未言"道"，且"水"在此篇中的地位和作用具有明显的阴阳数术色彩，非道家学派所能构想。另外，它的宇宙生成论系统并没有流露出明显的道家气质，也没有相应的文本证据，因而在笔者看来，将前八支简判定为道家著作是较为武断的。又由于数术家的学术兴趣并不在于哲学的宏观构想，而《太一生水》也没有"牵于禁忌"和"泥于小数"的迹象，所以以后起的太一下行九宫之术来推断它属于数术家作品，这显得颇为勉强。笔者认为，兼容数术思想的阴阳家才最可能为此篇竹书的作者。进一步，它同时受到信奉"太一"神灵的楚文化系统的深刻影响，因而当为楚阴阳家的著作。

第六节 小结

本章的前五个部分对目前称为《太一生水》的竹书做了系统的研究和学术批评，从分篇、学派性质及思想内容等几个方面做了论述和分析，现将相关结论综述如下：

其一，现在由十四支简组成的所谓《太一生水》篇，从思想内容和性质上来说本应该分作两篇：第一篇由前八支简构成，仍可命名为《太一生水》；第二篇由后六支简构成，当更名为《天地名字》。其中第9号简的归属存在一定疑问。

其二，《太一生水》篇（前八支简）的"太一"，是此篇的中心概念，它既是宇宙的本根，又是本体。它受到了阴阳数术家和楚文化神灵系统的深入影响，但作为哲学概念它的重构则是由战国中期的楚阴阳家完成的。没有直接文本可证明"太一"即道家的"道"，而人们对于《庄子·天下》"主之以太一"的"太一"的解释颇不统一，最流行的看法是根据《老子》五千文将其解读为"大（太）"或"一"。此篇佚书与《老子》思想的区别是很明显的，以之为《老子》之传或老聃、关尹一派的著作也颇为牵强。笔者认为《太一生水》篇是由多种思想和文化相融合的产物，但衡量诸种因素，把它判定为阴阳家作品的可能性最高，而属于道家著作的可能性尚在其次。

其三，"水"是《太一生水》（前八支简）的又一个重要概念，"太一生水""水反辅太一""太一藏于水"是三个相关的重要观念。从宇宙生成论的链条来看,"水"及其相关观念是此篇宇宙生成论思想与其他经典著作相区别的重要标志之一。从"水反辅太一"等来看,"太一生水"之"生"字仍当解释为"派生",因为"太一"是具有独立性质的实体。在层次上,"太一藏于水"和"太一生水"这两个命题有别,天地未生之前的"太一""水"和天地已生之后的"太一""水"的存在性质亦有别,二者不可混淆,否则我们无法准确地理解原文。"太一生水"属于先天,而"太一藏于水"属于后天。"太一"作为生生的本原在经验世界藏于具体、有形之"水"中,它是生命和万物存在的本原。

其四,"反辅"和"相辅"是太一生成的两种方式。"反辅"属于先天地而生出天地的方式,在作用上有主辅之分,太一为主,水或天为辅。"相辅"则属于太一生成天地后的生成方式,联结的双方是彼此辅助并围绕太一平等地发生作用的。无论是在哪种辅助形式中,"太一"都存在于其中,且超越于万物而又主宰万物。另外,"太一生水"不属于"反辅"和"相辅"中的任何一种,"水"的生成是由"太一"直接给予的。

其五,"神明"是另一个引起学者较多争议的概念。笔者倾向于赞成"神明"为天神地祇的意见,相当于《淮南子·精神》篇所说"二神"的概念。不过,由于此篇的重点在于陈述宇宙生成论,故"神明"的设置在于指出生成万物的力量本体。"神"者申也,"明"者萌也,此一概念也包含这种含义。

其六,在此篇中,除"太一"的含义比较综合、表示宇宙的终极始源外，其他概念可以说都是能够经验到的事物，并且从"成岁而止"的宇宙生成论目的来看，《太一生水》（前八支简）应当属于自然哲学的著作。同时，我们也应该注意末简残文"君子知此之谓……"的意涵，它说明古代中国人知天道的兴趣和目的在于以理人道和人生。

其七，《天地名字》篇（后六支简）以"天地名字"为全文的关键，包含先天和后天两种宇宙存在状态的理解，并对由西北高、东南低的地势现象所造成的天地形势的高低厚薄变化做了深入解释。而这些解释非常特别，令人费解，成为学者解读的误区和争论的焦点所在。

其八，笔者认为，将第10、11、12、13、14号简先后编联在一起是妥当的，不宜将第9号简移至第14号简之前或第13号简之前。第9号简与其他五支简的关系如何，可以再做考虑。一种意见将第9号简直接置于第10号简前，或将第10号简接于第9号简后，值得重视。从思想上来看，"天道贵弱"之"天道"属于应然界，并非客观的"天道"，与《老子》"天道"概念的性质相同。第10至第14号简的思想以"天地名字"为中心，几乎都是客观的描述和基于客观的观念而给出的解释，它们属于一个近乎客观的世界。从这一角度来说，后五支简与第9号简可能不当共篇。

其九，"道亦其字也，青昏其名"是解读此篇文意和思想的关键句子。目前，大部分学者的解读建立在此篇与《太一生水》同篇，即后六支简和前八支简同篇的基础上，且以《老子》的本体论和本根论来理解之。跳出上下文的制约，违背文本解读的基本原则，而直接断言"道"

即"太一","其"指"太一","名字"指天气、地土等,"青昏"被释读为"请问"。笔者认为这些理解是不正确的。"其"仍当指上文之"天地",而不是指"太一"。"青昏"当读如字,而不当读为"请问"或"清昏"。"青昏"是指天地未分的本原状态,有昏暗、混沌和无序等义。在此篇中,"道"与"青昏"相对,表示天地已分的物事状态,有条理、规律、明晰和有序等义。"青昏"是天地的本名,而"道"是天地之字。名先字后,字因名起,"道亦其字也,青昏其名"即是说昏暗、混沌(青昏)是天地未分的本然状态(名),万物成文而开显(道)是天地已分的现实状态(字)。

其十,此篇简文认为以"道"(字)从事者必须托之于"青昏"之名,方能一方面保证事业成功,另一方面保证性命长久。圣人亦复如是。由此可知,"青昏"正应当解释为昏暗、混沌,"道"正应当解释为条理、规律等义。而简文"功成而身不伤"的两得思想,与《老子》"功成身退"的主张相通。

其十一,"天地名字并立"一句令人难解。此前,学界要么跳过这句,要么牵强扭曲之。下文说"故过其方,不使相当",可知上句"天地名字并立"是原因,而此句是结果,后面"天不足于西北"至"不足于下者,有余于上"则是更进一步的说明。在盖天说中,天地形势本来是天平地齐的,可现实的地势是西北高、东南低,相应地,天势是西北薄、东南厚。如何解释其成因?简文说:"故过其方,不使相当。""方"犹"道",包含"正"义,谓天地失其高卑、上下之本性也。这样,天平地齐的原本状态被打破，而呈现出地土上升、天气下降的新形势。进一步，何以会出现"过其方"的结果呢？简文说"天地名字并立"。这一句是理解整篇简文的症结所在。谓"名字"为天气、地土乎，何以其"并立"竟能导致天地沉降、隆升而失均的结果呢？谓"名字"为太一（本体）、道号乎，何以其"并立"竟能导致天地沉降、隆升而失均的结果呢？据此可知，把"名字"解释为天气、地土或太一都是错误的。"立"者，建也。"天地名字并立"，是说天地的"青昏"之名与"道"之字的并建，它们共同规范、调整和主宰现实世界：天地的生成万物和天地的运动，都以"青昏"之无序和"道"之有序来规范其自身、确定其自身和建构其自身。二者的对立运动，就造成了天地形势的变化。而中国地势西北高、东南低的自然现象就获得了理论上的解释。因此，此篇佚书之"道"与《老子》之"道"即有本质的区别。

其十二，《天地名字》篇应当属于道家著作。关于天地有混沌的本原，是道家常有的观念。竹简文字"以道从事者必託其名……故功成而身不伤"，正体现了道家的思想特质。后文对天地上下变化的描述和解释，也有与《老子》相近的地方。不过，从总体上来看，它与《老子》思想气质的区别颇为明显，它对于客观性的强调，对于具有隐语性质的"青昏"和"道"这对矛盾在天地运动过程中所起作用的突出，是它与《老子》明显区别开来的两个重要特征。因而，此篇佚书不是老子、关尹一派道家的著作。

第三章 "亙"与"亙先":上博楚竹书《恒先》的关键概念研究

《恒先》是上博楚竹书中的一篇,它是一篇颇为重要的先秦道家哲学文献。《恒先》的原释文注释者是李零先生,收入马承源主编《上海博物馆藏战国楚竹书(三)》(上海古籍出版社,2003年)中。这篇竹书共十三支简,第3号简背书有"丞先"二字[①],"丞先"即此篇竹书的篇题。"丞"可写作"亙",即"恒"字古文,见《说文·二部》。自2003年12月整理出版以来,这篇竹书在学界引起了较大关注和讨论。[②]据我们的搜集,迄今为止,发表的相关文章已超过了一百篇。2015年,笔者在美国夏威夷大学马诺阿分校(University of Hawai'i at Manoa)参加了一次有关这篇竹书的专题研讨会[③],就如何理解《恒先》文本及

---

① 马承源主编:《上海博物馆藏战国楚竹书(三)》,上海古籍出版社,2003年,第108、291页。

② 李零释文注释:《亙先》,载马承源主编:《上海博物馆藏战国楚竹书(三)》,上海古籍出版社,2003年,第287-299页。竹简图版,参看是书第105-118页。

③ 会议名称:"Inquiring into the Central Idea of Hengxian(恒先)in the Excavated Bamboo Texts";召开时间:2015年8月29—30日;主办方:《中国哲学杂志》(*Journal of Chinese Philosophy*)、夏威夷大学哲学系。

其思想,大家反复诘难,展开了激烈的争论,其中对"亘"字及其相关概念的讨论尤为激烈。"亘"应读作"恒"还是"极","亘先"应读作"恒先"还是"极先",以及如何理解它们的内涵,这些问题,在笔者看来无疑是研究这篇竹书文义及其思想的关键。有鉴于此,笔者拟再做讨论,以期回答和解决这些问题。

第一节 《恒先》亘、烝、惡的古文字厘定与"恒""极"的释读

在李零编联的基础上,学界对《恒先》的简序随后又做了多种调整①,其中庞朴先生的编联方案影响广泛,笔者即采用此一方案,下文的论述即以此简序为基础。

一、第12号简的"烝"和"惡"二字的厘定

竹书《恒先》的"亘""亘先"应当如何释读和理解?这是学界迄今尚有争论的一个关键问题。对于今人而言,这篇竹书的内容比较陌

---

① 在李零简序的基础上,庞朴的简序为:1—2—3—4—8—9—5—6—7—10—11—12—13;顾史考的简序为:1—2—4—3—5—6—7—8—9—10—11—12—13;曹峰的简序为:1—2—3—4—5—6—7—10—8—9—11—12—13;夏德安的简序为:1—2—3—4—5—6—7—10—11—8—9—12—13。参见庞朴:《〈恒先〉试读》,载梁涛主编:《中国思想史前沿——经典·诠释·方法》,陕西师范大学出版社,2008年,第151—154页;顾史考(Scott Cook):《上博竹书〈恒先〉简序调整一则》,简帛研究网,2004年5月8日;曹峰:《〈恒先〉的编联与分章》,载氏著:《近年出土黄老思想文献研究》,中国社会科学出版社,2005年,第63—74页;夏德安:《读上博楚简〈恒先〉》,"2007中国简帛学国际论坛"论文,台湾大学中国文学系主办,2007年11月10—11日。庞文,最初于2004年4月26日发表在简帛研究网上,又见梁涛主编:《中国思想史研究通讯》第2辑(2004年),第21—23页。曹文,先以《〈恒先〉编联、分章、释读札记》为题于2004年5月16日发表在简帛研究网上,后又发表在《清华大学学报(哲学社会科学版)》2005年第3期上。

生，且其内涵相当丰富，故学者在理解上难免存在较大差异。另外，笔者还看到，学者所从事的学科不同，这也导致了彼此之间的隔膜。总之，这篇竹书尚有再做研究的必要。

先看"亙"字的厘定和释读。这是我们讨论相关问题的起点。在李零的释文中，竹书《恒先》的"恒"字一共出现了八次，它们是：

恒先无有。（简1）

恒莫生气。（简2）

恒气之生。（简2—3）

或，恒焉。（简3）

恒先。（简3背）

恒气之生。（简9）

无忤恒。（简12）

无不得其恒而果遂。（简12）

前六字，竹书原作"**亞**"，李零厘作"亙"（对应的简体字为"亙"）。后二字，李零厘作"至"。① 这八个字，他都读作"恒"。很可能，他认为前六字和后二字属于同义同概念的异文关系。对于前六字的释读，绝大多数学者是赞成的，但是对于后二字的释读，部分学者表示反对。李锐首先认为后二字应当释作"极"，他说：《恒先》篇最末两个'恒'

---

① 李零释文注释：《亙先》，载马承源主编：《上海博物馆藏战国楚竹书（三）》，上海古籍出版社，2003年，第298页。

字,写法特殊,也有可能是'极'字。"① 又说:"原释文以为从亘从止,但字形与一般'亘'不同,疑当释为'亟(极)'。"② 李锐的改释,很快得到了廖名春、董珊、季旭昇和裘锡圭等人的肯定。③ 这两个字,董珊、裘锡圭分别厘作"䢂"和"䢂",而季旭昇均厘作"䢂"。④ 裘锡圭为学林巨子,其说影响广大,信者甚众。在中国哲学界,曹峰和陈静最先跟从此说,认同"极"字的读法。⑤ 当然,也有许多学者仍然跟从李零的释读,例如浅野裕一、王中江、连劭名和谭宝刚等人。⑥

到底第12号简上的那两个字,应当如何厘定及读为何字?这是一

---

① 李锐:《清华大学简帛讲读班第三十二次研讨会综述》,简帛研究网,2004年4月18日。

② 李锐:《〈恒先〉浅释》,简帛研究网,2004年4月23日。

③ 廖名春:《上博藏楚竹书〈恒先〉新释》,《中国哲学史》2004年第3期。据廖文,李锐尚未准确厘定此二字的构形。

④ 董珊:《楚简〈恒先〉初探》,载氏著:《简帛文献考释论丛》,上海古籍出版社,2014年,第19页;裘锡圭:《是"恒先"还是"极先"》,复旦大学出土文献与古文字研究中心网,2009年6月2日;季旭昇:《恒先译释》,载氏主编:《〈上海博物馆藏战国楚竹书(三)〉读本》,万卷楼图书股份有限公司,2005年,第241页。董文,原载简帛研究网,2004年5月12日。裘文,最初在"2007中国简帛学国际论坛"(台湾大学中国文学系主办,2007年11月10—11日)上发表,后收入《裘锡圭学术文集》第5卷,复旦大学出版社,2012年。

⑤ 在字形的厘定上,曹峰仍从李零释文,作"䢂";陈静则直接引作"极"字。按,李零的文字厘定是不正确的。曹峰:《〈恒先〉注释》,载氏著:《近年出土黄老思想文献研究》,中国社会科学出版社,2005年,第116页;陈静:《〈恒先〉义释》,《西安建筑科技大学学报(社会科学版)》2007年第1期,第7页。此前,前一字陈静引作"极",后一字引作"恒"。参见陈静:《自由与秩序的困惑——〈淮南子〉研究》,云南大学出版社,2004年,第247页。

⑥ [日]浅野裕一:《上博楚简〈恒先〉的道家特色》,《清华大学学报(哲学社会科学版)》2005年第3期,第59、61页;王中江:《〈恒先〉宇宙观及人间观的构造》,《文史哲》2008年第2期,第47页;连劭名:《楚竹书〈恒先〉新证》,《中原文物》2009年第2期,第80页;谭宝刚:《恒先考论》,载氏著:《老子及其遗著研究——关于战国楚简〈老子〉、〈太一生水〉、〈恒先〉的考察》,巴蜀书社,2009年,第336—338页。按,在裘锡圭文未发表以前,浅野裕一和许多学者都跟从李零读为"恒"的意见。而王中江、连劭名、谭宝刚坚持李零的释读,则是在裘文发表之后。

个需要严肃对待的问题。为了辨明此问题,笔者先将这八个字的图版列举如下:

亙 简1;亙 简2;亙 简2;亙 简3;亙 简3背;亙 简9;亞 简12;亞 简12

很容易看出,前六字和后二字的写法是不同的,差别较大。前六字,乃《说文·二部》所列"恒"字古文,即"亙"字。"亙"即"亘"字。其实"亘"是"恒"的本字,"恒"字本从二从月,古文作"亙","外"旁乃"月"旁之讹变。因此李零将竹简的"亙"字都直接转写成"亘"字,这是无可非议的。目前,前六字读为"恒"的意见得到了广泛认可。

不过,对于李零对后二字的释读,学者多持批评意见。此二字均为上下结构,与前六字差别较大。笔者认为,李零的释读确实存在问题。首先,李零的文字厘定是不够准确的,甚至是错误的。其实,《恒先》第12号简上的那两个字,前一字从亟从止,后一字从亟从心,其上部均非从"亙"。此二字应当从董珊和裘锡圭的意见,分别厘作"䇑"和"惡"。裘锡圭还更准确地指出:"此二字上部作'亙',与一般'亟'字稍有不同,即中间右侧作'卜',与楚简'亘'字同,而与古文字一般'亟'字从'攴'者异。但侯马盟书'亟'字亦有作此形者,'卜'可视为'攴'之省。"① 应当说,裘锡圭的字形分析是非常严谨和准确的。进一步,"䇑""惡"二字应当读为"恒"还是读为"极"呢?对于这一问

---

① 裘锡圭:《是"恒先"还是"极先"》,复旦大学出土文献与古文字研究中心网,2009年6月2日。

题，裘锡圭先生给出了明确的回答，并做了详细的论证。

二、裘锡圭对"恒"字通读法的破除而主张以"极"字通读全文

再看第12号简的"𢛳""𢛳"二字是否可以读为"恒"的问题。从表面来看，李零是以"恒"字通读《恒先》全文的。他不但将第12号简那两个字读为"恒"，而且说此二"恒"字"亦指道"①，此即明证。不过，他的读法很快遭到了怀疑和否定，其中裘锡圭的批评和论证最值得注意。

第1—9号简的六个"亙"字，从字形和字音来看，无疑可以读作"恒"，无需再做论证。至于第12号简的"𢛳""𢛳"二字，虽然李零的厘写是不正确的，他的读法也因此遭到了严重怀疑，但是在李零本人看来果真是如此的吗？这是一个值得再加阐明和回答的问题。此前，李零曾说："战国秦汉文字，'恒''极'相近，常被混淆，如马王堆帛书《系辞》中的'太恒'，今本作'太极'，就是类似的例子。这种混用，孰为本字，似有两种可能，一种可能是字本作'恒'，后改为'极'；一种可能是字本作'极'，用'恒'代替。此类现象值得重视。它不仅有别于同音换读的通假字和同义换用的互训字，也有别于通常所说的异体字和偶尔发生的字形讹误，是属于当时认可的混用。"②李零认为，在战国秦汉文字中，"恒""极"（或"亙""亟"）二字存在混用的现象。这就是说，

---

① 李零释文注释：《亙先》，载马承源主编：《上海博物馆藏战国楚竹书（三）》，上海古籍出版社，2003年，第298页。

② 李零：《郭店楚简校读记》（增订本），北京大学出版社，2002年，第6页。

在他看来,《恒先》"噩""㥁"二字的"亟"旁都可以看作"丞(亙)"字的混写,因而可以直接厘作"亙"并读为"恒"。这样,他就构造出了一个以"恒"字贯通《恒先》全文的读法。

但是,李零将第12号简的"噩""㥁"二字看作"亙"的混写,进而读为"恒"字的做法真的能够成立吗? 现在看来,答案是否定的。关于出土简帛"亙""亟"二字的混用关系,裘锡圭在做了大量考察之后说道:

> 总之,在我们所能看到的、数量不能算少的战国时代的楚简里,基本上是借"亙"为"亟"的。已有学者指出,"亟"和"亙"不但字形在楚文字中相似,而且上古音也相近,二者的声母皆属见系,韵部有职、蒸对转的关系,所以楚人会以"亙"为"亟"。①

在战国楚简中,"基本上是借'亙'为'亟'的",裘锡圭所说的这一句话颇为重要,是解决上述问题的关键。这就是说,在战国楚简中,目前尚未见借"亟"为"亙"的例子。查阅白于蓝《战国秦汉简帛古书通假字汇纂》和王辉《古文字通假字典》二书,可知裘说是正确的。②因此"亟""亙"二字不是相互混用,而是单向的借"亙"为"亟"的关系。这样,李零将《恒先》"噩""㥁"二字看作"亙"之混写字的看法是难以成立的。目前看来,将此二字厘作"亙"字,这只能判定为失

---

① 裘锡圭:《是"恒先"还是"极先"》,复旦大学出土文献与古文字研究中心网,2009年6月2日。

② 白于蓝编著:《战国秦汉简帛古书通假字汇纂》,福建人民出版社,2012年,第402页; 王辉编著:《古文字通假字典》,中华书局,2008年,第229页。

误；而李零进而将其读为"恒"字，这一读法也因此是不能成立的。其实，这两个字都应该按照李锐、裘锡圭等人的意见读作"极"。不仅从字形来看，它们应当读作"极"（读作"极"是符合楚文字的一般读法的），而且从文意来看，"极"训为"准则"，放在"无忤极"和"无不得其极而果遂"中也是非常通顺和恰当的。而李零以"恒"字通读全文的做法也因此完全丧失了依据。

不过，李零将第1—9号简的六个"亘"字读为"恒"的做法也因此失效了吗？我们看到，裘锡圭就是这样认为的。裘锡圭与李零的读法正相反对，他以"极"字通读全文，欲将此六个"亘"字也一并读作"极"。而《恒先》的"亘"字能不能读为"亟（极）"呢？对于此一问题，裘锡圭做了大力论证，除对"域亘焉"句中的"亘"字有所犹豫外①，他认为这六个"亘"字都应当读为"极"。裘锡圭是这样说的：

> 从楚简用字习惯和《亘先》文义来看，"亘先""亘气"应读为"极先""极气"。前者指宇宙本原，后者意近"元气"。"极莫生气"的"极"是"极先"的简称。"太极生两仪"的"太极"这一名称，可能是在"极先"这一系统的宇宙生成学说的影响下产生的。②

---

① 对于这个"亘"字，一方面裘锡圭认为"有可能当读为'横亘'之'亘'字"，并训此"亘"为"遍"，所谓"域亘焉"是"域是遍及各处的"的意思；另一方面他又说："又疑这个'亘'字或许也应读为'极'。'极'有达到最高最远之处义……'域极焉'即'域'无所不至、无所不在之意。"最终，他倾向于将此"亘"读作"极"。参见裘锡圭：《是"恒先"还是"极先"》，复旦大学出土文献与古文字研究中心网，2009年6月2日。

② 裘锡圭：《是"恒先"还是"极先"》，复旦大学出土文献与古文字研究中心网，2009年6月2日。

这就是裘锡圭先生的读法。他不但将《恒先》第12号简的"亟""悉"二字读作"极",而且由此将第1—9号简的六个"亘"字也都读为"极"。这种读法,显然会对《恒先》思想的理解产生根本影响,因此我们不得不认真地加以检讨。

总之,通过以上梳理,对于《恒先》的理解,我们看到形成了李零以"恒"和裘锡圭以"极"为关键词的两个对立意见。李零的读法,遭到了裘锡圭的特别批评。从逻辑上来说,这可以分为两步。第一步,裘锡圭通过对第12号简的改释而消解了李零的"恒"字通读。第二步,裘锡圭将原释文的所有"恒"字都改读为"极"字。不过,在笔者看来,尽管裘锡圭对于《恒先》第12号简那两个字的改释及改读是正确的,应当予以肯定,但是他由此将六个"亘"字一并读作"极",这一做法无论在文本上还是在义理上都缺乏充足的根据,因而未必可靠和可信。

第二节　是"恒先"还是"极先"

一、"亘先"与裘锡圭的"极先"说

"亘先",无疑是裘锡圭讨论的重点,这从其文章标题——"是'恒先'还是'极先'"即可以看出来。裘锡圭的论述包括两点:其一,"亘"为"亟"之借字,"亟"读为"极",所谓"亘先"其实应为"极先";其二,"极先"是竹书《亘先》的最基本概念,而"极"乃"极先"之省语。

在裘锡圭之前,李零曾有相似想法。他说:"'亘先'读'恒先',指作为终极的'先'。"又说:"但推本溯源,作为终极的'先'是'恒

先'。"还说："'亘气'作为终极的气,最原始的气。"① 这三段引文都是李零暗中训"恒"为"极"的例子。庞朴亦曾将"亘(恒)"解释为"极"。他说："恒先：极先,绝对的先,最初的最初,屈原《天问》所谓的'遂古之初'……或谓恒乃常,'恒先无有'即'常无有',不确；以'先'字无着也。"② 两相比较,李零有"常""极"二训,而庞朴则仅有"极"一训。这样,"恒先"就被解释为"极先","绝对的先,最初的最初"。不过,从训诂来看,"恒"训为"极",这是很生硬的。据《故训汇纂》,"恒"可训为"常",训为"久",但是未见训为"极"字的例子。③ 有鉴于此,裘锡圭干脆将第1—9号简的六个"亘"字看作"亟"的借字,而一并读为"极"。他说："熟悉楚简的人都知道,楚简的'亘'可以用为'亟'。但是在讨论中似乎还没有人明确提出过'亘先'能否读为'亟(极)先','亘先'跟'太极'有没有语言层面上的关系的问题。我认为这是一个亟需研究的问题,而答案应该是肯定的。"④ 通过论证,裘锡圭很正式地认为"亘先"应当读为"极先"。

归纳裘锡圭《是"恒先"还是"极先"》一文的相关看法,一共有三个要点。其一,裘锡圭首先肯定了李学勤将马王堆帛书《道原》的

---

① 李零释文注释：《亘先》,载马承源主编：《上海博物馆藏战国楚竹书(三)》,上海古籍出版社,2003年,第288、287、290页。
② 庞朴：《〈恒先〉试读》,载梁涛主编：《中国思想史前沿——经典·诠释·方法》,陕西师范大学出版社,2008年,第152页。
③ 宗福邦等主编：《故训汇纂》,商务印书馆,2003年,第787-788页。
④ 裘锡圭：《是"恒先"还是"极先"》,复旦大学出土文献与古文字研究中心网,2009年6月2日。

"恒无之初"改读为"恒先之初"的意见①,但是随后,他认为不能根据帛书的"恒先"证明楚简的"亙先"应读为"恒先",相反,他认为,不但楚简的"亙先"应读为"极先",而且帛书的"恒先"也可能本应当读为"极先",而"极先"源自楚人抄本的"亙先",只不过被后人误读为"恒先"罢了。其二,从宇宙论上来看,裘锡圭认为"亙先"虽然不能跟《老子》的"道"简单地画等号,但是"跟'太始'是一回事","'太始'和'亙先'都是宇宙本原","(亙先)既可指宇宙的本原,也可指最原始的阶段",因此从义理上来讲,楚简"亙先"也应当读作"极先",而帛书《道原》的"恒先"则为"亙(极)先"的误写。其三,裘锡圭认为"极先"就是"太极",他说:"'极先'既可省称为'极',在前面加上'太'就成'太极'。"他还认为,《恒先》的"极"是"在天地之先的'太极'的来源";"极先"与《系辞》的"太极"具有密切的关系。可以看出,裘锡圭认定"极先"是一个最基本、最重要的宇宙论概念,相当于《周易·系辞》的"太极",而"亙(极)"不过是其省称。另外,《恒先》第12号简的两"极"字,裘锡圭认为都应当训为"准则""法度",且与"极先"的"极"字有关系。他说:"这两个'极'所用的字形,与'极先''极气'之'极'不同,也许是由于语义有较明显的区别的缘故。不过,《亙先》将宇宙的最终本原称为'极先'或'极','无连极''得其极'的'极',当指符合'极先'精

---

① 李学勤:《帛书〈道原〉研究》,载氏著:《古文献丛论》,上海远东出版社,1996年,第163页;李学勤:《楚简〈恒先〉首章释义》,《中国哲学史》2004年第3期,第80页。

神的准则、法度,两者并不是毫无关系的。"①

总之,关于"亙先",裘锡圭批驳了"恒先"的读法,而提出和论证了"极先"的新读法,并认为"极先"才是《恒先》这篇竹书乃至中国古代宇宙论最为重要的概念。而所谓"极先",在他看来,就是《淮南子·天文》的"太始"和《周易·系辞》的"太极",是"宇宙的本原",是宇宙"最原始的阶段"。此外,他还将"亙(极)先"作为此一概念的标准表述形式,而"亙(极)"不过是其省称。

二、"亙先"应读作"恒先",而"亙"是比"亙先"更基本的概念

"亙"读作"极","亙先"读作"极先",裘锡圭的此种读法是否符合竹简《恒先》的原文和思想主旨呢?由于事关宏旨,这一问题理应得到严肃的批评和深入的讨论。笔者同意裘锡圭等人将第12号简那两个字读为"极"的说法,认为这是恰当的,但是他将第1—9号简上的六个"亙"字看作"亟"的借字并读为"极",对于这一看法笔者不敢苟同。实际上,目前大家接受其说者甚少。王中江在读了裘文之后,一方面肯定裘说在文字和义理上有一些道理②,但是另一方面又郑重地做了批评。他说:

---

① 裘锡圭:《是"恒先"还是"极先"》,复旦大学出土文献与古文字研究中心网,2009年6月2日。

② 王中江说:"从文字上说,'亙'可读为'亟','亟'确实也通'极'。同时,'亙先'又指宇宙的最初,读为'极先'在文意上颇为顺畅。"参见王中江:《〈恒先〉宇宙观及人间观的构造》,《文史哲》2008年第2期,第46页。按,据裘锡圭说,在楚简中"亙"可为"亟"之借字,而不是读为"亟"。

但笔者的观点有所不同。第一,"亙"作为"恒",更是先秦哲学的常用字,帛书《老子》和竹简《老子》多读为"恒",王弼通行本《老子》用"常",乃是避汉文帝(刘恒)讳而改。"亙"作为"恒",亦是《黄帝四经》的重要概念。相比之下,"亙"读为"极"的例子则比较少见。说帛书《易传》"易有大恒"的"恒"是误抄并无根据,饶宗颐等先生肯定原是"恒"字而非"极"字误写。第二,《黄帝四经·道原》"恒无之初"的"无",不用循"亙先"之例而读为"先"。读为"无"在文意上非常恰当,正好体现了道家宇宙本原之"无名""无形"的特质。正如《道原》所说:"故无有形,大迥无名。"第三,《道原》在"恒无之初,迵同太虚"文句之后,又有"虚同为一,恒一而止"之文。其"恒一",类如"恒道""恒德"之"恒",如果也依照"极先",读为"极一"则不通。《恒先》中的"亙气"当读为"恒气",意即"恒常之气"。在《恒先》的宇宙模式中,它不是宇宙最初的东西,因此不宜读为"极气"。简12"无忤亙"之"亙"读为"恒",意思是不违背"常",也很通顺。第四,"恒"的基本意思是"久"和"常"……"恒"和"先"都是时间概念,"恒先"之"先"不是一般的"先",而是"久远之先""原先",是宇宙的最开端和最初。庞朴先生释为"极先",说"恒先"是"绝对的先,最初的最初,类似于屈原《天问》所谓的'遂古之初'",这也是立足于时间上的"原点"解释"恒先"的。指称宇宙最初和原初的"恒先",同《太一生水》的"太一"、《黄帝四经·道原》所说的"恒无之初"和《庄子·天地》所说的"泰初"等是类似的。宇宙在时间上的"原初",同时又是宇宙在"状态"上的"无有"("无形""无名")。①

可以看出,王中江是赞成李零读"亙"为"恒"的意见的。为此,他给出了四条理由。他说,"恒"是先秦哲学例如《老子》《黄帝四经》的常用字,帛书《道原》"恒无之初"的"无"字不必循"恒先"之例读为"先",而《恒先》篇的"亙气"不宜读为"极气"。他又说,"恒先"属于时间概念,指称宇宙的最初或原初。这些论点,笔者都是赞成的。笔者此前亦持相近的看法②,但那时不是针对裘说的。当然,王中江有些论断,笔者是不赞成的。例如,他仍赞成李零将第12号简的那两个字读作"恒"的说法。又如,他赞成饶宗颐说,以帛本《系辞》"太恒"之"恒"为本字,而以今本《系辞》"太极"之"极"为误字。③再如,他将"恒"看作时间概念。这些看法都是值得商榷的。

---

① 王中江:《〈恒先〉宇宙观及人间观的构造》,《文史哲》2008年第2期,第46-47页。
② 丁四新:《楚简〈恒先〉章句释义》,载氏主编:《楚地简帛思想研究(二)》,湖北教育出版社,2005年,第85-134页。
③ 饶宗颐说:"(帛书《系辞》的)大恒意即太恒或恒常,指某种恒久不变的东西,可能即是《系辞传》所谓形而上的道,和老子所说'独立而不改,周行而不殆'的道体是一致的。"又说:"帛书'易有大恒'一语,无异说易有大常、易有大道了……归结起来,太恒与太极、太一自是一事的异称。"又说:"总结而论,恒是天地的恒律、不易的道理……故《易·系辞上传》提出'大恒'一名,说明为两仪阴阳之所自出。后出的同义字遂写作'太极'。在秦汉之际表现在式和星图上以居天地之中央的极星作为宇宙的核心,亦用以代表大一之神,它的作用和意义跟太恒、太极基本上是一致的。"见饶宗颐:《帛书〈系辞传〉"大恒"说》,载陈鼓应主编:《道家文化研究》第3辑,上海古籍出版社,1993年,第6、14、17页。

除此之外，对于裘锡圭的释读，笔者还想补充几点批评。虽然裘锡圭将第 12 号简的"𧻜""𧻜"二字读作"极"是正确的，但是他将第 1—9 号简的六个"亙"字也一并读作"极"，以期与李零的读法相反对，这不仅是很不恰当的，而且也是完全没有必要的。笔者之所以如此下断语，其道理与裘锡圭检讨李零的失误正同。其一，既然第 12 号简的"𧻜""𧻜"二字在字形上与第 1—9 号简的六个"亙"字有明显的差别，那么我们有什么充足的理由一定要突破界限，将此六个"亙"字一并读作"极"字呢？其二，单纯从上下文及文义来看，如果"亙"读作"极"，那么即使"亙（极）先""亙（极）莫生气""亙（极）气之生"是通顺的，但是"或，亙焉"一句的意思会因此变得非常费解。顺便指出，据竹书上下文，笔者认为"亙""气"二字在句中可能是并列关系，而不是偏正结构。李零解为"终极的气""最原始的气"，而裘锡圭说为"元气"，二说都难以令人信服。其三，在经典文本中，单独一个"极"字未见作为宇宙论之本根或世界本原之概念的例子；裘锡圭说"亙（极）"就是"太极"和"亙（极）先"之省称，这只是他个人的见解，而他的相关论证也不坚实。另外，今本《系辞》的"太极"概念，乃首先是就揲蓍法而言的，而裘锡圭却仅以宇宙论解之，这很难说是正确的。而饶宗颐、王中江将"太恒"看作宇宙论的本原概念，其失正同，同样没有意识到它原本是一个首先讲筮法的术语。其四，笔者赞成帛书《道原》的"恒无"不能改读为"恒先"，进而改读为"极先"的观点，因为如果将帛书"恒无之初"改读为"恒先之初",那么"先""初"义复①,无此必要。由此可知,帛书《道原》不仅没有"极先"一词,而且"恒无"亦非"恒先"之误。其五,庞朴、裘锡圭等人之所以会将"亙先"读作"极先",还有一个原因,就是他们没有分清"亙先"与"亙"的差别。当然,李零首先混淆了这两个概念,甚至将它们等同起来了。笔者认为,在《恒先》中,"亙"和"亙先"可以看作两个概念,而且"亙"比"亙先"更为基本。竹书屡言"亙莫生气""亙气之生"和"或,亙焉",即是明证,而"亙先"在竹简中只出现了一次。裘锡圭以"亙(极)先"为此一概念的基本表达形式,以"亙(极)"为其省略式,从一定意义上来说,这实际上是对"亙"概念的消解。

总之,"亙"可以读作"恒"或"极"。两相比较,它还是以读作"恒"更为恰当。"恒",常也,久也,与"极"训"准则"不同。

第三节 "恒"与"道""天道""极"的关系

一、"恒""恒先"不等于"道"

总结以上两节所论,可以肯定,《恒先》第 12 号简的那两个字应当读作"极",而第 1—9 号简上的六个"亙"字则应当读作"恒"。而在对"亙""亙先"的内涵及其与"道"之关系的理解上,李零和裘锡圭

---

① 丁四新:《楚简〈恒先〉章句释义》,载氏主编:《楚地简帛思想研究(二)》,湖北教育出版社,2005 年,第 85—134 页。

的说法最具代表性。① 李零是这样说的:

"亙先"读"恒先",指作为终极的"先"……"恒先"是"道",

---

① "恒先"和"亙"及其与"道"的关系应如何理解,目前有多种意见。除李零、裘锡圭的说法外,廖名春说:"'恒先'并非'恒'之'先',而是'恒'与'先','恒'即'先','先'即'恒','恒''先'并为'道'之同义词。"李学勤说:"'恒'与'常'通。所以'恒先无有'即'常无有'。"他由"恒先"之"先"字再证帛书《道原》原释文"恒无"之"无"应释作"先"字。庞朴说:"恒先:极先,绝对的先,最初的最初。"王志平说:"'恒先'应理解为'恒'最先的状态是'无有',也就是简文所说的'朴、清、虚'。其主语是'恒':'先'是副词,修饰谓语'无有'。李零先生、廖名春先生、李学勤先生等显然是把副词性的'先'视为了名词性的'先',而且第一部分还只是讨论了'恒',还没有讨论'先'。因此'恒先'连读的说法无论是从语法上还是从语境上说都不太妥当。但是李零先生、李学勤先生、廖名春先生等都指出,'恒'即指'道',则还是可以成立的。"董珊说:"'恒先'可如庞朴先生所理解,是绝对的'先',是'道'之体。凡举一事,而'道'常在其先。'恒先'与'无有'是'道'的两个方面。'恒先'是就道的时间属性而言,而'无有'是说'道'是绝对的无。"笔者曾说:"恒先,恒常未动之先。恒先与恒,在简文中有差别,不可混同。'恒',是简文的一个重要观念。有本质义:恒常。有阶段义:即在有气或有有之前,又在有始往的形下变化之中……'恒先'只是'道'的开始,但它并非就是'道'。一般说来,竹简以'恒'说'道'。"参见廖名春:《上博藏楚竹书〈恒先〉新释》,《中国哲学史》2004年第3期;李学勤:《楚简〈恒先〉首章释义》,《中国哲学史》2004年第3期;庞朴:《〈恒先〉试读》,载梁涛主编:《中国思想史前沿——经典·诠释·方法》,陕西师范大学出版社,2008年,第152页;王志平:《〈恒先〉管窥》,简帛研究网,2004年5月8日;董珊:《楚简〈恒先〉初探》,载氏著:《简帛文献考释论丛》,上海古籍出版社,2014年,第3页;丁四新:《楚简〈恒先〉章句释义》,载氏主编:《楚地简帛思想研究(二)》,湖北教育出版社,2005年,第87页。董文,初载简帛研究网,2004年5月12日;丁文,初载简帛研究网,2004年7月25日。这些说法,俱见季旭昇的辑录。季旭昇:《恒先译释》,载氏主编:《〈上海博物馆藏战国楚竹书(三)〉读本》,万卷楼图书股份有限公司,2005年,第203-206页。另外,"恒先无有"一句也有好几种句读,李零读作"恒先无有","恒先"与"无有"之间是停顿的关系,绝大多数学者从此读。王志平读作"恒,先无有",以"先"为副词,以"恒"为专有名词。廖名春读作"恒、先,无有",以"恒""先"同为专有名词,指"道"。浅野裕一读作"恒先无,有质、静、虚"。丁原植读作"恒、先、无有:质、静、虚"。参见廖名春:《上博藏楚竹书〈恒先〉新释》,《中国哲学史》2004年第3期;王志平:《〈恒先〉管窥》,简帛研究网,2004年5月8日;[日]浅野裕一:《上博楚简〈恒先〉的道家特色》,《清华大学学报(哲学社会科学版)》2005年第3期,第59页;丁原植:《〈恒先〉与古典哲学的始源问题》,"新出土文献与先秦思想重构"国际学术研讨会论文,台湾大学哲学系主办,2005年3月。各家句读,亦可参看曹峰:《近年出土黄老思想文献研究》,中国社会科学出版社,2005年,第194-195页。

道始虚无，故曰"恒先无有"。

"恒先"是"道"的别名。《老子》第二十五章："有物混成，先天地生，寂兮寥兮，独立不改，周行而不殆，可以为天下母。吾不知其名，字之曰道，强为之名曰大。""恒先"就是指先天地而生，独立不改，周行不殆，作为永恒创造力的"道"。作者认为，天下的矛盾概念皆有先后，如中为外先，小为大先，柔为刚先，圆为方先，晦为明先，短为长先，但推本溯源，作为终极的"先"是"恒先"。"恒先"也见于《马王堆汉墓帛书·道原》（文物出版社，1985年），作"恒先之初，迥同大虚，虚同为一，恒一而止"，同样是以"恒先"表示"道"（参看李学勤《帛书〈道原〉研究》，收入所著《古文献丛论》，上海远东出版社，1996年，162至168页）。

亙莫生燹："亙"，指上文"亙先"，即道……此句的意思是说道并不直接产生气。①

"燹"即简文"气"字。另外，第12号简的那两个字，李零虽然误释为"恒"字，但他说"亦指道"②，正可以反映出他对"恒"字的理解。顺便指出，李零的训解有不严密之处，他有时候将"恒"训为

---

① 以上三条引文，参见李零释文注释：《亙先》，载马承源主编：《上海博物馆藏战国楚竹书（三）》，上海古籍出版社，2003年，第288、287、290页。
② 李零释文注释：《亙先》，载马承源主编：《上海博物馆藏战国楚竹书（三）》，上海古籍出版社，2003年，第298页。

"极",而庞朴的解释即依此推衍而来。① "恒"训为"极",上文已指出,这是不合乎故训的。总结李零的说法,他认为"恒"即"恒先","恒先"即"道",或"道"的别名。这两点看法都被学界广泛接受。但是,除第一点外,裘锡圭不认可李零"恒先即道"的说法。他说:

> "亙先"跟"太始"是一回事,跟《老子》的"道"则不能简单地划等号……"太始"和"亙先"都是指宇宙本原的,强调的是其最原始和在一切之先的特点,组词思路相近。把"亙先"释读为"极先",显然比释读为"恒先"要好……"亙先"也当是既可指宇宙的本原,也可指最原始的阶段的。
>
> "极先"跟"道"虽然不能简单地划等号,它们的性质显然是类似的。道无为,"极先"也无为。
>
> "极先"既可省称为"极",在前面加上"太"就成"太极"……但"极先"跟"太极"有密切的关系,恐怕是可以肯定下来的。②

---

① 谭宝刚说:"古之'恒'字,其义与'常''极'同,皆有'道'之义。"而他之所以认为"恒"有"极"义,是因为从出土文献来看,"先秦时期的一些典籍中'极'字原也作'恒'字"。见谭宝刚:《老子及其遗著研究——关于战国楚简〈老子〉、〈太一生水〉、〈恒先〉的考察》,巴蜀书社,2009年,第337-338页。按,裘锡圭已阐明在楚简中仅见"亙/恒"借为"亟/极"的例子。这仅是就古文字的借用关系来说的,但不能因此就说"极"字本身即有"恒"义,或"恒"字本身即有"极"义。另外,对于第12号简那两个有争议的字,谭宝刚仍读作"恒",这也是不正确的。参看谭书第335页。

② 以上三条引文,参见裘锡圭:《是"恒先"还是"极先"》,复旦大学出土文献与古文字研究中心网,2009年6月2日。

这些论述都是针对李零而言的。比较起来，裘锡圭对"亙"和"恒先"的理解有所深入。首先，虽然二人均以"亙"或"亙先"为竹书的最基本概念，但是李零读作"恒"或"恒先"，而裘锡圭则读作"极"或"极先"。其次，虽然二人都认为"亙"与"亙先"是相等关系，但是李零对这两个概念做了同样的强调，而裘锡圭则明显以"亙先"为此概念的基本表达形式。最后，虽然二人都认为"亙先""亙"与"道"具有密切关系，但是李零认为"恒先即道"（或"恒即道"），而裘锡圭则认为二者仅具有类似性质，他说，极先"跟《老子》的'道'则不能简单地划等号"，并认为"亙先"（或"亙"）是宇宙的至极始点——"太始"。

笔者的理解，与李零、裘锡圭的解释有所不同。在竹书《恒先》中，"恒"是一个最基本的概念，它包括"恒先"和"或"两个阶段。换言之，"恒先"和"或"是从"恒"分化出来的，属于"恒"的范围。竹书一曰："恒先无有……自厌不自忍，或作。有或，焉有气。有气，焉有有。"二曰："气是自生，恒莫生气。气是自生自作，恒、气之生，不独、有与也。"三曰："或，恒焉；生或者，同焉。"这三段文字足以说明"恒"确实是一个最基本的概念，而"恒先""或"是从"恒"分化出来的。所谓"恒先"，即"恒之先"，是内在地在"恒"之先，而不是在"恒"之外，或在"恒"之前的意思。"恒"的特性是"无"，"气"的特性是"有"，"恒无"相对于"气有"而言，《恒先》的宇宙论以"恒无""气有"为基本结构。就"恒无"来说，"恒先"是对本根的推极，而"或"则是"恒"的初步生化,但仍属于"恒无"阶段。由此可知,李零和裘锡圭二人混淆,甚至等同"恒""恒先"这两个概念,这是不符合竹书原意的。顺便指出,"恒"和"气"在宇宙生化论上虽然有先后关系,但其生成是自然的。

关于"恒"(或"恒先")与"道"的关系,笔者认为"恒"虽然与老子的"道"有相似之处,但也有重大不同。李零认为"恒先即道"(或"恒即道"),这是不够正确的。竹书不但没有单独出现一个"道"字,而且在地位和功能上竹书的"恒"(或"恒先")与《老子》的"道"也是颇不相同的。在宇宙生化论的思路和概念使用上,《恒先》都与《老子》明显不同。从原文来看,直接以老子的"道"去解释甚至代替竹书的"恒"概念,这是非常危险的。裘锡圭认为"亙先"(他读为"极先")与"道"虽然具有类似性质,但是不能简单地画等号,并且他认为"亙先"("极先")是宇宙生化的起点,相当于《淮南子·天文》的"太始",这一看法更为准确。笔者认为,"恒无"与"气有"是竹书《恒先》的基本宇宙论结构,其中"恒无"是古人宇宙论思想发展到一定阶段后,必然会被追问并反思出来的属性;而所谓"恒先",则指推而极之的宇宙生化的端初。此外,《恒先》虽然属于战国中期的作品,但是它是否受到了《老子》的深刻影响而一定将老子的"道"作为其基本概念呢?这是一个目前难以回答的问题。学者常引用《淮南子·天文》和帛书《道原》作为立论的基础,但是在笔者看来,它们作为证据的效力是不足的。

二、"恒"与"天道"

从表面来看,"恒"可能与"天道"存在着一定的语义和思想联系。关于"恒",饶宗颐先生曾做过详细的考察和论述①,可以参看。竹书的"亙"字,据《说文·二部》,即"恒"字古文,"外"旁乃"月"旁的讹变。"恒"字本从月从二,甲文作"⚟铁199·3""⚟明2369",或增弓旁作"⚟前7·11·2"。甲文"恒"字,最先是由王国维先生考定的②,其本义为"月弦"。③《诗·小雅·天保》云:"如月之恒。"《毛传》曰:"恒,弦。"④《天保》诗正用此义。由表示月相("月弦")在天地之间(《说文》所谓从二)有规律的赢缩变化,此字又引申出"恒常"之义。⑤因此可以说,"亙(恒)"字本身即包含着"天道"之义。或者说,在古人那里,"天道"具有"恒常"的特性。

不过,竹书的"恒"字虽然具有"恒常"之义,但它是特就恒无来说的,是用来规范此阶段的特殊概念。从原文来看,它与"天道"概念所关涉的文本相隔较远。"天道"概念出现在"浊气生地,清气生天"

---

① 饶宗颐:《帛书〈系辞传〉"大恒"说》,载陈鼓应主编:《道家文化研究》第3辑,上海古籍出版社,1993年,第6—18页。
② 王国维:《观堂集林·殷卜辞中所见先公先王考》,载谢维扬、房鑫亮主编:《王国维全集》第8卷,浙江教育出版社,2009年,第270页。
③ 董莲池:《说文解字考正》,作家出版社,2004年,第536页。
④ (清)阮元校刻:《十三经注疏·毛诗正义》,中华书局,2009年,第881页。
⑤ 饶宗颐说:"日升月恒是天地间常见的自然现象,故恒可引申为常。⚟的字形,从月在上天下地之二的中间,所以⚟当是月恒的本字。"见饶宗颐:《帛书〈系辞传〉"大恒"说》,载陈鼓应主编:《道家文化研究》第3辑,上海古籍出版社,1993年,第7页。

一段文字之后。竹书说:

> 浊气生地,清气生天。气信神哉!芸芸相生,伸盈天地。同出而异性,因生其所欲。察察天地,纷纷而多采。物先者有善,有治无乱。有人,焉有不善;乱出于人。先有中,焉有外。先有小,焉有大。先有柔,焉有刚。先有圆,焉有方。先有晦,焉有明。先有短,焉有长。天道既载,唯一以犹一,唯复以犹复;恒、气之生,因复其所欲。明明天行,唯复以不废。知几而亡思不天。(简4、8、9、5)

"天行"即"天道"。① 从这段简文来看,"天道"概念确实处于"浊气生地,清气生天"之下,乃就天地万物之生成而言的。具体说来,万物生成之中外、小大、柔刚、圆方、晦明和短长的先后之序,即所谓"天道"。而所谓"天道既载",即指此生成次序的生成。"载"者,生也,成也。总之,竹书《恒先》的"恒"和"天道"是两个概念,分别处于不同的宇宙生成阶段。

此外,竹书的"天道"概念与《老子》的"天道"概念不同。《老子》的"天道"(或作"天之道")是一个应然性的概念,而在《恒先》篇中,它表示宇宙生化的过程及其客观法则。进一步,竹书的"天道"

---

① 竹简"明明天行",其中"天行"即"天道","行"训"道"。《乾卦·象传》:"天行健。"王引之曰:"《尔雅》:'行,道也。''天行',谓天道也。"参见(清)王引之:《经义述闻》,上海古籍出版社,2017年,第88页。《荀子·天论》:"天行有常。"俞樾曰:"《尔雅·释宫》:'行,道也。'天行有常,即天道有常。"参见(清)王先谦:《荀子集解》卷十一,中华书局,1988年,第307页。

概念与《老子》的"道"也不同：竹书的"天道"概念是相对于天地万物而言的，而《老子》的"道"乃宇宙的本根和天地万物流行变化的本体。而且，从春秋到汉代，"天道"常常作为一个单独的概念来使用，与老子的"道"具有重要区别。只是在黄老文献中，"天道"才开始明确地从属于"道"的概念，并居于次要位置。

三、"恒"与"极"的关系

最后，我们来看竹书"恒"与"极"的关系问题。竹书的"恒"是否能够贯通形而上、形而下（或自然和人事）二界？它与"极"又是何种关系？这两个问题都有待回答和阐明。关于第一个问题，笔者认为，"恒"在竹书中不是一个贯通有无、形而上形而下二界的概念，它仅仅表示宇宙生化过程的初始阶段，特因其包括质朴、静止和虚无的特性，故竹书谓之为"恒"。关于第二个问题，笔者认为，"恒"与"极"不存在表里关系。无论是李零的"恒"字通读法，还是裘锡圭的"极"字通读法，都认为它在竹书中是贯通形而上、形而下二界的，这是不对的。大部分学者认同此一说法，例如季旭昇虽然赞成将第12号简的那两个字改读为"极"，但是他仍以"道"字解释之。① 与季旭昇不同，曹峰认为此二"极"字"和前面的'恒'无关"。② 笔者认为，曹说是恰

---

① 季旭昇：《恒先译释》，载氏主编：《〈上海博物馆藏战国楚竹书（三）〉读本》，万卷楼图书股份有限公司，2005年，第241页。

② 曹峰：《近年出土黄老思想文献研究》，中国社会科学出版社，2005年，第116页。

当的。竹书《恒先》曰:"〖举〗天下之作也,无忤极,无非其所。"又曰:"举天下之作也,无不得其极而果遂,庸或得之,庸或失之?"二"极"字俱训"至",训"中",引申之,均可训为"准则",其例古书习见。而所谓"无忤极""得其极",就是要遵循"天道"而以之为准则("极")。帛书《经法·国次》曰:"不尽天极,衰者复昌。"又曰:"过极失【当】,天将降央(殃)。"其中的"极"字用法就与竹书《恒先》一致。

总之,由于"恒"不是一个贯通有无二界的概念,而只是表示宇宙生化的最初存在状态或阶段(相当于《淮南子·天文》的"太始"和《庄子·天地》的"太初"),因而它不可能与竹书下文的"极"字相为表里。或者说,竹书的"极"不应当以"恒",而应当以"天道"作为其依据和实际内容。

第四节 小结

综上所论,关于《恒先》的关键概念"亙"和"亙先",本章的结论如下:

其一,本章同意李锐、裘锡圭等人的意见,《恒先》第 12 号简被李零厘作"亙"并读为"恒"的那两个字,其实应当厘作"亟"和"悪",并读为"极"。在楚简中,"亙"可为"亟"之借字,但未见"亟"借为"亙"字之例。因此,"亟"和"悪"在竹书《恒先》中都只能读作"极",而不能读作"恒"。李零的释读是不正确的。

其二,《恒先》第 1—9 号简的六个"亘"字,裘锡圭均读作"极",从全文来看,这属于以"极"字通读之例,而与李零以"恒"字通读全文的做法恰相反对。不过,鲜有学者赞成裘锡圭的这一做法。笔者认为,这六个"亘"字还是应当读为"恒"字。《恒先》出现"亘"字的文本只有以"恒"读之,才是完全通顺的;而以"极"字读之,则会出现文句不通顺的情况。另外,字形上的差别也要求"亘"字读作"恒","亟""恶"读作"极",彼此不应混淆。由此,我们可以直接将这篇竹书命名为《恒先》。

其三,"亘"与"亘先",或"恒"与"恒先"是两个概念,且后一概念是建立在前一概念的基础上的。这即是说,"亘"比"亘先"更为基础和重要。目前学者多将"恒"和"恒先"混淆、等同起来,甚至以"恒先"为此一概念的优先表达形式,在笔者看来,这是不正确的。"恒"在这篇竹书中出现多次,而"恒先"仅出现一次。"恒先"是在"恒"的基础上将宇宙生化的始点推至其极的一个概念。而这一概念跟《淮南子·天文》的"太始"、《庄子·天地》的"太初"在功能上是相当的。

其四,在竹书《恒先》中,"恒"与"天道",及与老子之"道"的概念都不相同。"恒"指宇宙生化的虚无阶段,具有质朴、静止和虚无的特性,与气有是相对的。而"天道"在竹书中指天地万物的生化及其客观法则的总体,居于形而下界之中。竹书的"恒"也有别于老子的"道"。前者在竹书中仅为宇宙生化的初始阶段,是相对于气有而构造出来的一个概念；而后者则不但是宇宙生化的本根，而且贯通形而上、形而下二界，贯通万有之生成变化之中。而且，《恒先》没有单独出现"道"字。另外，《老子》的"天道"（或作"天之道"）概念与《恒先》的"天道"概念不同，前者是一个应然性的概念，而后者是一个实然性的概念，表示宇宙生化的实体及其客观法则。

其五，"恒""极"两个概念在竹书《恒先》中是分离的，而不是互为表里的关系。"恒"居于竹书的第一部分，表示宇宙生化的初始阶段，即虚无阶段；而"极"则处于竹书的第二部分，主要阐述统治者的"作为"应当遵行何种准则的问题。从竹书来看，"恒"是宇宙生化、运行的本根；而据"无忤极""得其极"两句，"极"与"天道"互为表里，它以表示客观法则的"天道"为实质内容，是一个应然性的概念。而这种思想架构也间接地说明了竹书的"恒"概念有别于老子的"道"概念，二者的差异很大。

总之，竹书《恒先》是一篇很重要的战国道家文献，值得探讨的问题很多，而"亙""亙先"无疑是其中争议最多，也是最为重要的两个字、词和概念。希望本章的批评和讨论有助于相关问题的解决，加深对竹书《恒先》思想的理解。

第四章 "道"之"一"：上博楚竹书《凡物流形》的哲学思想

《凡物流形》是上博楚竹书中的一篇重要哲学文献。[①] 自 2008 年释文出版以来，学界对于此篇竹书展开了热烈的讨论。绝大多数研究成果是关于此篇佚书的竹简编联及其文字释读的，但亦有近二十篇文章是探讨其思想的。目前看来，除个别地方外，这篇竹书的文本释读已趋成熟，而学界对于其思想研究尽管已取得较大成绩，但是仍然存在一些问题，需要再做讨论。此外，近十年来海外汉学界对于此篇竹书的研究也取得了一些成绩，而国内学界却缺少关注和回应。鉴于以上情况，我们拟以"道"之"一"为重点，重新探讨和论述此篇竹书的哲学思想。

[①] 曹锦炎释文注释：《凡物流形（甲本）》，载马承源主编：《上海博物馆藏战国楚竹书（七）》，上海古籍出版社，2008 年，第 223-284 页。本章引用《凡物流形》释文，已参考和综合了学者的改正意见。最新释文，参见丁四新等：《上博楚竹书哲学文献研究》，河北教育出版社，2022 年，第 739-771 页。

第一节 《凡物流形》的研究概况及其存在的问题

一、研究概况

《凡物流形》是上博楚竹书中的一种，收入马承源主编《上海博物馆藏战国楚竹书（七）》（上海古籍出版社，2008年）中，原释文注释者为曹锦炎先生。此篇竹书有甲、乙两本。甲本比较完整，共计30支简，其缺文一般可据乙本补足，全篇共存846字。乙本有残缺，现存21支简，全篇共存601字。[①] 甲本有篇题，书于第3号简的背面，作"凡勿湻型"，读为"凡物流形"。原整理者的释文及所编简序很不成熟，后经众多学者的讨论和改进，特别是由于"一"和"察"两个关键字的释出[②]，这篇竹书的文意和思想就变得可以理解了。经重新拟定，甲本的简序一般认为是：1—2—3—4—5—6—7—8—9—10—11—12A—13B—14—16—26—18—28—15—24—25—21—13A—12B—22—23—17—19—20—29—30。需要指出，第27号简不属于此篇竹书。本章凡征引此篇竹书文字，即据此简序。从文本形式和内容来看，《凡物流形》可分为前后两部分，共十章。据"闻之曰"的文例[③]，前三章为第一部

[①] 曹锦炎释文注释：《凡物流形（甲本）》，载马承源主编：《上海博物馆藏战国楚竹书（七）》，上海古籍出版社，2008年，第221页。

[②] 相关情况，参见丁四新：《"察一"（"察道"）的工夫与功用——论楚竹书〈凡物流形〉第二部分文本的哲学思想》，《武汉大学学报（人文科学版）》2013年第1期。

[③] 《凡物流形》全文共存八个"闻之曰"，第一章无"闻之曰"三字，第六章章首"曰"（简28）前疑脱"闻之"二字，当据补。这样，整篇竹书当分为十章。

分,以 43 个问句对宇宙、鬼神祭祀以及自然事物等展开了追问;后七章为第二部分,以"一"为核心阐述了竹书的修养论和政治论,回答了第一部分提出的大部分问题。顺便指出,部分学者曾就此篇竹书的结构、内容问题进行过一定讨论[①],很快,人们达成一致意见,认为它是一篇结构前后照应而内容相当完整的竹简佚书。

关于《凡物流形》的思想,学者的讨论和研究集中在宇宙本体论、政治修养论及学派性质问题上。其一,就《凡物流形》"一生二,二生三"一章的宇宙生成论,学者的论述较多,形成了比较一致的观点。其中,王中江等人指出,竹书的"一(道)"与"多"相对,是万物的生成及其存在的本原,"一"是竹书宇宙论和本体论的关键概念。[②] 其二,就竹书的政治修养论,王中江从"贵君""贵心""贵一"等概念出发对"一"做了着重分析,陈丽桂论述了竹书以"一""心"为重点的政治哲学及其与《管子》四篇的关系。[③] 不过,王、陈二人的论述集中在竹书的政

[①] 曹锦炎释文注释:《凡物流形(甲本)》,载马承源主编:《上海博物馆藏战国楚竹书(七)》,上海古籍出版社,2008 年,第 221 页;[日] 浅野裕一:《〈凡物流形〉的结构》,简帛网,2009 年 1 月 23 日;曹峰:《上博楚简〈凡物流形〉的文本结构与思想特征》,《清华大学学报(哲学社会科学版)》2010 年第 1 期;丁四新:《论上博楚竹书〈凡物流形〉的哲学思想》,载《北大中国文化研究》第 2 辑,社会科学文献出版社,2012 年,第 128-153 页。其中,浅野裕一认为《凡物流形》是由《问物》和《识一》两篇内容完全不同的文献拼接而成的。曹峰不同意他的看法,但是认为此篇竹书可分为上下篇。丁四新进一步指出,此篇竹书无分上下篇的必要,但可以分为前后两部分。

[②] 竹书宇宙论的论述在各篇研究论文中基本均有涉及,以王中江的论述最为丰富。参见王中江:《出土文献与先秦自然宇宙观重审》,《中国社会科学》2013 年第 5 期;王中江:《早期道家"一"的思想的展开及其形态》,《哲学研究》2017 年第 7 期。

[③] 王中江:《〈凡物流形〉的"贵君"、"贵心"和"贵一"》,《清华大学学报(哲学社会科学版)》2010 年第 1 期;陈丽桂:《近四十年出土简帛文献思想研究》,中华书局,2015 年,第 401-411 页。

治思想层面。其后,笔者以"察一"的工夫、境界及其功用为核心,对此篇竹书的思想做了系统的分析和论述。① 其三,关于《凡物流形》的思想性质,学者存在一定的争议。整理者曹锦炎将此篇竹书归入"楚辞类"②,但这个看法几乎遭到了学界的集体否定,绝大多数学者认为它是道家著作。进一步,就此篇竹书与黄老及其与《老子》之关系的问题,学者发表了不同看法。王中江、曹峰等人认为此篇竹书表达了黄老思想,笔者、任蜜林等人则不同意此一判断。③ 绝大多数学者认为竹书《凡物流形》的形成受到了《老子》的影响,但是日本学者谷中信一和美国学者方岚生(Franklin Perkins)却认为前者对于后者文本的形成起了推动作用。④

二、存在的问题

概括来说,关于竹书《凡物流形》的思想,学界的意见和看法已渐趋成熟,对竹书的宇宙论、政治论、修养论及其学派性质等做了较

---

① 丁四新:《"察一"("察道")的工夫与功用——论楚竹书〈凡物流形〉第二部分文本的哲学思想》,《武汉大学学报(人文科学版)》2013年第1期。
② 马承源主编:《上海博物馆藏战国楚竹书(七)》,上海古籍出版社,2008年,第222页。
③ 王中江:《〈凡物流形〉的"贵君"、"贵心"和"贵一"》,《清华大学学报(哲学社会科学版)》2010年第1期;曹峰:《关于黄老道家的一些新认识》,《诸子学刊》2015年第2期;丁四新:《论上博楚竹书〈凡物流形〉的哲学思想》,载《北大中国文化研究》第2辑,社会科学文献出版社,2012年,第128-153页;任蜜林:《先秦道家视野下的〈凡物流形〉哲学研究》,《云南大学学报(社会科学版)》2016年第4期。
④ [日]谷中信一:《先秦秦汉思想史研究》,孙佩霞译,上海古籍出版社,2015年,第145页;[美]方岚生:《〈凡物流形〉与〈老子〉中的"一"》(Fanwu liuxing and the "One" in the Laozi),《早期中国》(Early China)总第38期,2015年。

为深入的讨论和论述。但是，从整体上来看，学界当前的研究仍显不足：其一，对竹书"察一"观念的认识不足。"察"是《凡物流形》的一个关键字，竹书写作"𧥽"。整理者曹锦炎厘定为"𧥻"，读为"识"。① 但其实，他的厘定和释读都是不对的。随后，对于此字，学界有"识""执""察""守"等多种读法。目前，从古文字学界来看，学者已经形成共识，认为此字应当释读为"察"。② 然而，从中国哲学界来看，许多学者却没有注意到这一点，依旧沿袭"执"等错误读法，致使竹书"察一"的观念在当代中国哲学界暗而不彰。其二，学界对竹书"一""复""得一"等概念及其独特性的认识仍显不足。"一"是《凡物流形》的核心概念，与老子的"道"相比具有特殊性。目前，学界尚未从先秦思想和老学的视域来系统地梳理和阐发竹书"一"的思想内涵。同时，竹书"得一""复"等概念所处的语境尚需得到更多关注，其含义需要得到进一步的阐明。

总之，我们认为，竹书《凡物流形》还存在如下问题值得重视和研究：一者，如何理解和解释此篇竹书之"一"在宇宙论和本体论上的特殊性？二者，此篇竹书以"一"为核心的多种修养工夫有何关联，它们又是如何展开的？三者，此篇竹书是否属于黄老著作，以及此篇竹书是否影响了《老子》文本的形成？针对这些问题，这里将以"一"概念为

---

① 马承源主编：《上海博物馆藏战国楚竹书（七）》，上海古籍出版社，2008年，第250页。
② 关于该字的释读综述，参见刘中良：《上博楚竹书〈凡物流形〉研究》，三峡大学硕士学位论文，2011年，第23页；丁四新：《"察一"（"察道"）的工夫与功用——论楚竹书〈凡物流形〉第二部分文本的哲学思想》，《武汉大学学报（人文科学版）》2013年第1期。

核心，从多个方面重新论述和讨论此篇竹书的哲学思想。

第二节 "一"与"流形成体"：《凡物流形》论宇宙与万物的生成

一、以"一"为核心的宇宙论与本体论

《凡物流形》第一章开篇即问："凡物流形，奚得而成？流形成体，奚得而不死？"什么是世间万物生成和存在的根据？作者在下文的回答即是"一"。"一"在《凡物流形》所描绘的宇宙和世界图景中扮演着关键角色。竹书第八章曰："一生两，两生三，三生女〈四〉，女〈四〉成结。是故有一，天下无不有；无一，天下亦无一有。……草木得之以生，禽兽得之以鸣。"[①] 从中可以看出，"一"是天地万物得以生成的本根。

从生成论来看，竹书的"一"是宇宙生成的终极始源。先秦时期存在多种宇宙生成论模型，如上博楚竹书《恒先》为"恒先→或→气→有→始→往"的模式，郭店简《太一生水》为"太一生水""水反辅太一，是以成天；天反辅太一，是以成地"的"反辅"以及"天地→神明→阴阳→四时→沧热→湿燥"的"相辅"模式。相比较而言，《凡物流形》"一生两"的这种"数生数"的生成模式更接近于《老子》第四十二章的说法。通行本《老子》第四十二章曰："道生一，一生二，二

---

① "女"字，当从沈培说，释为"四"字。参见复旦读书会：《〈上博（七）·凡物流形〉重编释文》，载刘钊主编：《出土文献与古文字研究》第3辑，复旦大学出版社，2010年。

生三,三生万物。万物负阴而抱阳,冲气以为和。"就结构来看,《凡物流形》与《老子》的生成系列非常接近,但是二者的起始点和结聚点是不同的。《老子》的宇宙生成论始于"道",而《凡物流形》的宇宙生成论始于"一"。《老子》的结聚点为"三",而《凡物流形》的结聚点为"四"。不仅如此,《凡物流形》提出的"结"概念很特别。"结",学者或解释为"完成",或解释为"凝结"。①笔者认为,这两说其实并不矛盾,"结"即结聚、凝结、结合义。结聚成体,便是事物的形成状态,是"流形成体"的另一种表述。《庄子·在宥》篇曰:"合六气之精,以育群生。"《鬼谷子·捭阖》篇曰:"以阳求阴,苞以德也;以阴结阳,施以力也。""合""结"二字义近,均指气的凝聚、凝结或结合、结聚。联系"五气""阴阳""水火"等概念来看,《凡物流形》所谓"一生两"的系列很可能与气论有关:从"一生两"至"四成结",这是气化的具体阶段;而"四成结"即事物在流形中已经成体。

从本体论来看,"一"生万物,这同时意味着"一"是万物之所以存在的根据。"一"虽然是宇宙万物生成的起点,但这并不意味着在"生两"之后即消失不在了,相反"一"存在于其所生的任何阶段及任何生成物之中。这尤其可以从万物"得一"而存在这一点看出来。《凡物流形》"得"字多见,如第一章曰:"凡物流形,奚得而成?

---

① "结",整理者训为"结束、完结",秦桦林训为"聚合、凝聚"。参见马承源主编:《上海博物馆藏战国楚竹书(七)》,上海古籍出版社,2008年,第261页;秦桦林:《〈凡物流形〉第二十一简试解》,复旦大学出土文献与古文字研究中心网,2009年1月9日。

流形成体，奚得而不死？"又曰："阴阳之处，奚得而固？水火之和，奚得而不诡？""得"字凡四见。从本原处说，具体事物之"得"（生成）即得之于"一"。由于"得一"已见于《老子》，因此学者多引用《老子》来做诠释。《老子》通行本第三十九章曰："昔之得一者，天得一以清，地得一以宁，神得一以灵，谷得一以盈，万物得一以生，侯王得一以为天下贞。"其中，"万物得一以生"与竹书"草木得之以生"意思相近。不过，需要指出，据汉简本与帛书本，《老子》此章原无"万物得一以生"一句。①如果去掉"万物得一以生"一句，那么根据出土古本，《老子》"得一"的生成论色彩就变得不再那么浓厚。而且，《老子》此章的"清""宁""灵""盈""贞"五词，均非生成论词汇。与《老子》第三十九章不同，竹书《凡物流形》"草木得之以生，禽兽得之以鸣"具有强烈的"得一"的生成论色彩。因此《凡物流形》的"得一"，与出土古本《老子》的"得一"有别，内涵不完全一致。而且，这一差别也反映在修养论上。《凡物流形》第三章又曰："土奚得而平？水奚得而清？"土、水非生物，不能以"生"言，故竹书作者使用了"平""清"两字来描绘土和水的存在特性。据此可知，竹书的"得一"观念又具有存在论意义，它是事物之所以存在的根据。

---

① 北京大学出土文献研究所编：《北京大学藏西汉竹书（贰）》，上海古籍出版社，2012年，第124页；湖南省博物馆、复旦大学出土文献与古文字研究中心编：《长沙马王堆汉墓简帛集成（肆）》，中华书局，2014年，第194页。

总之,"一"是竹书《凡物流形》宇宙论和本体论的核心概念,从竹书前三章的一系列追问来看,莫不如此。或者说,"一"是天地万物之所以生成和之所以如此存在的根源,竹书第21号简曰:"是故有一,天下无不有;无一,天下亦无一有。"这句话具体揭示了在竹书中"一"既是本体又是本根。

二、《凡物流形》"一"的特殊含义

"一"是道家和黄老著作的常用概念。传世文献《老子》《庄子》《管子》和出土文献《太一生水》《经法》《十六经》《道原》等即使用了此一术语。"一"是竹书《凡物流形》的关键概念,全篇多见,但是与《老子》等相比,此篇竹书关于"一"的论述有三点值得特别注意。

其一,《凡物流形》以"一"而非"道"为其宇宙生成论的终极始源,这一点是值得注意的。《老子》说"道生一",这是以"道"为宇宙的终极始源,而竹书《凡物流形》则直接说"一生两",这是以"一"为宇宙的终极始源。

其二,《凡物流形》大量使用"一"概念而较少提及"道",这是一个值得注意的文本现象。竹书"一"字凡十九见,"道"字凡三见。"道"字一见于"顺天之道",另两次见于"察道"的术语中。与此相对,《老子》言"道"的次数则远远超过了"一"字。如何理解《凡物流形》的"一"与"道"的关系呢?此篇竹书第四章曰:"闻之曰:察道,坐不下席。"第八章曰:"察道,所以修身而治邦家。"曹峰曾指出:"'闻之曰'的部分应是早已形成的、流传有年的、具有社会影响的、得到一定认可的内容。而用'是故''是以'表示的部分有可能是后人进一步地〈的〉阐发。"①曹说是对的。在竹书中,"察道"一位于"闻之曰"后,一位于"是故"后,表示作者继承并认同"道"这一概念。从内容看,"察道"的"坐不下席""修身而治邦家"两种功效与"一"的功效基本一致。一般认为,《凡物流形》的"道"和"一"是表示"本体"的同一概念,故竹书的"道"即可以直接理解为"一"。或者说,"一"可以直接指代"道"。李锐的看法不同,他说:"大约'道'和人事关系较紧密,而'一'和万物关系较紧密。"②李锐的此种看法只是他个人的意见,缺乏必要的文本根据。

既然"一"和"道"两个概念基本一致,甚至等同,那么为何竹书多言"一"而少言"道"呢?这或许可以从两个层面来做解释和回答。从思想层面来看,先秦时期"一"作为起始之数的哲学内涵被不断发掘出来。笔者曾指出:"早期中国的'数'观念往往围绕宇宙论和时空观展开,具有浓厚的哲学意蕴。"③《周易·系辞上》"天一地二"云云的天地之数及秦简《鲁久次问数于陈起》"天下之物,无不用数"的说法,

---

① 曹峰:《上博楚简〈凡物流形〉的文本结构与思想特征》,《清华大学学报(哲学社会科学版)》2010年第1期。
② 李锐:《道精、道一与道德、道说——试论理解〈老子〉之"道"的另一种角度》,《人文杂志》2009年第5期。
③ 丁四新:《"数"的哲学观念再论与早期中国的宇宙论数理》,《哲学研究》2020年第6期。

都说明了"数"在先秦已被充分哲学观念化。① 而"一"作为数的起点，能够更直接地表示宇宙生成之"始"。从历史层面来看，陈慧（Shirley Chan）、李承律（Sungryule Lee）等学者认为，《凡物流形》在文本上更重视"一"，这或许体现了战国时期知识分子对于天下统一的政治渴求。② 简言之，思想与历史的两重原因使得"一"的地位在战国诸子思想及其言说体系中得到大力提升。这或许就是《凡物流形》作者更重视"一"而少用"道"字的原因。

其三，《凡物流形》的"一"可以为感官经验所把握和认识，这一点也值得注意。除去对"一"的功效（如"察一""守一"等）的阐述外，竹书对"一"做了正面描述，第九章曰："是故一，咀之有味，嗅【之有嗅】，鼓之有声，近之可见，操之可操。掾（摭）之则失，败之则槁，贼之则灭。"所谓"有味""有嗅""有声""可见""可操"，即从感官经验而言，认为"一"是可以为人的感官认识所把握的。这一点，与道家或黄老通常所说大异。通行本《老子》第三十五章曰："淡乎其无味，视之不足见，听之不足闻，用之不足既。"此章文字亦见于郭店楚简《老子》。类似语句亦见于《庄子·天运》篇，是篇曰："听之不闻其声，视之不见其形。"《淮南子·原道》《淮南子·俶真》继承了这一说法。

---

① 丁四新：《"数"的哲学观念再论与早期中国的宇宙论数理》，《哲学研究》2020 年第 6 期。

② ［澳］陈慧：《一：读〈凡物流形〉》（Oneness: Reading the "All Things are Flowing in Form"），《中国文化国际传播》（International Communication of Chinese Culture）2015 年第 2 期；［韩］李承律：《〈凡物流形〉及其对"一"的思想讨论》（The Fanwu liuxing and Its Intellectual Discussion about the One），《中国哲学杂志》（Journal of Chinese Philosophy）2016 年第 1-2 期。

两相比较，可以看出，竹书《凡物流形》对于"一"的把握与《老子》《庄子》《淮南子》对于"道"的认识很不相同，甚至恰相反对：前者肯定"一"之经验的实在性，而后者则肯定"道"之超经验的实在性。王中江等人曾注意到此点，但仅说《凡物流形》此处的描述"非常独特"，而未对其做必要的解释。① 曹峰试图将此段竹书的描述放在黄老脉络中来做解释，他说："到了黄老道家这里，'道'已经完全从感官无法感知、语言无法表达、知识无法论证的对象变成人人可以触摸、亲近的对象了。"② 但其实，曹峰的说法并不符合黄老文献的描述。黄老仍以"虚无"言"道"，如帛书《道原》说："人皆以之，莫知其名。人皆用之，莫见其形。一者其号也，虚其舍也，无为其素也，和其用也。"③ 李锐则说："'一'之可见，或许正说明它虽然接近'道'，但是仍不如'道'之无形无象，这或也能从反面说明《凡物流形》中'道'对于'一'是优先的。"④ 其实，李锐的说法也不够准确。《老子》云"道生一"，故"道"先于"一"。但是，《凡物流形》的"一"与《老子》不同，它是基于数的哲学观念而对于"道"本身的直接指称。从竹书原文看，竹书此章强调"道"的可感知性，其原因可能出于主体对于"道"的体悟工夫，强调其经验的实在性罢了。

---

① 王中江：《〈凡物流形〉"一"的思想构造及其位置》，《学术月刊》2013年第10期。
② 曹峰：《关于黄老道家的一些新认识》，《诸子学刊》2015年第2期。
③ 湖南省博物馆、复旦大学出土文献与古文字研究中心编：《长沙马王堆汉墓简帛集成（肆）》，中华书局，2014年，第189页。
④ 李锐：《上博简〈凡物流形〉的思想主旨与学派归属》，《陕西师范大学学报（哲学社会科学版）》2017年第5期。

三、"流形成体"与"复":自然世界的演化

"流形成体"是《凡物流形》的一个重要观念。在流形成体的世界里,《凡物流形》叙述了各种各样的自然事物和人文事物,包括太阳、月亮、河流、天地、雷电、草木、禽兽、风雨,及人、鬼。复杂的自然世界和人文世界是如何演化出来的?竹书即以"流形成体"做了总体说明。

所谓"流形成体",是就世间万事万物的生成来说的,"体"是"形"进一步的固定或形式上进一步的呈现和器象化。"流形"或"流形成体"古书多见,大体上可以分为三类。第一类见于马王堆帛书《衷》篇,是篇曰:"天地相率,气味相取,阴阳流形,刚柔成体,万物莫不欲长生而恶死。"① 这是在宏观的宇宙生成论上来使用"流形"一词的。第二类见于《乾卦·象传》,是篇曰:"云行雨施,品物流形。"又见于《礼记·孔子闲居》篇,是篇曰:"地载神气,神气风霆,风霆流形,庶物露生。"这是从"云行雨施"的天气现象来阐明万物何以"流形"生成的问题。第三类见于《管子·水地》篇,是篇曰:"男女精气合而水流形。"又见于帛书《胎产书》篇,是篇曰:"一月名曰留(流)刑(形)。"② 又见于清华简《汤在啻门》篇,是篇曰:"三月乃形。"③ 这是从

---

① 湖南省博物馆、复旦大学出土文献与古文字研究中心编:《长沙马王堆汉墓简帛集成(叁)》,中华书局,2014年,第87页。
② 湖南省博物馆、复旦大学出土文献与古文字研究中心编:《长沙马王堆汉墓简帛集成(陆)》,中华书局,2014年,第93页。
③ 清华大学出土文献研究与保护中心编:《清华大学藏战国竹简(伍)》,中西书局,2015年,第142页。

"男女精气合"的角度来说明胎产动物（如人）如何"流形"生成的问题。根据如上三类材料，万物"流形"生成具有两点特征。其一，"流"与"气"或"水"有关。"气"和"水"是早期宇宙生成论的两个重要构成因素，且前者的流动性甚于后者。《说文·水部》："流，水行也。"当"流形"指气而言时，"流"在此是借水为喻而言其流动性的。上引诸文的"流形"，或从水言，或从气言。《胎产书》的整理注释者认为"流形"是"以金属凝铸比喻胚胎始结"，这种说法其实是不对的。① 关于"气"的生成作用，《庄子·知北游》曰："人之生，气之聚也，聚则为生，散则为死。"又曰："通天下一气耳。"而"水"的生物作用，除《管子·水地》篇外，最明显体现在郭店简《太一生水》篇中。《太一生水》曰："太一生水，水反辅太一，是以成天。"很明显，"水"在"太一"的宇宙生成论中居于极其重要的位置。其二，"流形"同时被用于宇宙生成、万物生成和胎儿生育的过程中，这显示出它具有普遍性。日本学者大西克也认为"流形"本指胚胎始结②，这个意见可能是对的。尽管目前我们还难以判断"流形"是先源于宇宙生成论，还是先源于胎儿生育事件，但是到了战国中期，这个词语被广泛应用于宇宙生成论，这是可以确定的。

回头看竹书《凡物流形》"流形"一词的意涵，竹书首章曰："凡物

---

① 湖南省博物馆、复旦大学出土文献与古文字研究中心编：《长沙马王堆汉墓简帛集成（陆）》，中华书局，2014年，第94页。

② ［日］大西克也：《试说"流形"原意》，载《出土文献》第1辑，中西书局，2010年，第181-184页。

流形，奚得而成？流形成体，奚得而不死？"从下文"阴阳之处""水火之和"来看，引文中的"流形"或"流形成体"大概是从气化生成的角度来说的。竹书第二章又曰："民人流形，奚得而生？流形成体，奚失而死？"引文中的"流形"则包含了"精气"和"水"两种生成含义。

在"一"化生万物、万物"流形成体"的过程中，"阴阳"等要素是否在其中也扮演了重要角色呢？竹书直接提及了"阴阳""水火"两对概念，可知这一点是无疑的。但是，王中江认为《凡物流形》"没有将它们同万物的生成直接联系起来"[①]。与王说相对，笔者曾指出竹书"以阴阳、水火为形体之物的现实存在根源"[②]。关于"阴阳""水火"二者在竹书中所起的作用，我们可以参考《鹖冠子·度万》篇的相关文字来做判断，是篇曰：

> 天者神也，地者形也，地湿而火生焉，天燥而水生焉。……水火不生，则阴阳无以成气，度量无以成制，五胜无以成势，万物无以成类。……五气失端，四时不成。[③]

上述引文所表现的宇宙论模型与《凡物流形》有相似之处，均提及了水火、阴阳，并将它们作为万物生成的初始物质，而置于"五"之

---

① 王中江：《〈凡物流形〉"一"的思想构造及其位置》，《学术月刊》2013年第10期。
② 丁四新：《论上博楚竹书〈凡物流形〉的哲学思想》，载《北大中国文化研究》第2辑，社会科学文献出版社，2012年，第128-153页。
③ 黄怀信：《鹖冠子校注》，中华书局，2014年，第129-139页。

前。同时,《凡物流形》和《鹖冠子》都提到了"五气"概念。竹书第二章云"五气并至","五气"具体指什么呢?这是一个问题。在先秦秦汉时期,"五气"的用法大致包括内气和外气两种。外气一般就五行言之,如刘熙《释名》云:"五行者,五气也。"内气一般就性情言之,如《逸周书·官人》云:"四曰:民有五气,喜、怒、欲、惧、忧。"内外两种五气也可能存在对应关系,如《素问》曰:"天有五行,御五位,以生寒暑燥湿风。人有五藏,化五气,以生喜怒思忧恐。"从上下文看,竹书言五气之"至",是就外气而言的。参考《鹖冠子》来看,与"四时"相对的"五气"亦多指五方五行之气。同时,考虑到竹书第二章"五音""五度""五气"具有明显的五元特征,因此竹书《凡物流形》的"五气"似乎可以理解为五行之气。

"流形成体"之后的世界具有什么样的特点?许多学者认为,从第七章来看,竹书《凡物流形》的自然观具有循环论的色彩。是章曰:

> 闻之曰:至精而智,察智而神,察神而同,〖察同〗而佥(敛),察佥(敛)而困,察困而复。是故陈为新,人死复为人,水复于天,咸〈凡〉百物不死如月,出则又入,终则又始,至则又反。察此焉,起于一端。

"百物不死如月"和"出则又入,终则又始,至则又反"数句,以"月"为喻,表达了作者对于自然事物生死出入的认识,具有循环论的特征。《鹖冠子·王铁》曰"月信死信生,终则有始",亦持循环论的观点。但是，我们是否能够据此说，竹书持一种永远循环往复的自然观呢？我们认为，这种推断是缺乏根据的。

从上引竹书文字来看，"陈为新""人死复为人""水复于天"是在循环论中强调生命的"复初"和复生。所谓"人死复为人"，即指人死复生。而这一说法涉及四种生死学说：一是复生，这又包括自然复生、自力复生和他力复生三种。自然复生，指人死后其魂魄在一定条件下通过流形成体又自然地重新成为人。新人与旧人的灵魂不是同一实体，人也不是同一人。自力复生，指人死后其魂魄依靠自身的力量和意志，通过流形成体的方式重新成为人。新人与旧人的灵魂未必为同一实体，形体和意识也未必为同一人。他力复生，指人死后其魂魄依靠神灵（如司命）的作用而通过流形成体的方式重新成为人。新人与旧人的灵魂为同一实体，而人是同一人（但未必同形）。《庄子·至乐》曰"吾使司命复生子形，为子骨肉肌肤"，即属此种。二是复活，这包括自力复活和他力复活，不存在自然复活的情况。自力复活，指存在者依靠自身的力量从死亡状态中复活过来。而这种存在者只能是神灵，如耶稣复活即属此类。他力复活，指人依靠外力从死亡状态中复活过来。在中国传统文化中，他力来源于鬼神或神仙。无论是自力复活还是他力复活，灵魂都为同一实体，人都为同一人。三是灵魂投胎转世。这是佛教东传，给中国带来的新观念。在此观念中，灵魂是同一实体，但意识和形体未必是同一人。四是复苏。此说与前面诸说的差别很大。复苏其实是机体的昏厥、休克和假死现象，而不是真正的死亡。《左传·宣公八年》云"晋人获秦谍，杀诸绛市，六日而苏"，甘肃天水放马滩秦简《志怪故事》（又名《丹》）①，北京大学藏秦牍《泰原有死者》云死者复生②，都属于复苏之例。反观竹书《凡物流形》，所谓"人死复为人"，应当属于复生现象，且很可能以自然复生为主，以自力复生和他力复生为辅。

而所谓"水复于天"，若以现代科学的水循环理论来看，是指水在水天之间的不断循环。竹书之意很可能指此。一说，古人至汉代尚无水体蒸发以作为水之来源的观念，备考。

"复"是先秦的一个重要概念。郭店《老子》甲组第24号简曰："万物旁作，居以观复也。天道员员，各复其根。"③上博简《恒先》篇也很重视"复"的概念④，曰："明明天行，唯复以不废。"（简5）又曰："天道既载，唯一以犹一，唯复以犹复。"（简9）"复"是天地之所以不废不坠的原理所在。需要指出，《老子》和《恒先》言"复"多与道体相关，而《凡物流形》言"复"则主要就现象界的具体事物而言。在《凡物流形》中，"一"是生成万物的始源，在事物的循环运动中，"一"是其端始，从一到多，从多到万，从万又复返于一，这是一个连续的循环过程。

---

① 此篇出土文献的新订释文，参见姜守诚：《放马滩秦简〈志怪故事〉中的宗教信仰》，《世界宗教研究》2013年第5期。
② 李零：《北大秦牍〈泰原有死者〉简介》，《文物》2012年第6期。
③ 丁四新：《郭店楚竹书〈老子〉校注》，武汉大学出版社，2010年，第211页。
④ 孙功进：《上博楚简〈恒先〉的"复"观念探析》，《中原文化研究》2016年第2期。

第三节 "一"的修养工夫与政治功效

一、以"一"为核心的修养论

"一"是竹书《凡物流形》的核心概念，上文已经讨论了"一"在自然世界的重要作用，本节再对另一问题，即"一"在主体修养与政治生活中的地位做一讨论。

虽然竹书本身没有交代此竹书作者的身份，但是从总体上来看，竹书所谓"察一"等工夫主要是就身处高位的政治人物来说的。《凡物流形》第二章的"吾"出于设问的需要而代指设问者，具有明显的君位特征，如竹书此章云："吾欲得百姓之和，吾奚事之？"其中的"吾"是就君主而言的。第六章说："百姓之所贵唯君，君之所贵唯心，心之所贵唯一。"前两句话直接指明了"君主"的身份，君主是治理百姓的统治主体，而所谓修心的主体亦是就君主而言的。第十章说："一焉而有众，一焉而万民之利，一焉而为天地稽。"这三句话是就君主治理民众的政治功效来说的。确认君主是竹书所论述的主体，这有助于我们对一些竹书文字的理解。第四章说："察道，坐不下席；端冕，箸不与事。""端冕"，玄衣、大冠。《国语·楚语下》曰："圣王正端冕。""箸"，曹峰、丁四新释为"立"。① 更明确地说，"箸不与事"其实源自天子春

---

① 曹峰：《释〈凡物流形〉中的"箸不与事"》，简帛研究网，2011年3月9日；丁四新：《论上博楚竹书〈凡物流形〉的哲学思想》，载《北大中国文化研究》第2辑，社会科学文献出版社，2012年，第128—153页。

朝之礼。《礼记·曲礼下》曰:"天子当宁而立,诸公东面,诸侯西面,曰'朝'。"郑玄注:"诸侯春见曰朝。"① "宁",《尔雅·释宫》:"门屏之间谓之宁。" "箸"通"宁",竹书"箸(宁)"字义为"当宁而立"。《国语·周语上》:"大夫、士日恪位著,以儆其官。"韦昭注:"中廷之左右曰位,门屏之间曰著。"② "著"即"箸"字。因此,"端冕,箸(宁)不与事"是说在与臣下正式会见的场合君主对着门屏间而立。《凡物流形》第八章曰:"远之事天,近之事人。是故察道,所以修身而治邦家。""事天""事人"上下相对,"修身""治邦家"上下相推,其实践的主体仍然指君主。《礼记·礼运》曰:"故君明人则有过,养人则不足,事人则失位。"通行本《老子》第六十一章曰:"小国不过欲入事人。"这两则引文中的"事人",都与竹书同义。另外,竹书"修身而治邦家"一句与《礼记·大学》"修身齐家治国平天下"义近。不过,从通行本《老子》第五十四章来看,老子亦有修之于身、家、乡、邦、天下之说,与竹书的说法相近。

进一步,君主应当如何修身而为政呢?《凡物流形》第九章提出了"察一""得一""守一"的政治工夫论。这一章说:

> 如欲察一,仰而视之,俯而揆之,毋远求度,于身稽之。得一【而】图之,如并天下而担之;得一而思之,若并天下而治之。守

---

① (清)朱彬:《礼记训纂》,中华书局,1996年,第64页。
② 徐元诰:《国语集解》,中华书局,2002年,第33页。

一以为天地稽。

这段引文讨论了"察一""得一""守一"的工夫。其中,有三个地方需要注意。第一个需要注意的地方是,"察一""得一""守一"三者的工夫次第问题。竹书其他章节多讨论"察一"的工夫,但仅有此节还同时论及"得一"和"守一"的工夫。尽管竹书文本没有特别强调三者的逻辑关系,但是结合全文及上述引文来看,应当是"察一"在前,而"得一""守一"在后。任蜜林说:"'执一'是三者的终点,而非始点。"① "执一"应为"察一",任蜜林使用了错误释文。不仅如此,任蜜林也误解了竹书原意。"察一"在竹书中既是其工夫论的关键点,也是其起点。进一步,在"察一""得一""守一"三者中,竹书的工夫论是否存在递进关系呢?笔者认为,虽然竹书在论述这三者时没有使用递进连词来说明三者的关系,但是"察→得→守"的发生关系从逻辑上来看是十分合理、自然的。并且,竹书"察一""得一""守一"的功效也呈现出由小到大的上升态势。

第二个需要注意的地方是,"得一"的工夫。竹书从工夫层面论及"得"时皆未单独论说"得一"工夫,而是都接有后续动作。而以往的研究大多忽视了这一点。竹书第六章说"得而解之",第九章说"得一而图之"和"得一而思之","得"字后即分别有"解""图""思"三

---

① 任蜜林:《先秦道家视野下的〈凡物流形〉哲学研究》,《云南大学学报(社会科学版)》2016年第4期。

字。"解",理解。"图",思虑、谋划。"思",思索。三字意思比较接近,皆强调心灵对"一"的思考和理解。这一点使得"得一"的工夫与"察一""守一"不一样。进一步,为什么"得一"的工夫需要包含"解""图""思"的行为呢?笔者认为,这或许与竹书"得一"的生成论和本体论有关。上文已指出,在此篇竹书的自然宇宙论中,"一"是万物得以"流形成体"和成其所以的关键,于是"一"本身即存在于万事万物之中。人作为万物之一,自然需要"得一"以生,且"一"存在于己身之中。因此,如果单纯用"得一"来言其工夫,那么这不足以将其与生成论意义上的"得一"区别开来,所以竹书的工夫论需要再接"解""图""思"的行为,对"一"做积极的思考、体认和含摄。

第三个需要注意的地方是,虽然竹书在此处论述了"察一""得一""守一"三者,但是就全篇来看,"察一"的工夫才是作者论述的核心。在与工夫论相关的竹书文本中,"察"字一共出现了十三次,而"得"字只出现了三次,"守"字仅出现了一次。就三者的具体内容而言,作者仅对"察一"的工夫做了详细描述,而对其余二者则主要述及其功效。简言之,"察一"确实是竹书工夫论的核心。

二、"察一"的内外工夫

如何才能"察一"呢?换言之,什么是"察一"的工夫呢?竹书的具体工夫见于竹书《凡物流形》第五章至第九章,虽然它们的关系不明,但是从总体上看,关于"察一"的工夫应当以第九章所云为纲领。

第九章说："如欲察一，仰而视之，俯而揆之，毋远求度，于身稽之。"这是"察一"工夫的基本内容。

"察一"包括向外观察、揆度天地万物和向内求诸己身两种途径。通过揆度世间万物来获得关于世界的原理，最著名的论述莫过于《周易·系辞下》的一段文字，云："故仰则观象于天，俯则察法于地，观鸟兽之文，与地之宜，近取诸身，远取诸物，于是始作八卦。"类似的表述亦见于道家类文献，《淮南子·泰族》曰："仰取象于天，俯取度于地，中取法于人"，《文子·上礼》同，可见此类表述早已成为古人的公共知识。所引《周易·系辞下》和《凡物流形》两段文字的内容虽然一致，皆提及了远（天、地）近（身）两种来源，但是《周易·系辞下》所言之"身"似就身体部位而言。荀爽注《周易·说卦》曰："乾为首，坤为腹，震为足，巽为股也。"[①] 与此相对，竹书并未表现出对身体器官之"多"的兴趣，而是强调了与"一"相关的"心"的重要性。因此，竹书《凡物流形》此处的"身"应当指己身或身内，而与外部世界相对。这种提法与"反求诸己"有类似之处。《礼记·中庸》曰："子曰：'射有似乎君子，失诸正鹄，反求诸其身。'君子之道，辟如行远必自迩，辟如登高必自卑。"《中庸》此句与《凡物流形》第三章"登高从卑，至远从迩"亦相关。因此，对于竹书此处的"身"，我们应当如《中庸》一样做内在性的理解。相对于外求来说，内求更为关键，在"察一"工夫中处于更重要的地位。

---

① （唐）李鼎祚：《周易集解》，中华书局，2016年，第451页。

进一步，如何"于身稽之"呢？我们认为，竹书第五章的"胜心"和第六章的"心贵一"便是内求于身的工夫。第五章曰："心不胜心，大乱乃作；心如能胜心，是谓小彻。""心能胜心"即认为同一主体内部存在两种不同的心，作者主张以一方克胜另一方。竹书两种心的提法亦见于《管子·内业》篇，是篇曰："心以藏心，心之中又有心焉。"由此可以追问此心如何克胜彼心的问题。竹书第六章曰："君之所贵唯心，心之所贵唯一。"两心达到"一"的状态，即为所谓"心能胜心"。

"察一""胜心""贵一"等都是一些较为抽象的说法，不过这几种工夫在人的外在行为上如何具体体现出来呢？竹书第五章说："能寡言乎？能一乎？夫此之谓小成。""寡言"的"言"指人君的言命。"寡言"是一种工夫，即通过言命的减损而由"多"达到"一"的境界。《老子》一书存在大量对"言"的否定性表述，如通行本第二章曰："圣人处无为之事，行不言之教。"第二十三章曰："希言自然。"第五十六章曰："知者不言，言者不知。"不过，竹书《凡物流形》在此仅云少发言论，而未曾言及"无为"概念。

总之，竹书的"察一"工夫论可以分为外求与内求两个方面，且以内求为核心。外求即观察揆度外部世界，内求即向其自身求之。具体说来，内求又有"心胜心"和"心贵一"两种心论工夫。

三、"一"的境界与功效：修身而治邦家

《凡物流形》第八章曰："察道，所以修身而治邦家。""修身"和

"治邦家"是"察一"或"察道"的两个功效。虽然此处简文仅就"察道"发论，但是考虑到此一内外境界与功效已经能够包含各种"神异"，故可统称为"一"的功效。进一步，竹书的"修身""治邦家"是否有次第、大小之别呢？所谓次第，指在工夫上修身先于治邦家，治邦家应当以修身为前提。所谓大小，指功效上的大小，修身之功效小于治邦家之功效。从逻辑上来看，这是可能的，但是从竹书文本来看，修身和治邦家都是"察道"的结果，是并列关系，竹书似乎没有有意区别其次第、大小。不过，从先秦道家来看，治身与治天下属于内外关系，二者是相辅相成的。从一定意义上来说，道家更强调治身的重要性，杨朱、庄子学派都坚持此义，如《庄子·让王》说："道之真以治身，其绪余以为国家，其土苴以治天下。由此观之，帝王之功，圣人之余事也，非所以完身养生也。"

《凡物流形》关于主体修养境界及其功效内容的文字见于第五章和第七章。第五章曰：

> 心如能胜心，是谓小彻。奚谓小彻？人白为察。奚以知其白？终身自若。能寡言乎？能一乎？夫此之谓小成。

上述引文提到"人白为察""小彻""小成"三种境界。首先，"人白为察"是境界还是工夫？从引文看，"人白"指人心灵的纯白，心白是"小彻"的"察道"境界。此一"白"字，不作动词用。另外，从"终身自若"来看，竹书认为人君修养需要长久保持"人白"状态，因此笔者认为此"人白为察"属于境界。"白",清也,洁也,古书习见。赵涵等人已对"白"的内涵做了很全面的考察。①上博简《彭祖》篇曰:"心白身怿。"(简6)《庄子·天地》曰:"机心存于胸中,则纯白不备,纯白不备,则神生不定。""白"指内心意念洁净和安宁。《庄子·人间世》曰:"虚室生白,吉祥止止。"陆德明《经典释文》引司马彪云:"室比喻心,心能空虚,则纯白独生也。"②道家言"白",多与"虚"相关,《说苑·臣术》所谓"虚心白意"即此义。

另外,本章简文涉及"小彻"和"小成"两个概念。学者对于这两个词的解释众多。"小",竹书原写作"少",目前看来此字应以读为"小"字为是。"小成"已见于《礼记·学记》《庄子·齐物论》《周易·系辞上》等篇。"小彻""小成"主要就个体的修身而言,不涉及竹书更强调的政治功效,故谓之"小"。其中,"能一"的"小成"又比"小彻"更进一步,于道体之"一"上有所体认。

第七章亦言"修身"的功用,云:

> 闻之曰:至精而智,察智而神,察神而同,〖察同〗而金(敛),察金(敛)而困,察困而复。是故陈为新,人死复为人,水复于天。咸〈凡〉百物不死如月,出则又入,终则又始,至则又反。察此焉,起于一端。

---

① 赵涵:《帛书〈二三子问〉"精白"思想与儒家工夫论》,《周易研究》2017年第6期。
② (唐)陆德明:《经典释文》,上海古籍出版社,2013年,第552页。

"佥",读为"敛",收敛。此字也可以读如字,多也,众也。"困",极也。《国语·越语下》曰:"日困而还,月盈而匡。"此段简文大意是说,达到至精而明智的状态,即可以通过"察"的工夫,并推至其极,而达到"复其初"和"复为人"的神妙功用。

关于治邦家的功用,竹书的论述众多。《凡物流形》曰:

闻之曰:察道,坐不下席;端冕,箸不与事。之〈先〉知四海,至听千里,达见百里。是故圣人处于其所,邦家之危安存亡、贼盗之作,可先知。(第四章)

上宾于天,下蟠于渊。坐而思之,谋于千里;起而用之,通于四海。(第六章)

得一【而】图之,如并天下而抯之;得一而思之,若并天下而治之。守一以为天地稽。(第九章)

一焉而终不穷,一焉而有众,一焉而万民之利,一焉而为天地稽。握之不盈握,敷之无所容。大之以知天下,小之以治邦。(第十章)

治邦家的功用大致包括"知"与"治"两个方面。所谓"知",就是竹书第四章与第六章所说的不出门,人君便可预知和治理天下。所谓"治",就政治境界言,有众、利民和大治邦家即为"治"。如此,君主便可以成为天下人的楷式(楷模),与通行本《老子》第二十二章所云"圣人抱一为天下式"一致。另外,竹书还有"无【目】而知名,无耳而闻声"和"百物不失"两语,它们也是就境界与功效来说的。

虽然我们可以从身、国两个角度将竹书所说"一"的功效与境界相应地分为两大部分,但是从总体来看,竹书所论的功效与境界尚未形成严密的系统。在不同章节中,竹书对相同功效的描述重复出现,如"为天地稽",既出现在第九章中,又出现在第十章中。又比如第四章言"察道,坐不下席……可先知",第六章云"得而解之,上宾于天,下蟠于渊。坐而思之,谋于千里;起而用之,通于四海",这里重复描述了超越感官的神异境界。

第四节 《凡物流形》与《老子》的关系及其思想来源和性质

一、《凡物流形》与《老子》的关系

关于《凡物流形》的著作年代,学界一般认为它是战国时期的作品,并认为竹书的"一生两"等思想受到了《老子》的影响。但是,正如上文所云,此篇竹书的"一"有其特殊性,与《老子》的"道"存在张力。

考察古书,可知"一"是早期道家思想的一个重要概念。就数字来看,郭店《老子》仅有"而王居一焉"的"一"字,通行本《老子》"载营魄抱一""得一""道生一,一生二"等"一"字却没有在郭店《老子》中出现。竹书《凡物流形》的"一"字多见,且非常重要,给学者以许多暗示和启示。日本学者谷中信一先生即据此认为:"'一'之思想先

行,后来'道'之思想与'一'之思想逐渐结合了起来。"并认为《老子》"一"的思想是吸收了《凡物流形》等文本的结果。① 通行本《老子》第四十二章说"道生一","一"次于"道",这与《老子》其他章段将"一"作为本体的用法相矛盾。据此,任蜜林认为竹书《凡物流形》直接以"一"为生成论的起点,这在思想上更具有一致性。他引李存山的观点认为:"'道生一'的思想应该是后来加进去的。"②

如上两位学者都认为竹书《凡物流形》对形成中的《老子》文本产生了影响。对此,美国学者方岚生做了更为详细的论证。③ 方氏同样认为通行本《老子》对于"一"的用法存在矛盾,并据此认为《老子》存在多位作者的可能。为此,他提出了三条证据:其一是上文所指出的,《凡物流形》仅言"一生两"而不言"道生一";其二是《凡物流形》仅言"知其白",而通行本《老子》言"知其白,守其黑",强调从"白"的反面来做思考;其三是《凡物流形》对于"一"的言说是可感的,即所谓"咀之有味,嗅【之有嗅】,鼓之有声,近之可见,操之可操"(简19),而通行本《老子》第三十五章则正相反,否认"道"的可感性,云:"道之出口,淡乎其无味,视之不足见,听之不足闻。"另外,《老子》第四十七章"不出户知天下,不窥牖见天道",与竹书《凡物流形》

---

① [日] 谷中信一:《先秦秦汉思想史研究》,孙佩霞译,上海古籍出版社,2015 年,第 145 页。
② 任蜜林:《先秦道家视野下的〈凡物流形〉哲学研究》,《云南大学学报(社会科学版)》2016 年第 4 期。
③ [美] 方岚生:《〈凡物流形〉与〈老子〉中的"一"》(*Fanwu liuxing* and the "One" in the *Laozi*),《早期中国》(*Early China*) 总第 38 期,2015 年。

近似，方氏据此认为，这可能是《老子》借用了《凡物流形》。①

在论证上，方氏有所突破，不再局限于郭店《老子》没有"道生一"这一条证据。他以《老子》与《凡物流形》有几处文本相近但其思想正相反为依据，认为或者是《凡物流形》的作者看到了《老子》，然后刻意去违背，或者是《老子》在其流传过程中被其传抄者刻意添加了反驳《凡物流形》的段落，而后者更符合思想发生的一般规律。从表面上看，方氏的论证似乎很有道理。但是，笔者认为，方氏的观点和论证存在以下一些问题：其一，郭店《老子》已经有了对道的反面性表述，"淡呵其无味也，视之不足见，听之不足闻"三句已见于丙组第5号简。而且，众所周知，对"道"的反面性表述是《老子》思想的一个基本特征，这在郭店本中也得到了充分体现。如果认为《凡物流形》对郭店《老子》产生了影响，而《老子》的一些反面性表述是对于《凡物流形》的驳正，那么我们就必须把《凡物流形》的著作年代上推到战国早期，甚至春秋时期，但是这样一来就与《凡物流形》所呈现出来的思想复杂性不相一致，同时如此推论也缺乏其他坚实的证据。其二，高妙的思想在后世被断章取义、截取使用的情况并不罕见，完全可能存在《凡物流形》作者知道《老子》反面表述但他仍然使用正面表述的实际例子。这种情况在先秦"断章取义"的引诗、赋诗传统中十分常见。这是人们阐述自己思想时常有的情况，不足以作为根本证据。其三，方氏所说"知

---

① 需要指出，方氏此说可能有误，其实郭店《老子》甲组已使用了"天道"一词，第24号简即曰："天道员员，各复其根。"

其白"与"道"是否可感的两段文字，在《凡物流形》和在《老子》中的语境并不相同，并不一定是对另一文本的刻意反驳，此点在上文已做说明。

由于早期《老子》文本一直处于变动之中，故《凡物流形》的某些思想以正面或反面的方式影响或进入《老子》文本，这是可能的。在此点上，谷中信一的推断或许是对的。作为一个重"一"的文本，《凡物流形》在一定程度上弥补了郭店《老子》缺乏论"一"的窘境。不过，我们目前还没有充分证据能够证明《凡物流形》的文本一定对通行本《老子》，甚至对郭店《老子》产生了确切的文本影响。而根据笔者等人的考证，五千余言的《老子》文本其实在战国中期以前已经存在了。①因此，为谨慎起见，笔者认为《凡物流形》的部分思想与文本仍应当来源于《老子》。

二、《凡物流形》的思想来源和性质

《凡物流形》以"闻之曰"的方式指明了此篇竹书的大量思想来源于前人，因此在简文中我们可以发现大量与传世古籍或出土文献相似的文句。这些文句的来源可能非常复杂，如"修身而治邦家"与《礼记·大学》"身修而后家齐，家齐而后国治"相近，"登高从卑，至远从迩"与《礼记·中庸》"辟如行远必自迩，辟如登高必自卑"相近，"凡物流形"与《乾卦·象传》"品物流形"相近，"十围之木，其始生如蘖。足将至

---

① 丁四新：《郭店楚墓竹简思想研究》，东方出版社，2000年，第39页。

千里,必从寸始"与《老子》"合抱之木生于毫末,九层之台起于累土,千里之行始于足下"相近,"上宾于天,下蟠于渊"与《管子·内业》"上察于天,下极于地,蟠满九州"、《庄子·刻意》"上际于天,下蟠于地"、《礼记·乐记》"极乎天而蟠乎地"相近。此外,竹书还有一些语句与《尚书》相近(参见整理者曹锦炎先生的注释)。上面所举诸例或早于或晚于《凡物流形》的写作,但它们反映出此篇竹书的文本来源很广泛,也很复杂。此外,杨奉联认为疑问代词"奚"主要源自齐鲁地区,而竹书频繁使用此字,似乎暗示了竹书的部分思想可能源自齐鲁。①

由于文本来源的复杂性,故个别学者主张竹书《凡物流形》是儒道思想融合的结果,或者干脆认为是儒家著作。②但是,综合《凡物流形》的文本与思想来看,竹书显然是一篇典型的道家著作,这是目前学界的主流意见,而且有关学者已做了比较充分的论证。此篇竹书存在一些看起来似乎不一定属于道家的东西,可以被理解为具有公共性质的格言知识,或是对其他学派文本的借鉴吸收。简言之,《凡物流形》关注世界的本体以及宇宙万物的生成,它以本体之"一"("道")为核心论述了其修养论,并呈现出比较浓厚的道家色彩。同时,竹书与通行本《老子》在文本与思想上具有一致性,体现出老学对于此篇竹书的深刻

---

① 杨奉联:《疑问代词"奚"源自齐鲁说——兼谈上博简〈凡物流形〉"问物"的文本来源》,《新疆大学学报(哲学·人文社会科学版)》2017年第6期。

② 儒道说,见[韩]李承律:《〈凡物流形〉及其对"一"的思想讨论》(The Fanwu liuxing and Its Intellectual Discussion about the One),《中国哲学杂志》(Journal of Chinese Philosophy) 2016年第1-2册;儒家说,见秦桦林:《从楚简〈凡物流形〉看〈彖传〉的成书年代》,《周易研究》2009年第5期。

影响。

目前，学界的一个主要争议点是，竹书《凡物流形》是否属于黄老学派的著作。主张其为黄老学派著作的学者主要有王中江和曹峰两位。王中江以"一"为依据，认为竹书是黄老学派文献，认为此篇竹书"也许是处在黄老学发展的早期阶段"。① 曹峰则从"广义的思想主旨"断定此篇竹书为黄老文献。② 不主张将《凡物流形》划入黄老学派著作的学者有丁四新、任蜜林等人。丁四新指出，竹书"论'道'的地位接近于老庄的看法，而与《成法》不同"。③ 任蜜林认为，竹书并无融合墨家、阴阳家思想，且不具备黄老的"法"这一明显特质。④

笔者认为，"一"虽然是黄老学的核心概念之一，"守一"等工夫也受到帛书《十六经·成法》作者的推崇，但是仅凭是否有"一"概念，我们还不足以推定其为黄老著作。五千余言的《老子》便强调了作为本体的"一"以及强调了"抱一"的工夫。同时，"一"的工夫在战国中后期被诸家广泛使用。《荀子·尧问》曰："执一无失，行微无怠，忠信无倦，而天下自来。"《韩非子·扬权》曰："用一之道，以名为首。名正物定，名倚物徙。故圣人执一以静。"竹书《凡物流形》虽然在道论

---

① 王中江：《〈凡物流形〉的"贵君"、"贵心"和"贵一"》，《清华大学学报（哲学社会科学版）》2010年第1期。
② 曹峰：《关于黄老道家的一些新认识》，《诸子学刊》2015年第2期。
③ 丁四新：《论上博楚竹书〈凡物流形〉的哲学思想》，载《北大中国文化研究》第2辑，社会科学文献出版社，2012年，第128-153页。
④ 任蜜林：《先秦道家视野下的〈凡物流形〉哲学研究》，《云南大学学报（社会科学版）》2016年第4期。

层面及其部分修养工夫上与黄老学一致,但是无只言片语提及法治——这是黄老学的主要内容之一。

总之,笔者认为,竹书《凡物流形》属于道家著作,并很可能受到了《老子》的影响。但是,它是否属于黄老著作,这是一个目前难以回答的问题。

第五节　小结

综上所论,笔者认为,楚竹书《凡物流形》的前三章分别就宇宙本体、人事鬼神和自然现象设问,后七章以"一"为关键概念回答了前三章的问题。

"一"贯通于形而上、形而下和宇宙、人事之中。"一"是生成万物的本根及其存在的依据,"流形成体"是主要的生成方式。竹书所描述的宇宙自然世界具有一定的循环论色彩,但其侧重点在于"复初"。

就修身治国而言,竹书以君主、圣人为论述对象,"察一""得一""守一"是三种连续的工夫,具有修身和治理邦国家邑的重要功效。其中,"察一"是重点和关键,由此作者阐述了外求与内求的两种途径,并以内求的心论为关键。

《凡物流形》与许多传世文献、出土材料有相似之处,受到了《老子》的影响,属于道家著作,但它不具有典型的黄老特征,应当不属于黄老学派的作品。

第五章　本体之道的论说：马王堆帛书《道原》的哲学思想

　　帛书《道原》是马王堆帛书《老子》乙本卷前四篇古佚书之一。[①]这四篇古佚书，学者或称"黄老帛书"，或称"黄帝四经"，或以为"道法家"的著作。[②]而帛书《道原》由于自身思想的深刻及其与《淮南子·原道》《文子·道原》篇的紧密关系[③]，自释文发表以来，一直受到学者或多或少的关注。上博楚竹书《恒先》篇的释文发表后，学者发

---

①　1973年12月，长沙马王堆3号汉墓出土了大批帛书。该墓的下葬年代是汉文帝前元十二年（前168），帛书《老子》乙本及其卷前古佚书的抄写年代，可能在文帝时期，即公元前179—前169年。参见国家文物局古文献研究室编：《马王堆汉墓帛书（壹）》，"出版说明"，文物出版社，1980年。

②　大多数学者根据司马谈《论六家要旨》的论述，认为此四篇古佚书可以泛称为"黄老帛书"。唐兰认为，它们"就是《汉书·艺文志》里的《黄帝四经》四篇"。陈鼓应、余明光和白奚等学者从之。裘锡圭则认为，它们是"道法家"的著作。参见唐兰：《马王堆出土〈老子〉乙本卷前古佚书的研究——兼论其与汉初儒法斗争的关系》，载马王堆汉墓帛书整理小组编：《经法》，文物出版社，1976年，第150页。裘锡圭：《马王堆〈老子〉甲乙本卷前后佚书与"道法家"——兼论〈心术上〉〈白心〉为慎到田骈学派作品》，载氏著：《文史丛稿》，上海远东出版社，1996年。除此之外，这四篇帛书就地域来看，有楚道家说和稷下道家说的分别。参见丁原明：《战国南方黄老学的思想》，载氏著：《黄老学论纲》第二章，山东大学出版社，1997年；白奚：《稷下学研究》第六章《稷下的主流学派黄老之学》，三联书店，1998年。

③　就篇题和内容而言，《鹖冠子·道端》《新语·道基》文字亦有相似之处。

现,无论在思想上还是在文本上它都与帛书《道原》有一些关联,因此这两篇简帛书受到了学者更高的关注。不过,从总体上看,这两篇简帛书在其所论述的概念体系及其所思考的核心问题上都有较大不同。本章关注帛书《道原》篇,着重申述和讨论其本体论的思想意涵。

第一节 何谓"道原"

大凡读过马王堆帛书《道原》篇的学者,心中都会存在如下疑问:这篇帛书所论述的中心内容是什么?它是如何论述这一中心内容的?

一、"道原"释义

何谓"道原"?帛书《道原》的释文发表以后,人们很快联想到它与《淮南子·原道》《文子·道原》的关系。

《淮南子·原道》的篇名题作"原道",与帛书和《文子》题作"道原"不同。从字面看,此不同表现为字序颠倒。高诱注:"原,本也。本道根真,包裹天地,以历万物,故曰原道,因以题篇。"[①]高诱说"原"就是"本","原道"一词为偏正结构,义为"本原之道",本篇即着重讲述了"道"本身的存在性问题。"原",从高诱注来看,不是动词,但是按照《淮南子·要略》篇的论述来看,它正是作动词用的,是

[①] 何宁:《淮南子集释》,中华书局,1998年,第1页。

推寻本原之义。①《淮南子·要略》篇论及《淮南子·原道》要旨时说："《原道》者，卢牟（犹规模也）六合，混沌万物，象太一之容（太一之容，北极之气合为一体也），测窈冥之深，以翔虚无之轸（轸，道畛也）。託小以苞大，守约以治广，使人知先后之祸福，动静之利害。诚通其志，浩然可以大观矣。欲一言而悟，则尊天而保真；欲再言而通，则贱物而贵身；欲参言而究，则外物而返情。执其大指，以内洽五脏，瀸濇肌肤，被服法则，而与之终身，所以应待万方，览耦百变也，若转丸掌中，足以自乐也。"②从这段话来看，《淮南子·原道》主要讲了三个方面的内容。第一，对道之本体做了论述。在《淮南子·要略》作者看来，《淮南子·原道》透过"六合"和万物而看到了"合为一体"的"太一"之气。这个一体的太一之气，与具体、可见的事物完全不同，它是"窈冥"难测、"虚无"不可见的本原之道。在本原之道的基础之上，《淮南子·原道》开展出第二、第三重意义的道来。第二重意义的道，是指治国立身之道。第三重意义的道，是指保真养生之道。简单说来，贯通这三重意义之道的根本特性就是"一"与"虚无"：有此特性，则谓之道；无此特性，则不可谓之道。毫无疑问，"原道"不是着重讲论现象界的事物及其规律，而是为了论述本体之道。这样看来，无论是

---

① 关于"原"字义的考察，可参见朱骏声、丁原植、荆雨的相关论说。（清）朱骏声编著：《说文通训定声·乾部》第十四，中华书局，1984年，第728页。丁原植：《文子新论》，万卷楼图书有限公司，1999年，第265页。荆雨：《帛书〈黄帝四经〉政治哲学思想研究》，武汉大学博士学位论文，2004年，第10页。

② 何宁：《淮南子集释》，中华书局，1998年，第1439-1440页。

用"道原"(追问道的本原是什么)还是用"原道"(追问本原之道是什么)的篇名,其内涵和意义其实是一样的,从根本上来说不是对道做宇宙论上的关注,而是对其做本体论上的思考。

默希子(即唐人徐灵府)在解释《文子·道原》的篇题时说:"且物之为贵,莫先于人,然不能定心猿而朗照,裂爱网于通津,遂使性随物迁,生与物化。至人哀之,故述大道之原,特标众篇之首,俾寻原以阶道,方触事而即真,岂不有以者哉!"①从这段解题语来看,所谓"道原"就是"道之本原"的意思。通过对道之"原"的寻找,且以此"原"为阶梯,人们就可以进一步知道何谓真正的道了。如此,"原"和"道"具有本质关系或具有同一性:"原"即道的本原。从其内容来看,《文子·道原》正是着重论述道的本原状态或道的本原特性的。也就是说,这篇传世文献所着重论述和回答的是"道本身是什么"的问题。因而《文子·道原》所面对的是一个本体论(ontology)的问题,而不是一个宇宙论(cosmology)或宇宙生成论(cosmogony)的问题。

帛书《道原》的篇题与《文子·道原》一致,而且在内容上这两篇文献的关系密切,因此这两篇文献的篇题在意义上应该是一样的。李学勤先生曾论及此篇帛书和《文子·道原》的关系,他说:"仔细看来,帛书《道原》的内涵和思想,上承《老子》,下启《文子》《淮南》,且有其学术流派的特色。"又说:"帛书《道原》尽管不到五百个字,实际

---

① 王利器:《文子疏义》,中华书局,2000年,第1页。

上是确立了《文子·道原》第一段的构架。"① 李先生的论断十分中肯。而 1976 年出版的《经法》一书，对帛书《道原》内容的概括也颇为准确："本书论述道的性质及如何掌握和运用它。《文子》也有《道原》篇，《淮南子》作《原道》。"② 帛书整理者所云不但指明了帛书《道原》与《文子·道原》《淮南子·原道》的关系，而且可将其内容分解为两个大的部分：其一论述"道的性质"，其二论述"如何掌握和运用它"。而对于道的性质的论述，也就是回答道是什么的问题，它不属于宇宙论的思考。此篇帛书题名为"道原"，其意义正在于此。

二、道原与本体、本根

傅伟勋曾经将老子之道的内涵概括为六个层面：(1) 道体 (Tao as Reality)；(2) 道原 (Tao as Origin)；(3) 道理 (Tao as Principle)；(4) 道用 (Tao as Function)；(5) 道德 (Tao as Virtue)；(6) 道术 (Tao as Technique)。③ 傅先生的概括和分类，缜密而系统。就先秦道家而言，此概括和分类并无讹错。但是，在论述上举三篇文献的"道原"或"原道"概念时，我们不能以傅先生所说的 Tao as Origin (道原) 一词来理解之。Tao as Origin 即作为根源的道，相对于由之而生成的天地万物而

---

① 上引两段文字，参见李学勤：《帛书〈道原〉研究》，见氏著：《古文献丛论》，上海远东出版社，1996 年，第 162-163 页。
② 马王堆汉墓帛书整理小组编：《经法》，文物出版社，1976 年，第 103 页。1980 年版《马王堆汉墓帛书（壹）》已将所有解题之语悉数删除。
③ 傅伟勋：《从西方哲学到禅佛教》，三联书店，1989 年，第 384-385 页。

言,它与作为本体的道是有所区别的。一般,在老庄哲学中,本体之道兼具本根含义,而当本根不独立于本体之外且是为了论说本体之特性时,我们就应当推断相关文字即是对道之本体论的言说。关于本体与本根的关系,傅伟勋在解释通行本《老子》第四十二章文本时有一段话非常精彩,云:

> 无论如何,不可道不可名的"道体"对老子首先彰显之为"道原"……"道生一,一生二,二生三,三生万物"(四十二章)等语,皆指涉"道原"之义。问题是在:老子"生"字究指何义?是指宇宙论意义的始源或造物者(the cosmological origin or the creator),抑指本体论意义的本根或根据(the ontological root or ground)?就表面结构言,似指前者;就深层结构言,则似又指谓后者。①

傅先生的这个判断是正确的,他看到了老子之道兼融本体与本根的双重特性。而帛书《道原》的论道,则更进一层:在帛书中,所有关于本根的论述,正是为了论说本体,且表达本体之内涵的。或者说,"本根"的概念即消解在"本体"的概念之中。荆雨博士说:"总之,无论帛书作者以何意来规约'道原',但他总是面对着'道'所可能具有的存在态势的情景,面对着'道究竟是什么'的问题……以'道原'作为篇名,一方面表示出对于'道'作为始源的追问,另一方面表示出,并

---

① 傅伟勋:《从西方哲学到禅佛教》,三联书店,1989年,第387页。

非对道作为一物的追问，而是对道的原本存在状态的探问与展示。"① 这段话试图解决"道原"之义是什么的问题，但是在笔者看来，这段话尚未最终透过今人各种解义的纠缠，进入本体与本根的关系之中来理解此概念的含义和帛书《道原》的思想实质。

顺便指出，关于中国古代的宇宙论，西方汉学家有很多、很好的意见，有助于我们厘清这一概念的含义。牟复礼（Frederick W. Mote）曾指出，"宇宙论"（cosmology）就是把世界（the world）或宇宙（the cosmos）是什么的问题理论化（to conceptualize），而"宇宙生成论"（cosmogony）则是对宇宙何以形成问题的一种解释。宇宙论和宇宙生成论，从原始神话最终演化成了现代物理学。比起我们已知的神话和宗教体系来说，中国古代的宇宙论和宇宙生成论更靠近于现代物理学提供的解释。② 他和杜维明（Weiming Tu）先生一样，认为真正的中国宇宙生成论是一种自发地自生的生命过程（one spontaneously self-generating life process），具有连续（continuity）、整体（wholeness）和有机（dynamism）三大特性。③ 从这些解释来看，帛书《道原》和《文

---

① 荆雨：《帛书〈黄帝四经〉政治哲学思想研究》，武汉大学博士学位论文，2004年，第11页。
② 牟复礼：《中国思想之渊源》（*Intellectual Foundations of China*），诺普夫出版社，1989年，第15页。
③ 牟复礼：《中国思想之渊源》，诺普夫出版社，1989年，第15页。亦见杜维明：《存有的连续性——自然的中国视域》（The Continuity of Being: Chinese Visions of Nature），载氏著：《儒家思想——作为创造转化的自我》（*Confucian Thought: Selfhood as Creative Transformation*），纽约州立大学出版社，1985年，第35-38页。另外，李约瑟也有相近的观点，参见李约瑟（Joseph Needham）等：《中国的科学和文明》（*Science and Civilization in China*）第2卷，剑桥大学出版社，1954年，第287页。

子·道原》《淮南子·原道》对"何谓道"的追问,都不属于所谓宇宙论式的。

第二节 本根之道的消解和本体之道的内涵

一、本体之道

道是本体,对此帛书《道原》有非常深入的论述。帛书《道原》首章曰:

> 恒无之初,迵(洞)同大(太)虚。虚同为一,恒一而止。湿湿〈混混〉梦梦,未有明晦。神微周盈,精静不熙。古未有以(似),万物莫以(似)。古(故)无有形,大迵(洞)无名。

"无",李学勤先生释为"先",并说"恒先之初"即《老子》"先天地生"之义。余明光、丁原植、李零等从之。[①]疑诸说皆非。《恒先》首句云"恒先无有",即包含"恒先"和"无有"两个义项在内;而且,将"恒无"释为"恒先",则"先"与"初"重复。因此,我们仍以释读为"恒无之初"为当。"迵"读作"洞","洞,通也"[②],亦有"空无"

[①] 李学勤:《古文献丛论》,上海远东出版社,1996年,第163页;余明光:《黄帝四经今注今译》,岳麓书社,1993年,第203页;丁原植:《文子新论》,万卷楼图书有限公司,1999年,第274页;李零释文注释:《亘先》,载马承源主编:《上海博物馆藏战国楚竹书(三)》,上海古籍出版社,2003年,第287页。

[②] 饶宗颐:《楚帛书与〈道原篇〉》,载陈鼓应主编:《道家文化研究》第3辑,上海古籍出版社,1993年,第257页。

之义。"湿湿",李学勤说:"文中'湿'疑为'混'字之误,'梦梦'犹云'茫茫',《庄子·缮性》崔注:'混混茫茫,未分时也。'"① 李说可从,"湿湿"当为"混混"之误,二字形近。

从上述引文看,"道原"之"原"字特别强调道的本体意义。在帛书的作者看来,道是无形无名的,是形而上的;而如果一旦有形有名,则属于天地万物,属于形而下者。从无形无名的角度来看,道是纯粹虚无的,没有丝毫的形迹可言。帛书用"恒无之初,迥(洞)同大(太)虚"一语阐明了本体之道的空无特性,此八字足矣尽矣。然而,当这篇佚书的作者说道是极致的虚无时,这并不意味着作为本体之道自身不是真实实在的。与现象(万物)相对的本体之道,在帛书作者的思想世界中是真实存有的。无论人们对本体之道如何地"虚化"和"无化",从究竟义来说,本体之道是不可消解的。通行本《老子》第二十一章云:"窈兮冥兮,其中有精;其精甚真,其中有信。"老子以"一""精""真""信"来说明道的实在性,帛书则以"虚同为一,恒一而止"和"神微周盈,精静不熙"等语,在阐明了本体的本质特性的同时表明了本体的真实性。所谓"恒无"与"恒一"、"太虚"与"精静"的对立统一,就是本体之道("道原")的根本特性。这种对立统一,也是"有"和"无"在本体之道中的绝对统一。或者说,在本体之中,"有"即"无","无"即"有"。当然,帛书《道原》的作者并没有直接反思到这一点。对本体的有、无关系,直接反思到此思想深度的诸子乃

---

① 李学勤:《古文献丛论》,上海远东出版社,1996年,第163页。

是庄子学派。庄子后学不仅以"无"对"有"展开了反思，而且以"无无"对"无"展开了反思，提出了"无有"的概念：在"无有"这一概念里，本体既是无又是有。"无有"，最先见于通行本《老子》第四十三章，《庄子·庚桑楚》《庄子·知北游》《庄子·天地》等篇对它做了更深入的论述，从而演变成了道家哲学的一个重要概念。《庄子·大宗师》曰："孰能以无为首，以生为脊，以死为尻，孰知死生存亡之一体者，吾与之友矣。"《庄子·庚桑楚》曰："有乎生，有乎死；有乎出，有乎入。入出而无见其形，是谓天门。天门者，无有也。万物出乎无有。有不能以有为有，必出乎无有。……既而有生，生俄而死。以无有为首，以生为体，以死为尻。"比较这两段文字，可知《庄子·庚桑楚》的论述在《庄子·大宗师》的基础上推进了一步。《庄子·大宗师》以"无"对"有"展开了反思，提出了有无一体的观念；而《庄子·庚桑楚》则对"有""无"二者皆展开了反思，发明出"无有"的概念。"有"（一般性之有），如果不能以有形有名之有（具体之有）为有（存有论之有），那么"有"的存有论的根源到底在哪里呢？《庄子·庚桑楚》回答说："必出乎无有。"何谓"无有"？《庄子·知北游》说："光曜问乎无有曰：'夫子有乎，其无有乎？'〖无有弗应也。〗[①] 光曜不得问，而孰（熟）视其状貌，窅然空然，终日视之而不见，听之而不闻，搏之而不得也。光曜曰：'至矣！其孰能至此乎？予能无有矣，而未能无无也。及为无有矣，何从至此哉？'"由以上引文可知，"无有"这一概念，

---

① 此句，今本《庄子·知北游》篇无，当据《淮南子·道应》篇补入。

确实是在对本根的"无"进行更深沉的思考时由庄子学派反思出来的。"无有",既是"无",又是"有"。而帛书《道原》的作者,无疑从形名的角度认识到了道只能是虚无,而虚无之极即是精一恒常的道体自身。由此而言,本体自身(作为其自身的"道")当然不具备只有现象界才具有的特征,譬如明晦、形名等现象,它们都不是形而上的本体所应当具有的。

帛书"古未有以,万物莫以"的两"以"字,当读为"似"。"古",当读如字,不读为"故"。这句话是说,极古之时未有与本体之道相似者,万物(或万物之中任何一物)也没有与之相似者。本体之道是"独",是无对者,是绝对;它没有形名可察、可指、可言,所以帛书云"古未有似,万物莫似"。如若将其中的"以"字读如字,这句话的意思就是:古未有用之,万物也没有用之(以生以成)。这在笔者看来,很可能是一个误解。因为此种理解,首先设定存在一个处于绝对无用的本根阶段,然后才是本根之道发挥其作用,衍生和化育万物,万物用道而得之的派生阶段。此种两阶段论的理解,无疑来源于根深蒂固的宇宙生成论思维模式,着重将"道"理解为生成论意义上的本根。但是,从原文来看,我们没有足够的根据可以证明这篇佚书是在对"道"做宇宙生成论式的思考。帛书《道原》说:"天弗能覆,地弗能载。小以成小,大以成大。盈四海之内,又包其外。在阴不腐,在阳不焦。"又说:"是故上道高而不可察也,深而不可测也。显明弗能为名,广大弗能为形,独立不耦,万物莫之能令。"这两段话,很显然是在讲论本体之道。这两段话极言道的广大无边，看起来与此篇帛书首章的论述自相矛盾，但其实帛书说它"一度不变""独立不耦"，显然将所谓看似广大无边的道仍然当作本体之道自身来看待。《庄子·知北游》言道"在瓦甓""在屎溺"，又说其具有周、遍、咸的三重特性，这些语句都是为了阐明道的本体特征。无论如何，仅仅用宇宙论的思维方式，我们无法理解这篇帛书的思想实质及其特质。因此对于这篇佚书前半部分文字，我们只能以本体论的思维方式来做理解。由此看来，上述引文中的"以"字，应以读"似"字为当。而"古未有似，万物莫似"之语，亦与帛书《十六经·前道》篇"道有原而无端"正相合，"道"是"本原"的存在，而不是所谓端芽或端初（sprouts/beginnings）意义上的本根之物。

二、本体之道的特性：一、虚、无为、和

关于本体之道的内在特性，帛书《道原》说：

> 一者，其号也；虚，其舍也；无为，其素也；和，其用也。

"一""虚""无为""和"四者①，常常被学者看作在得道层面上的圣人素质（品质），但其实这是误解。胡家聪又立一说，他虽然认为"这

---

① 萧汉明认为"一""虚""无为""和"是道在现象世界的一般特征。对此，他有比较详细的论述。拙见认为，"一""虚""无为""和"恰恰是本体之道的四个基本特性。参见萧汉明：《马王堆四篇古佚书与黄老思潮》，载丁四新主编：《楚地出土简帛文献思想研究（一）》，湖北教育出版社，2002年，第359-362页。

四句有纲要性质",但是认为这四句所在的整段文字"是讲天地万物化生以后'道'的性状"。① 很显然,胡家聪强调了帛书《道原》在宇宙论或宇宙生成论意义上的道,而没有意识到此篇帛书这种意义上的道仍然属于本体论的演说,其目的是为论说道之本体特性服务的。其中的关键,就是辨清"本体"与"本根"、"体"与"用"的关系。帛书《道原》明确指出,它们正是本体之道所具有的四种本质特性。关于"一",《老子》《庄子》《管子·心术》等书篇都有深入的论述。② "一"与"多"相对,在哲学上指明了千差万别的事物的统一性,包括根源性和同一性。就根源性而言,"道"常常表现为宇宙生成论的概念;就同一性而言,"道"常常表现为本体论的概念。二者之间的关系,在先秦思想领域颇为复杂。在帛书《道原》篇中,"一"既是"道原"之"一",又是"恒一"之"一":"一"着重指明的是万物的同一性,是"道"的名号,因而它无疑是一个指向本体的概念。对于"道"之"一",帛书《十六经·成法》曰:"黄帝曰:一者,一而已乎?其亦有长乎?力黑曰:一者,道其本也,胡为而无长?"《十六经·成法》篇说"一"是道之本,同时认为"一"可以生长,乃至于"察于天地""施于四海"。③ 在

---

① 胡家聪:《帛书〈道原〉和〈老子〉论道的比较》,载陈鼓应主编:《道家文化研究》第3辑,上海古籍出版社,1993年,第263页。
② 如《韩非子·扬权》曰:"道无变,故曰一。"《淮南子·原道》曰:"所谓无形者,一之谓也。"高诱注:"一者,道之本。"
③ 《管子·心术》曰:"是故圣人一言解之,上察于天,下察于地。"《管子·内业》曰:"一言之解,上察于天,下极于地。"《文子·道原》曰:"故一之理,施于四海;一之嘏,察于天地。"《淮南子·原道》曰:"是故一之理,施四海;一之解,际天地。"

此，"一"既是本体，又是本根。丁原明认为："这里的'一'即本体论上的'道'。"① 更准确地说，此处的"一"是指本根消解于本体之中的"道"。通行本《老子》第三十九章曰："昔之得一者，天得一以清，地得一以宁，神得一以灵，谷得一以盈，万物得一以生，侯王得一以为天下贞。""一"是天地万物之所以存在的根据，是天地万物的本体。《庄子·齐物论》曰："故为是举莛与楹，厉与西施，恢恑憰怪，道通为一。其分也，成也；其成也，毁也。凡物无成与毁，复通为一。"《庄子·在宥》曰："一而不可不易者，道也。""一"来源于"道"，"道"是所以"一"者。庄子学派特别指出了道具有"同一"的特性，而这个"同一性"表现在两个方面，其一"恢恑憰怪，道通为一"，其二"无成与毁，复通为一"。一方面，"道"的同一性、恒常性虽然表现在千变万化、千差万殊的事物之中，但是道毕竟与现象相异，因而是所谓的"独"；另一方面，这种"同一性"或"恒"性、"独"性，又正是万物成其为自身而有生有死的来源，从此点而言，本体之道无疑可以转化为本根之道。但是，正如《庄子·知北游》所说，道"每下愈况"而"无所不在"，"道"虽然是万物的本根，但仍然是万物的本体。在这里，"本体"和"本根"合二为一。《管子·形势下》云"道之所言者一也，而用之者异"，即是讲的此番道理。帛书《道原》篇不仅是讲本根与本体的合一，而且着重是讲本体之道的问题。因此"本根"的含义必然会消解在本体之道的论述之中。

---

① 丁原明：《黄老学论纲》，山东大学出版社，1997年，第98页。

"虚，其舍也"之"舍"字，《说文·亼部》曰："舍，市居曰舍。"段玉裁注："此市字非买卖所之，谓宾客所之也。"[①]引申之，"舍"泛指止息的场所。帛书这句话的意思是说，"虚"是"道"止息的场所。《文子·道原》也说："虚无者，道之舍也。"据此，这个止息于"虚无"之中的"道"，肯定是就其本体而言，而不是就具体的物事而言的。如果就现象或具体的物事而言，则只能就"道"之作用而言，言其充满于宇宙万事万物之中。这种"充满"的特性，《庄子·知北游》篇将其称之为"周""遍""咸"三者。无论如何，"道"本身不是有形的存在，不是具体物事的存在，因此"道"本体的特性只能是"虚无"，且只能止息在"虚无"中以获得其存在的源泉。当然，本体之"道"的"虚无"特性，也正是人们在修养论上体道、得道的根本特征，所谓"从事于道者，道者同于道"（通行本《老子》第二十三章）。但是，我们决不能把作为本体特性的"虚无"，混同于修养论上的"虚无"，很明显前者是后者的存在依据和价值源泉，而后者不过是效法前者并达到如同前者之存在状态，从而真实地经验和践行到所谓"道"的。通行本《老子》第二十三章说："同于道者，道亦乐得之。"正是此意。《庄子·人间世》说："虚者，心斋也。"《管子·心术上》说："虚其欲，神将入舍。"它们与帛书《道原》"虚，其舍也"的陈述有所区别，这是我们应当注意分辨的。

"无为，其素也"的"素"字，是素朴之义，喻指道的本来状态。

[①] （清）段玉裁：《说文解字注》，上海古籍出版社，1981年，第223页。

"素"的本义指白色的生绢,没有经过人为的加工和着色。"朴"的本义指未经加工的木材。"素"和"朴"都是比喻,与"无为"的意义直接相关。帛书《经法·论》篇云:"静则平,平则宁,宁则素,素则精,精则神。至神之极,见知不惑。帝王者,执此道也。"此"宁",即安宁、无扰动之义,即所谓"无为"之义。帛书《经法·论》所说"宁则素"之"素",与《道原》所说"无为,其素也"之"素"的含义是一致的。《庄子》一书多谈"无为"之道,《庄子·天地》曰:"夫明白入素,无为复朴。"此处"素""朴"对言,其义有所分别,"素"是从无欲、无智言之,"朴"则是从"无为"言之。《庄子·刻意》曰:"纯素之道,惟神是守。……故素也者,谓其无所与杂也;纯也者,谓其不亏其神也。能体纯素,谓之真人。"这里的"素"即"无所与杂"的意思,与"纯"没有区别。显然,它与从"无为"而言的"素"字不是同一语义。"无为",与"有为"相对,而"有为"是就人有目的、有企图的行为活动而言的,因此帛书使用"无为",主要是为了说明"道"本身具有自在、自为、自然的特性,即它不是在"人为"的意思上来做出规定的。在帛书中,"无为,其素也"一句,正是为了说明道体本身具有自然的特性,而不是为了说明"无为"是人所当具的行为准则。这个思想与通行本《老子》第三十七章相一致:"道常无为而无不为,侯王若能守之,万物将自化。"《庄子·大宗师》曰:"夫道,有情有信,无为无形,可传而不可受,可得而不可见。自本自根,未有天地,自古以固存。"《老子》《庄子》这两处文字中的"无为",都是用来阐明本体的特性的。而正因为本体具有此一特性,所以老庄和黄老认为人的行为活动都应当效法"无为"之道,要"为无为"。此种意义上的"无为",可参见通行本《老子》第二、三、十、三十八、四十三、四十八、五十七、六十四章。庄子学派不仅把"无为"看作"为"的应然性规定,而且从心灵状态、生命境界论述了"无为"的内涵。如《庄子·天道》说:"夫虚静恬淡、寂寞无为者,天地之平,而道德之至。故帝王圣人休焉。"对于"帝王圣人休焉",清代学者宣颖说:"息心于此。"① 《庄子·刻意》曰:"纯粹而不杂,静一而不变,惔而无为,动而以天行,此养神之道也。"回过头来看帛书《道原》所说"无为,其素也"一句,可知它是对于"道"的本体论的陈述。

"和,其用也"一句,是从功用的角度而言本体之"道"的特性的。这种通过作用阐明"道"之本体特性的观念,在哲学思维上是一大进步。从作用或现实化而言,本体必然向本根转化,所以帛书《道原》的"道"无疑具有本根论的特征。这即是说,"和"的观念在《道原》中并不是就已生成的事物之间的和谐关系而言的,而是把"和"看作万事万物生成的充要条件:没有从本根而来的"和",也就没有具体事物的生成。通行本《老子》第四十二章云:"道生一,一生二,二生三,三生万物。万物负阴而抱阳,冲气以为和。"此章《老子》使用了阴阳二气的观念。"一"在此可指"元气"或未分之气,"二"可指"元气"分为阴阳二气,"三"可指阴阳二气的冲合运动及其所产生的"和气",并由此

---

① (清)王先谦:《庄子集解》,中华书局,1987年,第113页。

产生万物。此章还说"和气"就在万物之中,而万物也正因为阴阳二气在其自身中交织成为和谐的一体,所以万物才成其为万物。显然,"和"是在物中而使物成立的阴阳二气相互作用达到的和谐性和稳定性。通行本《老子》第五十五章说:"含德之厚,比于赤子。……未知牝牡之合而朘作,精之至也;终日号而不嗄,和之至也。"精和天然,是为含德之厚。此"和"为修身之和。《易传·系辞下》曰:"天地细缊,万物化醇。男女构精,万物化生。""醇",朱熹《周易本义》曰:"厚而凝也。""醇"也有"和"的含义,与通行本《老子》第四十二章"和"的含义相同。《庄子·天运》有"阴阳调和",《庄子·缮性》有"阴阳和静"之语,都深入阴阳的观念中,而揭明万物和谐之本正在于阴阳二气的和谐。《庄子·田子方》篇云:"至阴肃肃,至阳赫赫。肃肃出乎天,赫赫发乎地。两者交通成和,而物生焉。"《庄子·田子方》认为阴阳二气的对待运行是其"成和"的前提,而"两者交通成和"又是生成万物的前提,和则物生,不和则物不生。在此,"和"被看成事物产生、成长和生存的必要条件,从而将《老子》"冲气以为和"中隐而未发的思想清晰地揭示了出来。不过,老子"冲气以为和"或庄子"交通成和"的思想,尚仅仅是从气化论上来说的,而帛书《道原》"和,其用也"则是即"用"而言"体",直接从本根上而言本体的内在特性,因此在思想上进步明显。

总之,帛书《道原》的道论,一方面集中在本体论的阐述上,并在本体论的阐述中包含和肯定了本根论的思想因素;另一方面揭明,正是本体使本根成其为本根的前提条件。《老子》《庄子》对本体的本根特性都有较多论述，而帛书《道原》的道论虽然包含了一些本根论的叙述内容，但是其重点并不在本根论的叙述上，这是可以肯定的。甚至可以说，这篇佚书所做的本根论陈述，正是为了对"道"做本体论的论证服务的。因此，帛书《道原》陈述道之本根特性的目的和意义，并不在于对本根本身的阐明，而在于通过对本根的阐明让本根消解在本体的内涵之中，进而彰显和申明本体的存在特性。

三、本根的消解与本体的含摄

上文说，帛书《道原》陈述道之本根特性的目的和意义，在于让本根消解在本体的内涵之中，从而彰显本体的存在特性。或者说，二者的关系是本根消解在本体之中，而本体含摄着本根。这一点颇为重要，需要再加论述。帛书《道原》说：

（1）天弗能覆，地弗能载。小以成小，大以成大。盈四海之内，又包其外。在阴不腐，在阳不焦。一度不变，能适蚑蛲。鸟得而飞，鱼得而游，兽得而走。① 万物得之以生，百事得之以成。② 人皆以之，莫见其名。人皆用之，莫见其形。

（2）天地阴阳，四时日月，星辰云气，蚑行蛲动，戴根之徒③，

---

① 此句，《淮南子·原道》作："兽以之走，鸟以之飞。"
② 此句，《淮南子·原道》作："万物弗得不生，百事不得不成。"
③ 此句，《新语·道基》作："蚑行喘息，蜎飞蠕动之类，水生陆行，根著叶长之属。"

皆取生，道弗为益少；皆反焉，道弗为益多。坚强而不撌，柔弱而不可化。精微之所不能至，稽极之所不能过。①

在上述引文中，"皆反焉"之"反"，读为"返"，复返也。"坚强而不撌"之"撌"，读为"鞼"，摧折也。"稽极之所不能过"之"稽极"二字，皆训为"至"。

上引两段话无疑表明道具有本根的特性，但是非常明显，此篇帛书并不注重于对其本根特性的阐发，恰恰相反，在此篇帛书中对于本根特性的任何说明和揭示正是为了关注本体自身和彰显本体自身：本根，在此即成为本体的一种内在特性。因此，帛书《道原》第一部分文字无疑着重关注的是本体的问题。众所周知，宇宙论或宇宙生成论的基石乃在于把"道"理解为宇宙化生的本根。先有本根，在经过几个不同阶段的变化后，天地万物产生出来。其中，阴阳二气或天地之气的阶段化，是宇宙生成论十分必要且很重要的组成部分。

但是，必须指出，本根论并不一定就是宇宙生成论。对于道，通行本《老子》第一章的重点在于本体论的论述。第三十九章说"万物得一以生"，此句兼含本体论与本根论的双重特征，但看不出宇宙论或宇宙生成论的烙印。第四十二章则在论述本根之道的同时还表现出强烈的宇宙生成论色彩。所涉各章不同，《老子》文本不能随意混看。

---

① 《庄子·大宗师》曰："（道）自本自根，未有天地，自古以固存。……在太极之先而不为高，在六极之下而不为深；先天地生而不为久，长于上古而不为老。"帛书《道原》的"稽极之所不能过"，与此段文字相关。

《淮南子》一书的作者众多，每篇的思想差异显而易见。《淮南子·天文》说：

> 道始于虚霩，虚霩生宇宙，宇宙生气。①气有涯垠，清阳者薄靡而为天，重浊者凝滞而为地。清妙之合专易，重浊之凝竭难，故天先成而地后定。天地之袭精为阴阳，阴阳之专精为四时，四时之散精为万物。积阳之热气生火，火气之精者为日；积阴之寒气为水，水气之精者为月；日月之淫为精者为星辰。天受日月星辰，地受水潦尘埃。……天倾西北，故日月星辰移焉；地不满东南，故水潦尘埃归焉。

这段引文是传世文献中最为典型的宇宙生成论文本之一，它揭示了万物经过几个不同的阶段而如何逐步演化出来的过程。而且，在生化的过程中，前后阶段具有因果关系。庄子及其后学则与此不同，虽然他们颇为重视对本根的论说，但是对宇宙生成论一般采取批判的态度，力图解构这套理论系统。庄子发明了"自生"的观念，着重思考宇宙万物的根源性和统一性的问题，"气"在很大程度上是气化论、本根论和本体论三种特性的统一。但是，思想的进程曲折而复杂，《庄子》外篇、杂篇不可避免地还保留了一些宇宙生成论的内容。

---

① "宇宙生气"的说法，疑原文有误，或者这一观念被作者弄错了。传世先秦文献未见此种说法，有关"宇宙"的定义都是在形而下的意义上来说的。《庄子·庚桑楚》有明文将"宇宙"定义在"实"的基础上，认为万物之生乃自生，无根无窍，否定了因果论。

《庄子·齐物论》曰:"虽然,请尝言之:有始也者,有未始有始也者,有未始有夫未始有始也者。有有也者,有无也者,有未始有无也者,有未始有夫未始有无也者。俄而有无矣,而未知有无之果孰有孰无也。今我则已有谓矣,而未知吾所谓之其果有谓乎,其果无谓乎?"庄子在此对追问宇宙始端及有无先后这类问题的思考持怀疑、否定的态度。他认为,本体自身才是一切事物生成和统一的根本。比较《淮南子·俶真》的相关文本,庄子的思想就会变得更为明白。《淮南子·俶真》说:

有始者,有未始有有始者,有未始有夫未始有有始者。有有者,有无者,有未始有有无者,有未始有夫未始有有无者。所谓有始者,繁愤未发,萌兆牙蘖,未有形埒垠堮。无无蠕蠕,将欲生兴而未成物类。有未始有有始者,天气始下,地气始上,阴阳错合,相与优游竞畅于宇宙之间,被德含和,缤纷茏苁,欲与物接而未成兆朕。有未始有夫未始有有始者,天含和而未降,地怀气而未扬,虚无寂寞,萧条霄霏,无有仿佛,气遂而大通冥冥者也。有有者,言万物掺落,根茎枝叶,青葱苓茏,萑薁炫煌,蠉飞蠕动,蚑行哙息,可切循把握而有数量。有无者,视之不见其形,听之不闻其声,扪之不可得也,望之不可极也。储与扈冶,浩浩瀚瀚,不可隐仪揆度而通光耀者。有未始有有无者,包裹天地,陶冶万物,大通混冥,深闳广大,不可为外,析豪(毫)剖芒,不可为内,无环堵之字而生有无之根。有未始有夫未始有有无者，天地未剖，阴阳未判，四时未分，万物未生，汪然平静，寂然清澄，莫见其形，若光耀之间〈问〉于无有，退而自失也，曰："予能有无，而未能无无也。及其为无无，至妙何从及此哉！"①

这段《淮南子》文本是对上引《庄子·齐物论》一段文字的具体解释。所谓有、无、始、初的辩诘，是对宇宙端始问题的终极追问。不过，在庄子看来，如果这种追问的性质不发生根本的转变，则只能堕入"恶无限式的追问"之中，庄子从其自身的目的论出发即要从根本上断绝此种追问方式。《庄子·齐物论》说"凡物无成与毁，复通为一"，又说"天地与我并生，而万物与我为一"。在庄子看来，至极之知即是"有以为未始有物者"，而在至极之知中万物的本原是齐一的，其个别性的事物则是从道分成的。换言之，在至极之知中，本体就是本根，而本根不外在于本体。如果现象的"有"，或万事万物的"有"，仅通过"本根"这个概念来连接的话，那么在具体事物以及形而上之物间必然会形成一个相互化生连接的因果链条，而这同时也就是对"本体"的否定和断绝。无疑，庄子学派看到了"本根"的内在危机，洞察到"道"如果仅仅是本根而不是本体的存在，这即意味着其死亡。在《淮南子·原

---

① 这段引文，抄录了《庄子·齐物论》文，并做了解释。在《庄子·齐物论》中，庄子实际上批评了对本根做恶无限式的追问，其后学则在《庄子·知北游》中反思有、无关系，得出了"无有"的概念，也正是为了论述道的本体特性。《淮南子》将它们组合在一起，刚好误会了庄子或庄子学派之本意。

道》一篇与《淮南子·俶真》《淮南子·天文》两篇之间，本体之道与本根之道存在着明显的对立。从表面看来，《淮南子》一书二十余篇文章似乎无所不谈，并有一定的统系，但实际上各有传承，代表了不同作者的思想观念，因此难以避免思想上的杂糅特征。在《庄子》一书中，我们看到了庄子学派学者对"本根"的深沉思考和反思，看到他们力图用"本体"的概念解决物我、天人、有无之间的断裂，引领人们的认识回归到没有封畛的本原世界中去。但是，在《淮南子》中，我们除看到作者的因袭和杂抄外，还看到由于作者思想上的消极和缺失，导致在义理上出现了许多问题。

通过如上分析和比较，可知在帛书《道原》中，本根实际上是从本体的作用而言的，它是一个从属于本体，从本体的内涵中开展出来而为了彰显本体之实在性的重要概念。这就是为什么在此篇帛书当中，我们难以读到真正关于宇宙论的陈述，同时也是此篇帛书之所以命名为"道原"的根本原因。

第三节　圣王之道：知虚之实与上虚下静

一、知虚之实

帛书《道原》的前半部分文字集中论述了本体之道的内涵，认为本体之道具有虚无、恒一、无为的重要特性，同时它也是万事万物产生的根源。所谓根源，按照帛书的说法，是指道"和"于天地万物之中，从而具有使事物产生和存在的作用。因此"和"之用,是着重从具体事物的根源性和存在性,而不是从宇宙生成论的解读而言。不仅如此,帛书的作者还认识到,道具有虚无特性。但是,这并不意味着其自身是空无或不存在的。帛书作者开篇即说:"恒无之初。"所谓"恒"者,恒常不变也。"恒无"——恒常不变之无,这个说法本身就存在内在的张力:"无",指本体相对于现象的虚无,此种无化的活动似乎永无止境;然而有所谓"恒","恒无"终止了本体与现象的关联,背离了对现象的无化活动而归止于本体之无中,进而肯定了本体之无的实在性。帛书说:"虚同为一,恒一而止。"这既说明了本体对现象(有形有名)的无化活动,又指明了在无化的活动过程中本体指向了其自身,肯定了其自身,从而宣告了无化活动的终结,显明了使无化活动成为可能的终极实在。因此,"恒一"肯定了本体,"恒一"就是本体(帛书称之为"道原")。既然道是"恒无"与"恒一",是"无"与"有"的统一,那么帛书《道原》所要求的圣人之德必须能领会与体现"有""无"相统一的本体特性。

在有、无之间,很明显作者认为,帛书《道原》关于"无"的论述,正是为了确立本体之"有"。因此言道之无,正是为了言道之有。帛书《道原》开篇即曰:"恒无之初,迵同太虚。虚同为一,恒一而止。"第二部分文本开头相应地也说:"故唯圣人能察无形,能听无【声】。知虚之实,后能太虚。乃通天地之精,通同而无间,周袭而不盈。服此道者,是谓能精。"《淮南子·说林》曰:"视于无刑(形),则得其所见矣;听于无声,则得其所闻矣。"《淮南子·说林》属于语录杂编的性质。所引《淮南子·说林》文字的思想背景不太清晰,如果按照高诱注来理解,那么这段话的意义是比较平浅的。高诱注:"言皆易(惕)恤无声,故得有闻。"①《邓析子·转辞》曰:"夫任臣之法,……视于无有,则得其所见;听于无声,则得其所闻。故无形者有形之本,无声者有声之母。循名责实,实之极也;按实定名,名之极也。参以相平,转而相成,故得之形名。"②从《邓析子·转辞》来看,"视于无有,则得其所见;听于无声,则得其所闻"乃循名责实之法,并没有突破形而下的形名之域。但是反观《道原》的"唯圣人能察无形,能听无声",则是针对形而上的道原,也就是本体之道而言的。无形无声者,正是对有形有名的否定、超越与突破。所以将帛书的这句话理解为"综核名实",是不正确的。③既然道是虚无、恒一的,那么圣人体道必须"能察无形,能听无声",也就是说能够真切地洞察、体会到道之原、道之本体,才可能成为真正的圣人。在这段引文中,"知虚之实,后能太虚"最为值得注意。"虚"当然是指本体相对于有形有名的万物而言,其本身是虚无、无形无名的。但是帛书却说"知虚之实",其思想更进一层,不仅要知道本体虚无的一面,而且要知道就此本体之虚而洞察此本体之

---

① 何宁:《淮南子集释》,中华书局,1998年,第1175页。
② 王恺銮:《邓析子校正》(《民国丛书》第五编),上海书店,1989年,第11页。
③ 1976年版《经法》一书的注释曰:"此处言综核名实。"其实,此种理解并不正确。参见马王堆汉墓帛书整理小组编:《经法》,文物出版社,1976年,第104页。

实。① 此"实",义为真实实有。《庄子·山木》曰:"向也虚而今也实。"《庄子·天道》曰:"虚则实……虚则静……"其意与帛书相同,可以参看,只不过《庄子》所言与帛书所言有主体和客体之分。只有真正知道此虚(本体之虚)之不虚(本体实有),然后才可能达到"太虚"的道境。此"太虚",与《道原》开篇的"太虚"意义有所不同:帛书开篇所言的"太虚"是就本体自身而言的,而为本体的一种内在特性;但是此处的"太虚",则是指圣人消解自我,与至真至实的本体合一而达到的一种心灵状态,其意与通行本《老子》第二十三章"从事于道者,道者同于道……同于道者,道亦乐得之"相同。达到了太虚境界的人,就能够与"天地之精"相通。"天地之精",指存在于天地万物之中的至真至实、纯粹精一的本体。消解自我而至于太虚境界的圣人,能够与精一的本体完全相合无二。此篇帛书说"通同而无间,周袭而不盈",即是此意。能与道体相合不二,当然也就能够"察稽知极";能够达到察知之至极,圣人当然也就能够使天下皆顺服。顺便指出,从"通同而无间,周袭而不盈"来看,作为心灵境界的"太虚"实际上不仅将主体的能动性彻底消解了,甚至把人这个主体本身也在一定意义上消解了。据《庄子·天下》,彭蒙、田骈、慎到的思想主张是"决然无主,趣物

---

① 陈鼓应说:"'虚',指'道'的本体;'实',指'道'的功用。"并认为上文的"无为其素也"即"虚","和其用也"即"实"。谷斌等人说:"以道无形无象,无声无臭,故曰虚。以道使'鸟得而飞,鱼得而游,兽得而走。万物得之以生,百事得之以成',故曰实。"虚、实,皆是就本体而言的,陈、谷二说尚未深入到此一点。陈说,见陈鼓应:《黄帝四经今注今译》,台湾商务印书馆,1995年,第478页;谷说,见谷斌、郑开注译:《黄帝四经今译·道德经今译》,中国社会科学出版社,1996年,第119页。

而不两;不顾于虑,不谋于知,于物无择,与之俱往",文中批评这种思想主张是"弃知去己"的"至死人之理"。这种对己对智的彻底不信任,而将人看作土块之物的理论,与帛书《道原》"太虚"之说有相通之处。①

二、上虚下静

圣人治理天下的法则,出自他对本体之道的察知:道无疑是圣人之治的终极始源。对于如何察知本体之道的问题,帛书《道原》回答说,道就在主体"知虚之实"的"太虚"境界之中。由此,本体的问题即转化为主体心灵修养的问题,转化为政治实践的方法问题。帛书《道原》说:"上虚下静而道得其正。"道得其正,而不丧失道之所谓为道者,乃在于"上虚下静"。在"上虚""下静"二者中,前者是主要的,属于主导的一方。需要指出的是,帛书在此将"虚""静"之德分别归属于上(圣王)、下(臣民)双方,与《老子》《庄子》颇不相同。②《老子》一书强调侯王(或圣人)之德,而将"虚""静"二者皆看作成为侯王的必备素质。通行本第二十六章说"静为躁君",第三十七章说"吾将镇之以无名之朴。无名之朴,夫亦将无欲。不欲以静,天下将自定",第

---

① 裘锡圭先生曾经将帛书乙本卷前的四篇古佚书,与慎到、田骈的学派归属问题放在同一篇文章里进行考察,可备参阅。裘锡圭:《马王堆〈老子〉甲乙本卷前后佚书与"道法家"——兼论〈心术上〉〈白心〉为慎到田骈学派作品》,见氏著:《文史丛稿》,上海远东出版社,1996年,第59—80页。

② 就此点,谢君直曾提及《老子》与帛书《道原》篇的不同,但没有深入讨论、分析下去。参见谢君直:《〈道原〉中的道论》,《鹅湖月刊》2000年第8期(总第296期),第42页。

四十五章说"躁胜寒，静胜热。清静为天下正"，第五十七章说"我好静而民自正"，等等。从这些引文来看，《老子》颇为重视"静"的观念。而他之所以如此重视"静"的观念，乃由于在《老子》的概念系统中"虚"与"静"的内涵有所分别："虚"与"无欲""无己"对应①，"静"则与"无为"相合。何谓静？静者，清静无为，而不躁动、不乱动之义。正因为"静"不是一个演绎的概念，所以老子将"静"确立为本根的内在特性。通行本第十六章说："致虚极，守静笃。万物并作，吾以观复。夫物芸芸，各复归其根。归根曰静，是谓复命。复命曰常。"此章正有此意。庄子学派虽然继承了老子的观念，却有较大的发展。在《庄子》一书中，"静"主要与"动"相对应；动静，被看作阴阳的内在特性。《庄子·天道》曰："静而与阴同德，动而与阳同波。故知天乐者，无天怨，无人非，无物累，无鬼责。故曰：其动也天，其静也地，一心定而王天下。"②《庄子·缮性》曰："古之人在混芒之中，与一世而得澹漠焉。当是时也，阴阳和静，鬼神不扰，四时得节，万物不伤。"《庄子》一书也有动静联言之例。例如《庄子·天下》云"动静不离于理""动静无过"，《庄子·渔父》云"观动静之变"。在其他《庄子》文本中，"虚"的观念得到进一步的强调，庄子学派认为"静"根

---

① 通行本《老子》第三章曰："不尚贤，使民不争。不贵难得之货，使民不为盗。不见可欲，使民心不乱。是以圣人之治，虚其心，实其腹；弱其志，强其骨，常使民无知无欲，使夫智者不敢为也。为无为，则无不治。"第五章曰："天地之间，其犹橐籥乎？虚而不屈，动而愈出。"这两段引文可供推求"虚"的含义。

② 《庄子·刻意》亦曰："静而与阴同德，动而与阳同波。"

源于"虚"。《庄子·庚桑楚》云"虚则无为而无不为也",《庄子·则阳》云"莫为则虚",《庄子·人间世》云"唯道集虚。虚者,心斋也",《庄子·山木》云"人能虚己以游世",《庄子·天地》云"同乃虚,虚乃大",《庄子·天道》云"休则虚,虚则实,实则伦矣。虚则静,静则动,动则得矣"。虚能生静,虚能生实。显然,在虚静联言和对言的时候,"虚"比"静"更为重要。这一点,与帛书《道原》较为相似。另外,虚静在老庄哲学中被着重作为主观的精神状态来看待,这与帛书《道原》兼重本体和主体的观点并不一致。

从"上虚下静"来看,帛书《道原》的作者很可能认为"虚"能生"静"和"虚"能统"静",因此在"虚"中即已包含了"静"之德。而"虚",是"知虚(本体之虚)之实(本体之精实、真实),后能太虚(无己之虚)"的"太虚"。正因为上能虚己以待物、待道,所以下能静止无为,因物之性、因物之道而不妄作妄为。

三、"上虚"的内涵

关于"上虚"的内涵,帛书《道原》主要是从三个方面来说的。

其一,虚者无欲。帛书《道原》说:"无好无恶,上用□□而民不迷惑。"又说:"信能无欲,可为民命。"对于这一点,《管子·心术上》有较好论述。《管子·心术上》说:"人迫于恶则失其所好,怵于好则忘其所恶,非道也。故曰:不怵乎好,不迫乎恶。恶不失其理,欲不过其情,故曰:君子恬愉无为。去智与故,言虚素也。"又说:"道在天地之间也，其大无外，其小无内，故曰不远而难极也。虚之与人也无间，唯圣人得虚道，故曰并处而难得。世人之所职者精也，去欲则宣，宣则静矣，静则精，精则独立矣；独则明，明则神矣。神者至贵也，故馆不辟除，则贵人不舍焉，故曰：不洁则神不处。人皆欲知，而莫索之其所知，彼也；其所以知，此也。……故曰：去知则奚率求矣，无藏则奚设矣。无求无设则无虑，无虑则反覆虚矣。"这两段引文都是论述治心问题的。《管子·心术上》认为"道在天地之间"，但是这个无所不在的"道"，人如何才能够获得呢？《管子·心术上》说"虚之与人也无间"，只有虚己，道才可能与人没有间隔。然而只有圣人才能够将"己"彻底虚掉，达到"太虚"的境界，因而只有圣人才能够完全地获得虚道，与道体合一。而要达到"太虚"的境界，从《管子·心术》篇来看，最根本的方法就是去欲和去知。在去欲和去知二者当中，去欲又比去知更为根本。去欲则神明来舍，而所谓神明就是道在心中的自然发用，同时也是知的根源。按照此种思路，知应当是在心中去欲而让神明生长，而不应当是舍本逐末、有意思虑的人为结果。这样，《管子·心术》所论的思想与《庄子·天下》所说慎到的观点完全吻合，与帛书《道原》的思想较为一致。但是，必须指出，帛书《道原》并无明确的文字表明作者思想已达到了慎到、田骈极端的"去己"说的地步。二者之间，似应有思想发展的关系。而老庄虽然也认识到了知、欲的危害，但是可以肯定没有"同于无知之物"的极端思想。

其二，虚者无事。帛书《道原》曰："上信无事，则万物周遍。分之以其分，而万民不争。授之以其名，而万物自定。不为治劝，不为乱懈。广大，弗务及也；深微，弗索得也。""万物周遍"，谓万物不失其情，万物得其定分而自为地存在。而导致"万物周遍"的原因，乃在于"上信无事"。上无事则虚，上虚则下静，万物将自定。这个思想显然出自《老子》，但与《老子》略有不同：在《老子》那儿，清静之德仍属于圣人的内在规定，通行本第五十七章说"我好静而民自正"；在帛书《道原》这儿，"虚"成为总德，"无事"既是"静"，又是"虚"。不仅如此，"无事"在此还有特别的含义，帛书说："分之以其分，而万民不争。授之以其名，而万物自定"，这四句话使用了形名学的概念。"分"者，名分、职分；而"万物"，对应于所谓的"形"。《邓析子·转辞》曰："夫任臣之法……循名责实，实之极也；按实定名，名之极也。参以相平，转而相成，故得之形名。"《尸子·发蒙》曰："若夫名分，圣人之所审也……审名分，群臣莫敢不尽力竭智矣。天下之可治，分成也。是非之可辨，名定也。"①《韩非子·主道》曰："令名自命也，令事自定也。"《管子·心术上》对此也有非常好的论述，曰："物固有形，形固有名，此言不得过实，实不得延名。姑形以形，以形务名，督言正名，故曰圣人。不言之言，应也。应也者，以其为之人者也。执其名，务其应，所以成之，应之道也。无为之道，因也。因也者，无益无损

---

① 国家文物局古文献研究室编：《马王堆汉墓帛书（壹）》，文物出版社，1980年，第88页。

也。以其形，因为之名，此因之术也。名者，圣人之所以纪万物也。人者，立于强，务于善，未于能，动于故者也。圣人无之，无之则与物异矣。异则虚，虚者，万物之始也，故曰：可以为天下始。"①总之，帛书《道原》所谓"无事"，不是指圣王什么事情都不做，而是要责形名、定名分，或者说，责形名、定名分即帛书《道原》所谓"无事"。如此，则"万民不争"，"万物自定"，天下无事矣。

其三，虚者抱道执度。帛书《道原》曰："夫为一而不化，得道之本，握少以知多；得事之要，操正以政（正）畸（奇）。前知太古，后□精明。抱道执度，天下可一也。观之太古，周其所以。索之未无，得之所以。""虚"者，与"道"为一而不随物变化，这是从"抱道"的角度来说的。具体说来，虚者抱道又包括两个方面：其一是"握少以知多"，其二是"操正以正奇"。这样，人君就可以得到道之根本，把握事情的要领。这两个方面都是从"执度"的角度来说的。在二者之间，"道"是本原，"度"是具体法则。对于人君来说，既要"抱道"，又要"执度"，二者是统一而不可分的。若能抱道执度，则天下可以统一、太平。马王堆帛书《老子》乙本卷前的其他三篇黄老佚书，对"抱道""执度"之说多有论述。萧萐父先生对此曾有很好的概括，他说《黄老帛书》系统地提出了"执道""循理""审时""守度"的思想。②所谓"执

---

① （清）黎翔凤撰，梁运华整理：《管子校注》，中华书局，2004年，第771-776页。
② 萧萐父：《〈黄老帛书〉哲学浅议》，载氏著：《吹沙二集》，巴蜀书社，1999年，第178-182页。该文又见陈鼓应主编：《道家文化研究》第3辑，上海古籍出版社，1993年，第265-273页。

道",即"认识和掌握客观事物的普遍规律"。《经法·道法》曰:"故唯执道者,能上明于天之反,而中达君臣之半(畔),￤富￤密察于万物之所终始,而弗为主。故能至素至精,浩弥无形,然后可以为天下正。"而"执道"的关键一环,在于审定"形名"。所谓"循理",即具体地"审知顺逆"。帛书《经法·论》云:"物各合于道者,谓之理。理之所在,谓之顺。物有不合于道者,谓之失理。失理之所在,谓之逆。顺逆各自命也,则存亡兴坏可知。"最重要的顺逆,是"四度"问题,即处理君臣、贤不肖、动静、生杀四者的关系。如何处理这些关系,帛书作者认为必须根据"法"。"法"由"道"而生,是道和理的表现。法者,"引得失以绳,而明曲直者也"(《经法·道法》)。所谓"审时",即"处理各种顺逆矛盾必须掌握事物变化发展的转折点,做到'静作得时'"。对此方面,帛书谈得较多,可参看《十六经·观》《十六经·姓争》和《称》等篇。所谓"守度",即观察变化、掌握时机的重要一环,即"注意事物变化中的数量关系及其一定的限度"。自然事物和社会生活都有特定的"度",帛书特别强调使民要有"恒度",否则"变恒过度""过极失当",就会事与愿违,造成严重的后果。①

总之,帛书《道原》篇在文本上可以分为两个大的部分,第一部分着重论述了"道"的本体特性,属于所谓本体论的范畴;同时,在此一

---

① 这一段对"执道""循理""审时""守度"的解释文字,皆引自萧萐父先生的观点。参见萧萐父:《〈黄老帛书〉哲学浅议》,载氏著:《吹沙二集》,巴蜀书社,1999年,第178-182页。

部分文本中,"道"也展示了其作为本根的重要特性,只不过此本根正是本体的显现,属于本体的内涵,而可以被消解在本体的内涵之中。因此,帛书《道原》的本体论思想十分纯粹,不应该作为一个宇宙论或宇宙生成论的文本来看待。尤其值得注意的是,帛书的作者将本体之道看作"恒无"与"恒一"的统一,深刻地认识到本体具有"至虚"与"至实"的双重特性。正因为如此,所以第二部分文本说:"知虚之实,后能太虚。"说到底,圣人虚己的终极目的就是为了"见知"至真无妄的道体;反过来看,也只有知此"道"之"实",一个人才能做到真正的虚己。否则,终是迷妄,何能知道,何能做到心中无己,何能体会终极实在而至于太虚的至境呢?帛书《道原》随后论述了"上虚下静"和"抱道执度"的命题,在现实层面推衍和推阐了"知虚之实,后能太虚"这一命题的思想内涵。

第四节　余论:《经法》《十六经》《称》《道原》的大旨

一、《经法》《十六经》《称》《道原》的主要思想

马王堆汉墓帛书有《老子》甲本及其卷后古佚书,有《老子》乙本及其卷前古佚书。前者抄写于汉高祖时期,后者抄写于汉文帝时期。前者均无篇题,后者均有篇题。《老子》乙本卷前古佚书包括《经法》《十六经》《称》《道原》四篇,当今学者或称《黄帝四经》。其中,《经法》包括《道法》《国次》《君正》《六分》《四度》《论》《亡论》《论约》

《名理》九节,《十六经》包括《立命》《观》《五正》《果童》《正乱》《姓争》《雌雄节》《兵容》《成法》《三禁》《本伐》《前道》《行守》《顺道》十四节,还有半部《名刑》节。这四篇帛书,唐兰最先判断为《汉书·艺文志》所载《黄帝四经》,并认为它们写作于公元前 400 年前后。① 此后,以唐说为基础,学界对于《经法》四篇与《汉书·艺文志》所说《黄帝四经》的关系及其写作时代展开了讨论,大体上可以分为两派,一派学者赞成并进一步论证了唐兰的观点,另一派学者则否定了唐兰的意见。

笔者认为,将帛书《经法》四篇的写作时代放在战国晚期比较恰当。原因是:一者,从来源看,《经法》四篇的思想成分比较复杂,且它们以法家、阴阳家、形名学、墨家等诸家思想的出现为前提;二者,据《史记·乐毅列传》所说,黄老比较可靠的传承线索起源于战国晚期的乐瑕公和乐臣公;三者,唐兰的论证有缺陷,他用以证明《经法》四篇早出的传世文献一般在战国晚期及以后。至于《经法》四篇是否为《汉书·艺文志》所说《黄帝四经》,这是另外一个问题,目前学者的相关论证比较粗糙。

从现有文献看,帛书《经法》四篇流行于汉初,受到了人们的高度重视。这不但可以用帛书抄本本身来做证明,而且可以通过西汉文献

---

① 唐兰:《马王堆出土〈老子〉乙本卷前古佚书的研究——兼论其与汉初儒法斗争的关系》,载马王堆汉墓帛书整理小组编:《经法》,文物出版社,1976 年,第 150、154 页。唐文原载《考古学报》1975 年第 1 期。

的引用来做证明。例一,《十六经·观》曰:"圣人不巧,时反是守。"司马谈《论六家要旨》曰:"故曰:'圣人不朽,时变是守。'""朽"通"巧"。例二,《十六经·观》《十六经·兵容》曰:"当断不断,反受其乱。"《史记·齐悼惠王世家》载召平曰:"嗟乎!道家之言'当断不断,反受其乱',乃是也。"遂自杀。《史记·春申君列传》太史公曰:"语曰:'当断不断,反受其乱。'春申君失朱英之谓邪?"例三,《史记·陈丞相世家》载陈平曰:"我多阴谋,是道家之所禁。"道家禁止阴谋的说法,恰好在帛书《十六经》中有直接反映。《十六经·行守》曰:"阴谋不祥。"《十六经·顺道》曰:"不阴谋。"据此可知,帛书《经法》四篇确实流行于汉初,在当时产生了巨大的政治指导作用,它们是汉初黄老思潮的重要文本依据。

帛书《经法》《十六经》《称》《道原》四篇的主要思想是什么?今天看来,这是理解汉初黄老思想需要回答的问题。

首先,"道"是帛书《经法》四篇的最高概念。什么是"道"?在《经法》四篇中,"道"既是天地万物得以生成的终极本根,又是人君、圣人应当遵循的基本政治原理,它是生成自然世界和人事世界的总根源和总根据。帛书《道原》是一篇专论"道"的文章,具有总括性质。这篇帛书从体用两个方面对"道"做了论述,其体"虚无""恒一""无形无名",其用"万物得之以生,百事得之以成"。帛书《道原》说:"一者其号也,虚其舍也,无为其素也,和其用也。"在此篇帛书中,"一""虚""无为""和"是"道"的四大特性。这四大特性在《经法》

《十六经》《称》三篇中都有直接的反映。① 不过,《十六经·成法》有一段话值得注意,曰:"黄帝曰:'请问天下犹有一乎?'力黑曰:'然。昔者皇天使冯(凤)下道,一言而止。'"这是将"道"放在神性的"皇天"之下,与老庄的说法颇不相同。② 这种说法应当来自黄学。

帛书《道原》的作者认为,人主治理国家或圣人治理天下,都应当以"一""虚""无为""和"为基本原则。从逻辑上来说,"虚静"乃"道之舍",最为重要。"舍"者,居所也。"无为"乃"道之素",其次重要。"素"者,素朴。"无为"是"为"的依据和原理,而"无不为"乃"无为"通过"为"推至其极的政治效果。"和"乃"道之用",其重要性又居其次。从政治来说,"和"指君民、君臣和臣民之统治与被统治的和谐,是人与其自身、他人,以及人与自然世界的和谐。"和"既是原理又是目的,良善的政治关系和效果以"和"为构成原则。"和"是判断国家和天下之"治""乱"的准则,和则治,不和则乱。在一定意义上来说,帛书《经法》四篇更重视"乱",或者说正是通过对"乱"的重视来论证所谓"治"的。"乱"在帛书《经法》四篇中出现了四十多次,而"治"字在此四篇帛书中虽然出现了十八次,但是其中大多数作动词用。在黄老看来,防止乱象和治理混乱,这本身就是通向"治"与

---

① 例如,《经法·道法》曰:"虚无形,其裻(督)冥冥,万物之所从生。"《十六经·前道》曰:"道有原而无端,用者(则)实,弗用者(则)蘁(窾)。"《十六经·成法》对于"一"有引申的论述。
② 通行本《老子》第四章曰:"吾不知谁之子?象帝之先。"《庄子·大宗师》曰:"神鬼神帝,生天生地。"《老子》《庄子》的说法,与帛书《十六经·成法》的说法相差较大。

"和"的政治目的的。最后看"一","一"乃数之始。从"数"的哲学观念看,"一"即表示"道";但在黄老的思想体系中,"一"毕竟是一种认识和把握"道"的方法。通过与"多"相对,"一"("少")可以进一步上升为黄老学的方法论原则。《道原》篇即曰:"得道之本,握少以知多;得事之要,操正以正奇。"《十六经·成法》一曰"循名复一",二曰"握一以知多",三曰"抱凡守一"。"守一""握一""复一"就是人君得道的具体方法。而通过对"虚静""无为""和""一"四个概念的阐释和推广,帛书《道原》及其他三篇帛书建立了颇为复杂的黄老学思想体系。

其次,帛书《经法》诸篇通过"虚静"开显了"形名"(或"名理")在政治中的意义,或者说在"虚静"的观照下,形名之学(名理)被黄老含摄进来,进而丰富和深化了自己的思想。《经法·名理》曰:"故唯执道者能虚静公正,乃见【正道】,乃得名理之诚。"《经法·道法》曰:"见知之道,唯虚无有;虚无有,秋毫成之,必有形名;形名立,则黑白之分已。""形名",或写作"刑名",是人君颇为重要的南面之术,是君对臣、上对下的统治(管理)手段和政治技术。形名之道在帛书《经法》《十六经》《称》三篇中占有重要地位。与此相应,帛书很重视"因"的概念。"因"字在《经法》四篇中出现了二十八次(包括两处缺文)。如《经法·君正》曰:"因天之生也以养生,谓之文;因天之杀也以伐死,谓之武;【文】武并行,则天下从矣。"《经法·四度》曰:"【故因阳伐死,因阴】建生。"又曰:"因天时,伐天毁,谓之武。"《十六经·观》曰:"今始判为两,分为阴阳,离为四【时,刚柔相成,万物乃生,德虐之行】,因以为常。"又曰:"弗因则不成,【弗】养则不生。"与此相对,"无为"一词在帛书中仅出现了三次,而"自然"一词一次也没有出现。这种现象恰与《论六家要旨》所说"虚者道之常也,因者君之纲也"相应,证明了汉初黄老之学具有自己的思想侧重点,突出了"因"这一概念。"因"即"因循""顺因",是黄老之学极其重要的一种方法论,它连接着"人君"与"天道":人君只有通过"因"的方法,"天道"才能如实地进入他的心中及其政治实践中。

再次,帛书《十六经》等篇从气论的角度论述了宇宙生成,重视"天地""阴阳"等概念。"天地""阴阳"一方面是万物生成的来源和客观法则("天道"),另一方面又是人君、圣人治理天下的当然依据。《十六经·观》曰:"黄帝曰:群群(混混)【沌沌,窈窈冥冥】,为一囷。无晦无明,未有阴阳。阴阳未定,吾未有以名。今始判为两,分为阴阳,离为四【时,刚柔相成,万物乃生,德虐之行】,因以为常。""两"即两仪,有对待之义,在帛书中可以具体指"天地"。《十六经》在此叙述了整个自然世界的生成,认为自然世界起源于一团混沌,最后生成万物。其具体过程是这样的:混沌→两(天地)→阴阳→四时→刚柔→万物。而"万物"包括"人"和"物"。"人"虽出于自然生成,但是一进入人为即产生了治乱问题,或者说治乱来源于人为。因此解决人事世界的治乱问题乃诸子思想的出发点,而黄老道家特从政治或者从治道的角度面对和回答这一问题。毫无疑问,黄老道家的宇宙生成论受到了阴阳家的深刻影响。所谓"阴阳",指阴阳之气。"阴阳"在四时八节十二度的消息、赢缩运动,及其德虐(德刑)循环的天政,这是阴阳家关注的重点,而帛书《经法》《十六经》《称》三篇即充分吸收和利用了这一理论(阴阳刑德论)。

在黄老思想中,"天地"表示根源原则,而"天道"表示客观法则。"天地"的根源性通过"天道"的客观性而赋予万物,并由此主宰万物。在此认识的基础上,黄老还特别强调"人事"应当遵从"天道""天地"原则,或者说"人事"的合理性来源在于"天地"和"天道"。黄老帛书一般以"恒常"概念来概括客观法则的本质特性,且认为这一概念贯通于天人两界。《经法·道法》曰:"天地有恒常,万民有恒事,贵贱有恒位,畜臣有恒道,使民有恒度。天地之恒常,四时、晦明、生杀、柔刚。万民之恒事,男农、女工。贵贱之恒位,贤不肖不相放(并)。畜臣之恒道,任能毋过其所长。使民之恒度,去私而立公。""恒"就是"道"的本质特性。对于黄老学来说,把握了"恒"即把握了"道"。《十六经·果童》曰:"夫天有【恒】干,地有恒常。合【此干】常,是以有晦有明,有阴有阳。夫地有山有泽,有黑有白,有美有恶。地俗(育)德以静,而天正名以作。静作相养,德虐相成。两若有名,相与则成。阴阳备物,化变乃生。""干",即躯体之义。《十六经·果童》不但认为"天有恒干,地有恒常",而且认为晦明、阴阳、静作、德虐都是"合此干常"的结果。从形而上到形而下,黄老的世界是"天地"生成和"天道"流行的世界。总之,黄老以"天地"为根源原则,以"天道"为客观规律，而以"阴阳"为运动（流行）原理。通过消息运动，阴阳原理继而表现为主宰万物生死的德虐原则。阳德阴虐本是阴阳家的思想，而黄老做了继承，并大量运用于帛书《经法》四篇中。

进一步，"天地""天道""阴阳""德虐"的原则如何被人君认识和把握呢？帛书《经法》等篇认为要"顺"，要"因"，要"文武并行"。《经法·论》曰："顺四【时之度】而民不【有】疾。"《十六经·观》曰："夫并（秉）时以养民功，先德后刑，顺于天。"《十六经·姓争》曰："顺天者昌，逆天者亡。"这是讲"顺"。《经法·四度》曰："【故因阳伐死，因阴】建生。"《十六经·观》曰："弗因则不成，【弗】养则不生。"《十六经·兵容》曰："因天时，与之皆断；当断不断，反受其乱。"这是讲"因"。《经法·君正》曰："因天之生也以养生，谓之文；因天之杀也以伐死，谓之武；【文】武并行，则天下从矣。"《经法·四度》曰："文武并立（莅），命之曰上同。"这是讲"文武"。需要指出，"文武"之说仅见于《经法》诸篇，但不见于帛书《十六经》《称》《道原》三篇，这是值得注意的文本现象。

又次，"时"是黄老的重要观念，帛书《经法》等篇对其有所论述。《经法·君正》曰："【省】苛事，节赋敛，毋夺民时，治之安。"《十六经·兵容》曰："圣人之功，时为之庸（用）。"《十六经·观》曰："圣人不巧，时反是守。"把握"时"（包括四时之度和时机两个方面），对于黄老道家来说颇为重要。

最后，帛书《经法》《十六经》《称》三篇提出了许多重要命题和观念,值得重视。例如,《经法·道法》说"道生法",《经法·名理》说"道者,神明之原",《十六经·五正》《十六经·姓争》说"夫作争者凶,不争【者】亦无成功",《十六经·行守》说"阴谋不祥",《十六经·顺道》说"不阴谋"等。鉴于这些命题容易被人注意到,学界已有较多论述,故笔者在此不再就相关问题展开论述了。

此外,需要注意的是,一者,帛书《经法》四篇没有出现"自然"一词。这与《老子》《庄子》的情况颇不相同。帛书为什么没有出现"自然"一词?这是一个值得探讨的问题。这个问题可能与黄老特别强调以人君、圣人之治,即从上到下的统治和治理有关。而且,在《老子》中,"自然"是从"民""百姓"的角度来说的;而黄老更加关注人君对于宇宙原理的把握及对臣下的操控和统治。二者,帛书《经法》四篇没有出现"精神"一词,没有谈及形神问题。从司马谈的《论六家要旨》来看,这是道家主题上的缺位。形神应当是黄老道家关注的一个重要问题,尤其是在古代医药、医疗水平很差的情况下。反思之,很可能帛书《经法》四篇并非汉初黄老之基本著作的全部,还有一些重要文献应当在《老子》和这四篇帛书之外。

二、何谓黄老道家及其要旨

"道家",是汉朝人提出的概念,或称"道论""道德""黄老"。据司马迁和班固的论述,汉朝人大概有四种意义上的"道家",即言道德之意、言道德之用、黄老刑名和独任清虚四种道家,而"黄老"只是其

中的一种。① 什么是黄老道家?《史记》《汉书》及汉朝人做了很多论述,其中王充做了定义式的概括。《论衡·自然》曰:

> 贤之纯者,黄老是也。黄者,黄帝也;老者,老子也。黄老之操,身中恬淡,其治无为,正身共(恭)己而阴阳自和,无心于为而物自化,无意于生而物自成。

王充所定义的黄老道家在思想内涵上包括"身中恬淡"和"其治无为"两个方面,前者从主观修养来说,后者从治术来说。"身中恬淡"是体,"其治无为"是用。对于王充来说,这二者既有紧密的联系,又有明确的分别。但是,汉初黄老却没有明确做出此种区分,一般是从治术角度来看待"清静""无为"的。如《史记·曹相国世家》曰:"盖公为言治道贵清静而民自定。"《史记·汲郑列传》曰:"黯学黄老之言,治官理民好清静,择丞史而任之……治务在无为而已。"东汉的应劭也以"其治尚清净无为"(《风俗通义·孝文帝》)来描述文帝之治。王充将黄老"清静无为"的治术分别为"身中恬淡"和"其治无为"两个方面,其实这是黄老思潮在其历史运动中发生裂变和深化的反映。而变化的根源其实已经包含在汉初黄老思想的体系中了。

---

① "言道德之意"的道家为老子,"言道德之用"的道家为老莱子,言黄老的道家为黄老学派,"独任清虚则可以为治"的道家为庄子。今人动辄以老庄、黄老分类,或在此基础上杂以稷下道家、齐道家和楚道家的名目,其实这种分类不符合汉朝人的做法。"老庄",汉代文献极少联言,仅见于《淮南子·要略》曰"考验乎老庄之术"和《后汉书·马融列传》马融曰"殆非老庄所谓也"两句中。

关于"道家",司马谈在《论六家要旨》中说:

> 道家无为,又曰无不为,其实易行,其辞难知。其术以虚无为本,以因循为用。无成势,无常形,故能究万物之情。不为物先,不为物后,故能为万物主。有法无法,因时为业;有度无度,因物与合。故曰:"圣人不朽,时变是守。"虚者道之常也,因者君之纲也。群臣并至,使各自明也。其实中其声者谓之端,实不中其声者谓之窾。窾言不听,奸乃不生,贤不肖自分,白黑乃形。在所欲用耳,何事不成?乃合大道,混混冥冥。光燿天下,复反无名。凡人所生者神也,所託者形也。神大(太)用则竭,形大(太)劳则敝,形神离则死。死者不可复生,离者不可复反,故圣人重之。由是观之,神者生之本也,形者生之具也。不先定其神形,而曰"我有以治天下",何由哉?

《论六家要旨》是一篇重要的学术史专论。在阴阳、儒、墨、名、法和道德六家中,司马谈最推崇"道家"。《论六家要旨》曰:"道家使人精神专一,动合无形,赡足万物。其为术也,因阴阳之大顺,采儒墨之善,撮名法之要,与时迁移,应物变化,立俗施事,无所不宜,指约而易操,事少而功多。"在司马谈看来,"道家"要旨包括三个要点,分别为宗旨、方法论和形神关系。道家宗旨为"道家无为,又曰无不为",其方法论为"其术以虚无为本,以因循为用"。当然,道家的方法论是围绕统治术展开的。"虚无"是从"认识心"而言,是对于"成心""成见"的消解；而"因循"是从客观立场来说的，是对于时势和外在事物的尊重。"虚"和"因"都是为了让人君更好地把握治理之"道"和统治之"道"，《论六家要旨》曰："虚者道之常也，因者君之纲也。"道家的御臣之术建立在政治形名学的基础上。道家所说的形神问题，主要是就人主的生命及其健康状态来说的，《论六家要旨》曰："神者生之本也，形者生之具也。"在黄老那里，形神问题为何如此重要？这是因为身体是人主治理天下的前提和基础，人主只有"先定其神形"，才能谈"治天下"的问题。总之，司马谈所归纳的道家要旨属于政治哲学范畴。不过，他所说的"道家"主要指汉初的黄老道家，而他所概括的道家要旨正是黄老道家的思想要点。

随着政治上的失宠，黄老道家从意识形态的宝座上跌落下来。黄老从西汉中期即开始了其自身主题的变化，尽管这一变化是较为缓慢的。而重视养生和批判名教的黄老学，正是从汉初黄老学的一个重要主题——形神问题开始酝酿，并借助庄学推展开来的。

第五节 小结

帛书《道原》的主题集中在篇题"道原"二字上。所谓"道原"，从此篇帛书第一部分文本来看，着重论述的是道的本体性内涵：道是"恒无"与"恒一"的统一，具有"至虚"与"至实"的特性。对于道所具备的宇宙本根意涵，此篇帛书将其处理为本体所包含的重要特性，这表明它采用了由用见体的思维方式。因此，此篇帛书属于本体论而不属于宇宙论或宇宙生成论的性质。《道原》第二部分文本主要围绕"知虚之实，后能太虚"展开，并由此推演出"上虚下静"和"抱道执度"的政治哲学观念。而这两个观念也都是以道的本体性特征为根据的。

此外，学界对于《经法》四篇的思想成分及其来源、四篇的著作时代，以及它们是否属于《汉书·艺文志》所说《黄帝四经》等问题产生了浓厚的研究兴趣。中国哲学界部分从事道家研究或有道家倾向的学者往往赞成唐兰的意见，认为《经法》四篇是公元前400年前后的著作，是《汉书·艺文志》所说的《黄帝四经》。但是，在中国哲学界之外的学者大多不赞成此一意见。关于《经法》四篇是不是《黄帝四经》，以及它们是不是公元前400年左右的作品，这是两个需要再讨论的问题。

附录一 郭店楚竹书《太一生水》注译

第一节 说明

本篇竹书选自荆门市博物馆编《郭店楚墓竹简》(文物出版社,1998年),原整理者和释文注释者为彭浩、刘祖信、王传福。《太一生水》图版见是书第13—14页,释文注释见是书第125—126页。篇题"太一生水"是由整理者根据简文拟加的。此外,《太一生水》的释文和注释还见于李零《郭店楚简校读记(增订本)》(北京大学出版社,2002年)、刘钊《郭店楚简校释》(福建人民出版社,2005年)和武汉大学简帛研究中心、荆门市博物馆编著《郭店楚墓竹书》(文物出版社,2011年)。本注译主要参考了《郭店楚墓竹简》和《郭店楚墓竹书》两书。

《太一生水》共十四支简,其中七支完整,七支残缺,现存305字。竹简两段平齐,简长26.5厘米,编绳两道,上下间距10.8厘米。《太一生水》十四支简与郭店《老子》丙组同简制,书迹相同,据此推测,它们原来应当合编为一册。整理者之所以将《太一生水》与《老子》分开,单独立篇,是因为根据现有资料,这篇竹书在内容上与《老子》相差巨大。这个意见得到了绝大多数学者的赞成。少数学者试图将《太一生水》与《老子》关联起来，或者认为《太一生水》是古本《老子》的一部分，或者认为是《老子》的传。

一开始，绝大多数学者跟从整理者的意见，认为《太一生水》全部十四支简是一个文本整体，然后在此基础上理解其文本、思想及其学派性质。崔仁义、刘信芳将这十四支简分为三组，前八支简为一组，第10—12号简为一组，第9、13、14号简为一组。①裘锡圭将前八支简分为一组，称为"太一生水"章，将第10—13号简分为一组，称为"名字"章，将第9、14号简分为一组，称为"天道贵弱"章。②陈伟将第9号简置于第12号、第13号简之间，并将全部十四支简分为三章。后来，陈伟改从裘锡圭的简序，前八支简为一章，后六支简为一章。③李零未改变简序，将前八支简称为第一章，后六支简称为第二章。④在此基础上，李学勤认为《太一生水》是"关尹遗说"，并指出其与天文数术有密切关系。⑤彭浩认为《太一生水》是经过数术和阴阳家思想改造的道家学说。⑥

---

① 崔仁义：《荆门郭店楚简〈老子〉研究》，科学出版社，1998年，第36-37页；刘信芳：《荆门郭店竹简老子解诂》，台北艺文印书馆，1999年，第75-76页。
② 裘锡圭：《〈太一生水〉"名字"章解释——兼论〈太一生水〉的分章问题》，载《古文字研究》第22辑，中华书局，2000年，第221页。
③ 陈伟：《〈太一生水〉校读并论与〈老子〉的关系》，载《古文字研究》第22辑，中华书局，2000年，第227-228页；陈伟：《郭店竹书别释》，湖北教育出版社，2002年，第23-24页。
④ 李零：《郭店楚简校读记》（增订本），北京大学出版社，2002年，第32-33页。
⑤ 李学勤：《荆门郭店楚简所见关尹遗说》，《中国文物报》1998年4月8日第3版。
⑥ 彭浩：《一种新的宇宙生成理论——读〈太一生水〉》，载武汉大学中国文化研究院编：《郭店楚简国际学术研讨会论文集》，湖北人民出版社，2000年，第540页。

萧汉明认为是阴阳家著作。① 李零认为它包含数术背景。② 此外，河井义树、姜声灿、王博、陈丽桂、郑吉雄、曹峰等人的注释和议论值得注意。③ 笔者的相关论文也值得关注。④

本附录依据整理者所定简序，将《太一生水》前八支简分为一部分，将后六支简分为一部分。这两部分简文应当分为两篇。后六支简的次序调整为：10—11—12—13—14—9。前八支简的篇名仍称"太一生水"，后六支简的篇名改为"天地名字"。第9号简与第10—14号简不甚相应，需要单独处理，故本附录将其置于篇末。原整理者不但认为十四支简同篇，而且直接断定："太一，在此为道的代称。"⑤ 这个判断极为基础，影响深远。不过，全部十四支简并没有提供任何相关证据，故其说非常可疑。本附录认为，《太一生水》前八支简的内容是以

---

① 萧汉明：《〈太一生水〉的宇宙论与学派属性》，《学术月刊》2001年第12期。
② 李零：《郭店楚简校读记》（增订本），北京大学出版社，2002年，第41-42页。
③ ［日］河井义树、姜声灿等：《〈太一生水〉译注》，载［日］池田知久监修：《郭店楚简の研究（一）》，大东文化大学大学院事务室，1999年，第27-61页；王博：《〈太一生水〉研究》，载氏著：《简帛思想文献论集》，台湾古籍出版有限公司，2001年，第209-230页；陈丽桂：《〈太一生水〉研究综述及其与〈老子〉丙的相关问题》，载氏著：《近四十年出土简帛文献思想研究》，中华书局，2015年，第125-141页；郑吉雄：《〈太一生水〉释读研究》，载《中国典籍与文化论丛》第14辑（《中国典籍与文化》增刊），凤凰出版社，2012年，第145-166页；曹峰：《〈太一生水〉下半部分是一个独立完整的篇章》，《清华大学学报（哲学社会科学版）》2014年第2期。《〈太一生水〉译注》的作者为松崎实、姜声灿、谢卫平、卢艳、河井义树五人，其中第9、10号简的译注者为河井义树，第11—14号简的译注者为姜声灿。陈丽桂文，原载《汉学研究》第23卷第2期，2005年12月。
④ 丁四新：《楚简〈太一生水〉研究——兼对当前〈太一生水〉研究的总体批评》，载丁四新主编：《楚地出土简帛文献思想研究（一）》，湖北教育出版社，2002年，第183-249页；丁四新：《楚简〈太一生水〉第二部分简文思想分析及其宇宙论来源考察》，《学术界》2002年第3期。
⑤ 荆门市博物馆编：《郭店楚墓竹简》，文物出版社，1998年，第125页。

太一为中心的宇宙生成论，具有阴阳家的性质。"太一"在文中是终极始源，兼具宇宙本根、宇宙本体和数术特征；在功能上，它相当于老子的"道"。"太一生水"宇宙生成论的目的是"成岁而止"，而"岁"包括四时、沧热、湿燥等内容。后六支简具有明显的道家色彩，是道家著作，对此意见学者无异议。前八支简的宇宙论带有浑天说的色彩，后六支简的宇宙论属于盖天说。前八支简大概属于楚人作品，后六支简则很可能出自中原地带。

在分为两个部分或两篇的基础上，本附录又将前八支简和后六支简各分为三章。

第二节　"太一生水"部分注译

第一章：

> 太一生水。[一]水反辅太一，是以成天。[二]天反辅太一，是以成地。[三]天地【复相辅】$_1$也，是以成神明。[四]神明复相辅也，是以成阴阳。[五]阴阳复相辅也，是以成四时。[六]四时$_2$复【相】辅也，是以成沧热。[七]沧热复相辅也，是以成湿燥。[八]湿燥复相辅也，成岁$_3$而止。[九]

【注释】

[一]"太一"，"太"，原简一律写作"大"。"大"读作"太"。下同。"太"者，极也，最也。在简文中，"太一"是终极始源，同时它又存在

于其所生成的事物之中。"太一"既是本根,又是本体。在功能上,"太一"相当于《老子》的"道"。《吕氏春秋·大乐》:"道也者,至精也,不可为形,不可为名,强为之名,谓之太一。"① 据此,一说认为《太一生水》的"太一"就是"道的代称"。② 不过,此篇竹书没有提供任何证据可直接证明这一点。

"太一生水",意思是太一自己生成水,水是由太一产生的。"生",是产生、派生之义。这是第一种宇宙生成的方式。"水"在《太一生水》中地位很特殊、很重要。下文云"水反辅太一,是以成天",又曰"太一藏于水","水"的这种地位和作用,见之于浑天说。《晋书》卷十一引张衡《浑天仪注》曰:"天如鸡子,地如鸡〖子〗中黄,孤居于天内,天大而地小。天表里有水,天地各乘气而立,载水而行。"大概《太一生水》(前八支简)属于原始浑天说的宇宙生成论。

[二]"水反辅太一","辅",原简一律写作"楠"。"楠"读作"辅"。下同。"辅"者,辅助。"反辅",反过来辅助。"反辅"是第二种宇宙生成的方式。在"水反辅太一"中,"太一"是主导的方面,"水"是辅助的方面。

"是以成天","成",原简一律写作"城"。"城"读作"成"。下同。本句与上句"水反辅太一"是说,天的生成是水反过来辅助太一的结果。下句"天反辅太一,是以成地"是说,地的生成是天反过来辅助太

---

① 后一"名"字,原脱,据毕沅说补。参见王利器:《吕氏春秋注疏》,巴蜀书社,2002年,第507页。

② 荆门市博物馆编:《郭店楚墓竹简》,文物出版社,1998年,第125页。

一的结果。

[三]"是以成地","地",原简一律写作"陸"。"陸"读为"地"。下同。

[四]"天地【复相辅】","复相辅"三字,据下文补。"复"者,再,又。"相"者,互相。"相辅"从下文看,指天地二者间相互辅助,即天辅助地、地辅助天,二者互为主辅。天地、神明、阴阳、四时、沧热、湿燥、岁,后者均是由前者相辅的结果。"相辅"是第三种宇宙生成的方式。在上述第一种和第二种宇宙生成方式中,"太一"都直接出现于其中并且是主导因素,而在第三种宇宙生成方式中,"太一"存不存在于其中呢?这是一个问题。笔者认为,在第三种宇宙生成方式中,"太一"也以隐蔽的方式存在于其中。竹简下文曰:"是故太一藏于水,行于时。周而又【始,以己为】万物母;一缺一盈,以己为万物经。"这段简文即证明了这一点。

"是以成神明",在古书中"神明"有多种含义,从上下文看,简文的"神明"应当具有实体性质,是联系"天地"与"阴阳"的中介。简文的"神"大概指天所包含的精神,"明"大概指地所包含的精神。①

[五]"是以成阴阳","阴阳",原简一律写作"侌昜"。"侌昜"即"阴(陰)阳(陽)"。下同。"侌"即古文"陰"字,见《说文·云部》。"昜"即"陽"的本字,参见段玉裁《说文解字注》。② "阴阳",是中

---

① 郭沂有此说法。参见郭沂:《郭店竹简与先秦学术思想》,上海教育出版社,2001年,第138页。

② (清)段玉裁:《说文解字注》,上海古籍出版社,1981年,第454页。

国古代宇宙生成论哲学中的两大对立因素，"阴"代表负的方面、因素和力量，"阳"代表正的方面、因素和力量。古人常用阳气、阴气来表示之。

[六]"是以成四时"，"四时"指春、夏、秋、冬。在简文中，春夏为阳，秋冬为阴。或者说，阴辅阳而生春夏，阳辅阴而生秋冬。

[七]"四时复〖相〗辅"，据文例，此句抄脱了"相"字，当补。"四时复〖相〗辅"，指春夏秋冬的复相辅。不过，春夏秋冬四时如何复相辅，这是一个问题。春夏为热，秋冬为沧。或者说，春夏为主而秋冬为辅则为热，秋冬为主而春夏为辅则为沧。这样一来，我们需要设想春、夏、秋、冬为四时神。而四时神的观念，其实已见于长沙子弹库帛书。

"是以成沧热"，"沧"，原简一律写作"倉"；"热"，原简一律写作"然"。"倉"读作"沧"，"然"读作"热"。下同。《说文·仌部》："沧，寒也。"《说文·火部》："热，温也。""沧热"一词已见于传世文献《逸周书·周祝解》和《荀子·正名》。

[八]"是以成湿燥"，"燥"，原简一律写作"澡"。"澡"读作"燥"。下同。《说文·水部》："湿，幽湿。""湿"即潮湿的本字。《说文·水部》："湿，水。"即古代的水名，古黄河下游的支流之一。"湿"汉隶多写作"濕"，后通用"濕"，简体字作"湿"。"燥"即干燥。

[九]"成岁而止"，"岁"，原简一律写作"歲"。"歲"即"岁"字，是"岁"字的楚文字写法。简文的"岁"指年岁，四时一终曰岁。

【今译】

太一产生水，水反过来辅助太一，所以生成天。天反过来辅助太一，所以生成地。天地又相互辅助，所以生成神明。神明又相互辅助，所以生成阴阳。阴阳又相互辅助，所以生成春夏秋冬四时。春夏秋冬四时又相互辅助，所以生成沧热。沧热又相互辅助，所以生成湿燥。湿燥又相互辅助，直至成就年岁而止。

第二章：

> 故岁者，湿燥之所生也。[一]湿燥者，沧热之所生也。沧热者，四时₄《之所生也。四时》者，阴阳之所生《也》。[二]阴阳者，神明之所生也。神明者，天地之所生也。天地₅者，太一之所生也。[三]

【注释】

[一]"故岁者，湿燥之所生也"，"故"，原简一律写作"古"。"古"读作"故"。下同。这句是说，因此年岁是由湿燥所生成的。

[二]"之所生也四时"六字，原简抄脱，据上下文及文义补。

[三]"天地者，太一之所生也"，与上一章相较，此句省略了"水"。其所以如此，盖作者避免叙述烦琐故。

这一章简文反说之，从岁、湿燥、沧热、四时、阴阳、神明、天地到太一，依次推说其所生者，前者为成果，后者为生因，如岁是由湿燥所生成的，湿燥是由沧热所生成的，乃至天地是由太一所生成的。从本章可以看出，太一的生成系列呈现出强烈的线性对偶的特征。

【今译】

所以岁，是湿燥所生的。湿燥，是沧热所生的。沧热，是四时所生的。四时，是阴阳所生的。阴阳，是神明所生的。神明，是天地所生的。天地，是太一所生的。

第三章：

是故太一藏于水，行于时^[一]，周而又【始，以己为】₆万物母^[二]；一缺一盈，以己为万物经。^[三]此天之所不能杀，地之所不能埋，阴阳之所不能成。^[四]君子知此之谓【圣，不知此之谓蒙。】^[五]₈

【注释】

［一］"是故太一藏于水"，"藏"，原简写作"贜"。"贜"从臧声，读作"藏"。第一章云"太一生水"，此章云"太一藏于水"，"水"相较于天地、神明、阴阳等具有优先地位和作用，一者它是太一的首要生成物，二者它是太一的居藏之所，三者水优先于天地而生成，是生成天地的辅助因素。太一的存在当然是绝对的，但是一旦太一生成水、天地等事物之后，太一即居藏于水中，或者说，在客观世界中水是太一的居藏之家。

"行于时"，此句连上句是说，藏于水的太一出自水而行于四时。

［二］"周而又【始】"，"周"，原简写作"迿"，"迿"同"遇"，通作"周"。《说文》有"周"而无"遇"字。《楚辞·九歌·湘君》："鸟次兮屋上，水周兮堂下。"王逸注："周，旋也。""周"即周旋、周复义。《玉篇·辵部》："遇，迴也。""遇"同"周"，"遇"是"周"之俗字。"又"，原简写作"或"，"或"读为"又"。"始"，据文义补，参见《郭店楚墓竹简》"裘按"（裘锡圭按语）。① "周而又始"，具体指藏于水的太一生出天地，行于四时，最终又复藏于水的循环往复过程。"周而又始"是古人对于自然法（天道）的惯用描述语，随着夏至日北至、冬至日南至，太一的生成作用即有四时"周而又始"的变化。

"【以己为】万物母"，"以己为"三字原文脱，现据下句"以己为万物经"补。"己"，指太一自身。"万"，原简一律写作"墦"。"墦"读作"萬（万）"。"物"，原简一律写作"勿"。"勿"读作"物"。下同。郭店《老子》甲组第21号简："有状混成，先天地生。敚寥，独立不改，可以为天下母。""可以为天下母"，帛书两本、北大汉简本均作"可以为天地母"。在早期《老子》文本中，"天下""天地""万物"这三个词常可换用。《老子》"可以为天下母"，与《太一生水》"【以己为】万物母"义近。"母"是一个象形字，本义是母亲，在此取其比喻义，指万物的根本、根源。

［三］"一缺一盈"，原简写作"罷块罷泾"。整理者说："罷，

---

① 荆门市博物馆编：《郭店楚墓竹简》，文物出版社，1998年，第126页。

读作'一'。此字亦见于简本《五行》'耍人君子，其义翟也'句。《诗·曹风·尸鸠》：'淑人君子，其仪一兮。'可证'翟'当读作'一'。"①"块"读为"缺"，"涅"读为"盈"。"盈"者，盈满。"一缺一盈"，大概以月为喻，言太一之生成作用：太一藏于水，犹月晦极其虚缺；太一行于时，犹月望极其盈满。

"以己为万物经"，"己"，原简写作"忌"。裘按："疑'忌'读为'己'。"②其说是。"己"指太一自身。"经"的本义指织机上的纵丝，在简文中指本经、常法。

[四]"此天之所不能杀"，"杀"，杀死。《说文·殳部》："杀，戮也。"河井义树说："《太一生水》'此天之所不能杀'之'杀'字对应《荀子·儒效》'天不能死，地不能埋'之'死'字，'杀'即'死'的意思。"③李零有类似说法。下句"地之所不能埋"，"埋"，原简写作"釐"。"釐"，李零读作"埋"，云："《荀子·儒效》'天不能死，地不能埋'是类似说法。"④李说是。

"阴阳之所不能成"，"为万物母""为万物经"是太一的基本特性，这是阴阳所不能成就的特性。简文似乎在一定程度上批评了当时流行的阴阳万能的宇宙生成观，而认为太极高居于阴阳之上，既是万物的

---

① 荆门市博物馆编：《郭店楚墓竹简》，文物出版社，1998年，第126页。
② 荆门市博物馆编：《郭店楚墓竹简》，文物出版社，1998年，第126页。
③ [日]池田知久监修：《郭店楚简の研究（一）》，大东文化大学大学院事务室，1999年，第49页。
④ 李零：《郭店楚简校读记》，载陈鼓应主编：《道家文化研究》第17辑，三联书店，1999年，第477页。

母根,又是万物的本经,或者说,太一既是万物的本根又是万物的本体。

[五]"君子知此之谓【圣】","君子",以位言。"知",原简写作"智"。"智"读作"知"。"谓",原简一律写作"胃"。"胃"读作"谓"。下同。"谓"下,第8号简残去七字,赵建伟补一"圣"字,廖名春补作"圣,不知此之谓冥"。① "圣",圣明通达。《说文·耳部》:"圣,通也。"廖补"冥"字可以改补为"蒙"字。"蒙",愚蒙。《周易·蒙》:"匪我求童蒙,童蒙求我。"孔颖达疏:"蒙者,微昧暗弱之名。"②

【今译】

所以太一隐藏于水中,运行于四时,周岁又开始,以自己为万物的母根;一缺失一盈满,以自己为万物的本经。这是天之所不能杀死、地之所不能埋葬、阴阳之所不能成就的宇宙大理。君子知道这一点就叫作圣通,不知道这一点就叫作愚蒙。

第三节 "天地名字"部分注译

第一章:

下,土也,而谓之地;上,气也,而谓之天▆。[一]道亦其字也,青昏其名▆。[二]以道从事者必託其名,故事成而身长。[三]

---

① 赵建伟:《郭店楚墓竹简〈太一生水〉疏证》,载陈鼓应主编:《道家文化研究》第17辑,三联书店,1999年,第387页;廖名春:《出土简帛丛考》,湖北教育出版社,2004年,第95页。

② (清)阮元校刻:《十三经注疏·周易正义》,中华书局,2009年,第36页。

圣人之从事也，亦託其[11]名，故功成而身不伤。[四]

【注释】

[一]"下，土也，而谓之地"，此句的"下"字与下句的"上"字，均以"人"为界，在三才说中，"人"居中，故人下为地，人上为天。"土"，是构成地的质料，而"地"是积土而成者。

"上，气也，而谓之天"，"气（氣）"，原简写作"熯"，"熯"读为"气（氣）"。"熯"也是楚文字"气（氣）"字的一般写法。"气"，是构成天的质料，而"天"是积气而成者。这种上气为天、下土为地的宇宙观一般属于盖天说。这一点与前八支简所展示的宇宙观不同，前八支简的宇宙观带有比较浓厚的浑天说色彩。由此可知，《太一生水》前八支简与后六支简不当同篇。又，《礼记·中庸》曰："今夫天，斯昭昭之多，及其无穷也，日月星辰系焉，万物覆焉。今夫地，一撮土之多，及其广厚，载华岳而不重，振河海而不泄，万物载焉。"《鹖冠子·度万》云："所谓天者，非是苍苍之气之谓天也；所谓地者，非是膞膞之土之谓地也。所谓天者，言其然物而无胜者也；所谓地者，言其均物而不可乱者也。"这两段引文与简文意思相近。不过，比较它们，可知简文的写作大概居于《礼记·中庸》和《鹖冠子·度万》之间。

[二]"道亦其字也"，"其"，原简一律写作"亓"，"亓"读为"其"。下同。从上下文看，"其"指代天地。本章及下章的论述中心均为"天

地"。一说"其"指代太一,误。又一说"其"指代"道"。若如此,那么"道亦其字也"就是"道亦道字也",但这是很不通顺的。"字",原简一律写作"忎","忎"读作"字"。"道亦其字也"是说,道不过是天地之字。据此,在简文中,"道"次于"天地",是用来描述天地之存在状态的一个词语和概念。因此简文的"道"与老子的"道"大异,性质不同。

"青昏其名",这句是说青昏是天地的本名。对于"青昏",学者的争议较大。原整理者读为"请问"。① 李零说:土在下为地,气在上为天。"道"只是它们的"字","青昏"才是它们的"名"。夏德安教授说,"青昏"即天地的"名",马王堆帛书《却谷食气》篇讲天地六气有"清昏",或即这里的"青昏"。"青昏"也可能是指天地未生时的混沌状态或天地所由生的清浊二气。②《郭店楚墓竹书》注释:"'昏清'是其中一种气名,与本篇'青昏'不同。上博竹书《季康子问于孔子》2号简'青昏'正用作'请问'。"③ 马王堆帛书《却谷食气》,或称《去谷食气》。此篇帛书有食谷食气之说,其中"昏清"为食气的时刻。《却谷食气》曰:"春食一去浊阳,和以【铣】光、朝霞、【昏清】可。夏食一去汤风,和以朝霞、沆瀣,昏【清可。秋食一去□□】、霜、霜

---

① 荆门市博物馆编:《郭店楚墓竹简》,文物出版社,1998年,第125页。
② 李零:《读郭店楚简〈太一生水〉》,载陈鼓应主编:《道家文化研究》第17辑,三联书店,1999年,第319-320页。
③ 武汉大学简帛研究中心、荆门市博物馆编著:《楚地出土战国简册合集(一):郭店楚墓竹书》,文物出版社,2011年,第24-25页。

雾，和以输阳、铣〚光〛，昏清可。冬食一去凌阴，【和以端】阳、铣光、输阳、输阴，【昏清可】。"①（引文从宽式）同样内容亦见于张家山汉墓336号墓竹简《彻谷食气》篇。②此"昏清"的性质，与郭店简"青昏其名"的"青昏"根本不同，夏德安说确实不对。不过，李零指出，此"青昏"可能指天地未生时的混沌状态或天地所由生的清浊二气，具有启发意义。笔者认为，"青昏"和"道"都是用来描述"天地"的两种存在状态的。"青昏"以光色为喻，指天地未分的本原状态，有昏暗、混沌、无序之义，故曰"青昏其名"。与此相对，"道"表示天地已分的物事状态，有条理、规律、明晰和有序之义，故曰"道亦其字也"。③竹书下文云"天地名字并立"，进一步证明"名字"是相对于"天地"来说的。

［三］"以道从事者"，"从事"，做事。"必託其名"，"託"，原简一律写作"忓"，"忓"读为"託"。"託"，寄托、假托。"其名"，指天地之名，即青昏也。"身长"，身体长久。

［四］"亦託其名"，"其名"亦指天地之名，即青昏也。"故功成而身不伤"，"功"，原简写作"江"。"江"读为"功"。"伤"，原简写作"剔"。"剔"读为"傷（伤）"。"伤"，伤害。

---

① 湖南省博物馆、复旦大学出土文献与古文字研究中心编：《长沙马王堆汉墓简帛集成（陆）》，中华书局，2014年，第3页。
② 荆州博物馆编：《张家山汉墓竹简：三三六号墓》，文物出版社，2022年，第136页。
③ 丁四新：《楚简〈太一生水〉第二部分简文思想分析及其宇宙论来源考察》，《学术界》2002年第3期。

【今译】

足下是土,而叫作地。头上是气,而叫作天。道不过是天地之字,青昏是天地之名。以道做事情的人,一定会假托天地之名(即青昏),所以不仅事情成功,而且身体长久。圣人做事情,也假托天地之名(即青昏),所以不仅功业成就,而且身体不会受到伤害。

第二章:

天地名字并立,故过其方,不使相【尚(当)】[一]:天不足】₁₂于西北,其下高以强[二];地不足于东南,其上【□以□。[三]不足于上】₁₃者,有余于下[四];不足于下者,有余于上。■[五]₁₄

【注释】

[一]"天地名字并立","天地名字"指天地之名和天地之字,天地之名即青昏,天地之字即道。"并立",犹"并建"。"并",同时,一起。"天地名字并立"一句指以天地之名"青昏"与天地之字"道"并建。实际上,在古人的思想世界中,名先字后,字据名取,名字不应当"并立"。简文之所以说"天地名字并立",是鉴于中国天形地势之不均齐,故提出此说法作为理由。

"故过其方","过",原简写作"怸"。"怸",整理者读为"过

(過)",李零读为"訛",李锐读为"化"。①今从整理者读。"过",失掉。《国语·周语上》:"夫天地之气,不失其序;若过其序,民乱之也。"韦昭注:"过,失也。"②《易传·豫》:"天地以顺动,故日月不过,而四时不忒。"虞翻注:"过,谓失度。"③"方",法则、准则。在盖天说中,天地之方为天上地下和天齐地平。"过其方",指天地失掉其天上地下、天齐地平之特性。

"不使相【当】","使",原简作"囟","囟"从"思"省,"思"(心纽之部)读作"使"(生纽之部)。裘按:"'相'下一字尚残存上端,从残画及上下文韵脚及文义看,必是'尚'字或从'尚'声之字,当读为'当'。'不思相当'作一句读。"④不过,"相"下一字,裘锡圭后来改读为"尚"。⑤陈伟说:"读为'尚',有超过、高出的意思。"⑥笔者认为"尚"当读为"当(當)",不读如字。"相当",相称,指天平地齐。"不使相当"指天地丧失其均齐之性,上下不相当,而呈现出交错状态:地势西北高强,则天形西北不足;地势东南卑弱,则天形东南有余。

---

① 荆门市博物馆编:《郭店楚墓竹简》,文物出版社,1998年,第126页;李零:《郭店楚简校读记》,载陈鼓应主编:《道家文化研究》第17辑,三联书店,1999年,第477页;李锐:《〈太一生水〉补疏》,简帛研究网,2007年5月26日。
② 徐元诰:《国语集解》,中华书局,2002年,第26页。
③ (清)李道平:《周易集解纂疏》,中华书局,1994年,第202页。
④ 荆门市博物馆编:《郭店楚墓竹简》,文物出版社,1998年,第126页。
⑤ 裘锡圭:《〈太一生水〉"名字"章解释——兼论〈太一生水〉的分章问题》,载《古文字研究》第22辑,中华书局,2000年,第224页。
⑥ 陈伟:《〈太一生水〉考释》,载《古文字与古文献》试刊号,台北楚文化研究会筹备处,1999年,第71页。

在"天地名字并立"及下句中,"天地名字并立"是因,"故过其方,不使相当"是果。下文"【天不足】于西北"等句是对于"不使相当"的进一步说明。在盖天说中,天上地下、天齐地平乃理所当然,但实际情况是:中国的天形地势失均,地势西北高、东南低,天形西北不足、东南有余。如何解释这一宇宙现象的产生,作者提出的基本理由是"天地名字并立"。不过,在今天看来,"天地名字并立"的理由很特殊,不易被人理解。这也是导致人们对于此篇竹书产生较大争论的原因之一。

《淮南子·天文》对于中国天形地势的解释,与简文不同。《淮南子·天文》曰:"昔者共工与颛顼争为帝,怒而触不周之山,天柱折,地维绝。天倾西北,故日月星辰移焉;地不满东南,故水潦尘埃归焉。"这是用神话解释中国天形地势的成因。《淮南子·天文》这段话大概被纬书抄录,故《论衡·谈天》引儒书之言曰:"共工与颛顼争为天子,不胜,怒而触不周之山,使天柱折,地维绝。女娲销炼五色石以补苍天,断鳌足以立四极。天不足西北,故日月移焉;地不足东南,故百川注焉。"《史记》也有一段相关的话,《史记·日者列传》曰:"(司马季主曰)天不足西北,星辰西北移;地不足东南,以海为池。"

[二]"【天不足】于西北","天不足"三字据补,此句与下文"地不足于东南"一句对应。

"其下高以强","其下",指天之下;"高以强",指地势高峻且刚强。"强",原简一律写作"勥"。"勥"读作"强"。下同。《说文》"强""彊"

不同字。简文的"强"同"彊"。《说文·弓部》:"彊,弓有力也。"在简文中,"强(彊)"是刚强、强盛义。

［三］"其上【□以□】",此句所缺三字,学者有多种补法。一种补为"低以溺(弱)",一种补为"下以溺(弱)",一种补为"厚以溺(弱)"。这三种补法都不正确,原因是"溺(弱)"字与方、当、强等字不押韵。彭浩、裘锡圭、郭沂补作"高以强"。① 不过,此三字在简文中是说地势特点的,它们是否可用来说天形的特点,这是值得怀疑的。赵建伟补作"厚以广",廖名春补作"厚而壮"。② 此三字到底怎么补才比较恰当,这是一个问题。从简文看,所缺第二字当补"以"字,所缺第三字当与方、当、强、上押韵。

［四］"【不足于上】者",据下文及文义补。"不足于上者",指中国西北的天形。

"有余于下","有",原简写作"又","又"通"有"。下同。"余",原简即写作此字。"有余于下",就中国西北的地势而言。

［五］"不足于下者",指中国东南的地势。

"有余于上",就中国东南的天形而言。

---

① 彭浩:《一种新的宇宙生成理论——读〈太一生水〉》,武汉大学中国文化研究院编:《郭店楚简国际学术研讨会论文集》,湖北人民出版社,2000年,第540页;裘锡圭:《〈太一生水〉"名字"章解释——兼论〈太一生水〉的分章问题》,载《古文字研究》第22辑,中华书局,2000年,第224页;郭沂:《郭店竹简与先秦学术思想》,上海教育出版社,2001年,第142页。

② 赵建伟:《郭店楚墓竹简〈太一生水〉疏证》,载陈鼓应主编:《道家文化研究》第17辑,三联书店,1999年,第391页;廖名春:《出土简帛丛考》,湖北教育出版社,2004年,第105页。

【今译】

天地的名字"青昏"与"道"并立,所以天地丧失其均齐之性,不使上下相当:天气不足于西北,其下地土高峻且刚强;地土不足于东南,其上天气……。西北之天气不足于上,相应之地土即有余于下;东南之地土不足于下,相应之天气即有余于上。

第三章:

天道贵弱,削成者以益生者[一];伐于强,责(积)于【弱。□□□□□】[二]。

【注释】

[一]"天道贵弱","弱",原简写作"溺"。"溺"读作"弱"。

"削成者以益生者","削",原简写作"雀","雀"读作"削"。"削",削减。《孟子·告子上》:"鲁之削也滋甚。""成者",已成就者。"以",而也,是并列连词。"益",原简写作"嗌","嗌"读作"益"。"益",增益。"生者",正在生长者。

[二]"伐于强","伐",是败坏义。《诗·小雅·宾之初筵》:"醉而不出,是谓伐德。"王引之《经义述闻》载王念孙曰:"德不可以言诛伐。伐者,败也。"① "强",同"彊",是刚强、强盛义。"伐于强",即"伐强",败坏刚强。"责",刘信芳读为"积(積)"②,可从。《说文·禾

---

① (清)王引之:《经义述闻》,上海古籍出版社,2017年,第366页。
② 刘信芳:《荆门郭店竹简老子解诂》,台北艺文印书馆,1999年,第78页。

部》:"积,聚也。""积"即积聚、累积义。"弱"字,据文义补。"积于弱",言天道积聚于柔弱的一方。

第9号简下端约残七八字位置,"弱"下尚有六七字位置待处理。在《太一生水》后六支简中,第9号简的次序难以处理,原整理者单独列为一组,是谨慎的。本书将其单独列为一章,并移至篇末。此号简的中心思想是"天道贵弱",与《太一生水》前八支简不类,与第10—14号简虽然有一些联系,但是不甚紧密。竹书"天道贵弱"的思想与老子"柔弱胜刚强"的思想很相近。王本《老子》第三十六章曰:"柔弱胜刚强。"第七十六章曰:"人之生也柔弱,其死也坚强。万物草木之生也柔脆,其死也枯槁。故坚强者死之徒,柔弱者生之徒。"第七十八章曰:"天下莫柔弱于水,而攻坚强者莫之能胜,其无以易之。弱之胜强,柔之胜刚,天下莫不知,莫能行。"这三章《老子》文本皆可以为证。

【今译】

天道贵尚柔弱,削减已成就者,而增益正在生长者;败坏刚强的一方,而积聚于柔弱的一方。……

第四节　思想简说

《太一生水》共十四支简,与郭店《老子》丙组简制相同,字迹相同,它们应当同册。从内容看,这十四支简与郭店《老子》或传世本《老子》相差巨大,故它们不仅不应当看作原始《老子》的一部分,而且也不是《老子》某些章段的传。不仅如此,《太一生水》十四支简也未必同篇。前八支简为一篇或一部分，其中心内容为太一生水而成岁的宇宙生成论，其篇名仍可称为"太一生水"。后六支简为另一篇或另一部分，其中心内容是以天地名字解释中国天形地势的成因，其篇名当改称为"天地名字"。其中，第9号简与其他五支简关系不够紧密，其具体位置难以处理。本附录进一步将《太一生水》篇（前八支简）分为三章，将《天地名字》篇（后六支简）也分为三章。

《太一生水》篇主要叙述了"太一生水"及"成岁而止"的宇宙生成论。"太一生水"的生成系列颇富特色，其中"太一"是宇宙生成的终极始源，"水"的位置极其重要和特殊，"成岁而止"是太一生成论的目的。从太一、水、天地、神明、阴阳、四时、沧热、湿燥至成岁而止，太一的宇宙生成论有三种生成方式：第一种是太一自生，即水是由太一直接自生的；第二种是反辅太一而生成，即天是由水反辅太一而生成的，地是由天反辅太一而生成的；第三种是相辅而生成，即神明是由天地、阴阳是由神明、四时是由阴阳、沧热是由四时、湿燥是由沧热、岁是由湿燥相辅而生成的。笔者认为，在相辅而生成的过程中，太一的作用不是完全消失了，而是以隐蔽的方式在背后起着作用。所以一方面太一藏于水，另一方面太一行于时，而为万物生成的母根及其存在的本经。太一既是终极始源，又是一切生成物的本体。考察此篇竹书与中国传统宇宙学说的关系，太一生水的宇宙生成论似乎具有明显的浑天说色彩，而跟盖天说的关系不大。从功能看，"太一"相当于老子的"道"，但亦有重要不同。而且，全篇没有直接证据表明"太一"即为老子的

"道"。《太一生水》（前八支简）可能是楚阴阳家的著作。

《天地名字》篇主要以"天地名字并立"解释了中国天形地势（中国地势西北高、东南低）的成因。所谓天地之字指道，天地之名指青昏。"青昏"指天地混沌未分的存在状态，体现混沌、幽暗、无序的原则；"道"指天地已分的存在状态，体现条理、规律、秩序的原则。此篇竹书的"道"，与《老子》的"道"不同。名先字后，本不并立，竹简却云"天地名字并立"，这是将天地之本名"青昏"和天地之字号"道"作为中国天形地势的两大成因和建构原则来看待的。与《淮南子·天文》的相关解释相较，非常不同。不仅如此，竹书还据其言存身之用，云："以道从事者必託其名，故事成而身长。圣人之从事也，亦託其名，故功成而身不伤。"第10—14号简的宇宙观无疑为盖天说。

第9号简的中心思想为"天道贵弱"，它是一个应然性的原理。这个观念与老子的主张很相近。王本《老子》第三十六章曰："柔弱胜刚强。"老子所谓"柔弱胜刚强"，正是从"天道贵弱"的角度来说的。需要指出，《天地名字》篇第9号简的思想与第10—14号简的思想差距较大。

附录二　上博楚竹书《凡物流形》注译

第一节　说明

竹书《凡物流形》载于马承源主编《上海博物馆藏战国楚竹书（七）》（上海古籍出版社，2008年），原释文注释者为曹锦炎先生。《凡物流形》有甲、乙两本，甲本竹简图版见《上海博物馆藏战国楚竹书（七）》第77—107页，释文注释见是书第223—272页；乙本竹简图版见是书第111—132页，释文注释见是书第273—284页。其中甲本相对完整，共30支简。不过，据李锐说，第27号简不属于甲本[①]，乙本亦无此一简文字。甲本缺字，可据乙本补足，全篇共846字。乙本残损较多，现存简21支，共601字。"凡物流形"是原有篇题，书于甲本第3号简背。本注译，采用甲本作注释底本，缺文参考乙本补足。乙本附于本篇注译文末。

《凡物流形》原释文出版后，学界发表了大量相关文章，对整理者

---

① 第27号简文字，参见曹锦炎释文注释：《凡物流形（甲本）》，载马承源主编：《上海博物馆藏战国楚竹书（七）》，上海古籍出版社，2008年，第268页。

所编简序、所作释文和注释都做了许多讨论，其中有些讨论极为重要，对于这篇竹书的重新理解起到了关键作用，如简序的调整及"一"字和"察"字的释出即是如此。其中，复旦读书会（"复旦大学出土文献与古文字研究中心研究生读书会"之简称）所作《〈上博（七）·凡物流形〉重编释文》在释文修订上做出较多贡献。此外，李锐、廖名春、顾史考等学者也提出了一些合理意见。① 在简序问题上，复旦读书会、顾史考和王中江等人做出了较大贡献。本注译采用顾史考、王中江最后调整的甲本简序方案：1—2—3—4—5—6—7—8—9—10—11—12A—13B—14—16—26—18—28—15—24—25—21—13A—12B—22—23—17—19—20—29—30。

《凡物流形》甲本由十段文字组成，本注译即相应地将其分为十章。除第一章外，其他九章均以"闻之曰"开头，文本特征非常明显。从内容看，前三章为一部分，后七章为另一部分。前三章以"凡物流形"为关键词，后七章以"察道""察一"为中心。《凡物流形》是一篇道家佚籍，其思想比较重要，值得重视。

本注译所据释文一般从宽式。注译着重参考了曹锦炎原释文注释、复旦读书会《〈上博（七）·凡物流形〉重编释文》和笔者所著《上博楚

---

① 复旦读书会：《〈上博（七）·凡物流形〉重编释文》，载刘钊主编：《出土文献与古文字研究》第3辑，复旦大学出版社，2010年。该文由邬可晶执笔，原载复旦大学出土文献与古文字研究中心网，2008年12月31日。廖名春：《〈凡物流形〉校读零札（一）》，简帛研究网，2011年3月9日；[美]顾史考：《上博七〈凡物流形〉简序及韵读小补》，简帛网，2009年2月23日；王中江：《〈凡物流形〉编联新见》，简帛网，2009年3月3日。

竹书哲学文献研究》（河北教育出版社，2022 年）及相关论文。本注译参考了众多学者的意见，但除非必要或重要，本注译一般不再注明。

第二节 《凡物流形》第一、二、三章注译

第一章：

> 凡物流形，奚得而成？〔一〕流形成体，奚得而不死？〔二〕既成既生，奚顾而鸣（名）？〔三〕既本既根，奚后₁之奚先？〔四〕阴阳之处，奚得而固？〔五〕水火之和，奚得而不诡？〔六〕

【注释】

〔一〕"凡物流形"，"凡"，原简写作"凢"，"凢"读作"凡"。"凡"为总括之辞。"物"，原简一律写作"勿"，"勿"读作"物"，指万物或具体事物，有形、有名谓之物，可视、可听、可搏谓之物，"物"与"道""气"相对。《凡物流形》以气论为底相，由气到形、由形到体，这是"物"生成的来源和过程。"流"，原简一律从水从二虫，即"流"字。《说文·水部》："流，水行也。""流"的本义指水的流行，在简文中是流变、变化、演变的意思。《广雅·释诂三》："流，七（化）也。"《诗·周颂·思文》"贻我来牟"，郑玄笺："后五日，火流为乌。"① 此"流"字即为变化义。"凡物流形"，言事物流变出其形体。"形"，原简一律写作"型"，"型"读作"形"。在古人的观念中，"形"是"物"形

---

① （清）阮元校刻：《十三经注疏·毛诗正义》，中华书局，2009 年，第 1271 页。

成的基础。《说文·彡部》:"形,象形也。"作为概念,在中国思想中"形"兼具形象与形式(form)两义。在"凡物流形"的基础上,下文云"流形成体","体"与"形"对言有别,散言则通,"形"是一个比"体"更基础的概念。简文云有形有体,然后事物生成。《乾卦·彖传》:"云行雨施,品物流形。""品物流形"与简文同义,言众物流变出其形体。思想更为明晰的是帛书《衷》篇,《衷》篇第1—2行云:"天地相率,气味相取,阴阳流形,刚柔成【体】,万物莫不欲长生而恶死。"①(引文从宽式)从所引帛书文字来看,竹书"凡物流形""流形成体"其实是阴阳气论哲学的演绎命题。本篇竹书有自题篇名,篇名"凡物流形"即据此句。

"奚得而成","奚",何也;"奚得",何得也。此句云物何得而成其形体。据上引帛书《衷》,其答案是物得阴阳之气而成其形。其实,竹书作者明知故问,下文云"阴阳之处",可知作者已知其答案矣。综观《凡物流形》各章的设问,多数属于明知故问,故其叙述带着浓厚的修辞色彩。

[二]"流形成体","体"与"形"对言,其义有别。如果"气"是天地万物生成的质料因,"体"是已生成事物的具体结构和组成部分,那么"形"介于二者之间,是带着一定形象性和物质性的形式。中国古代思想中的"形",不完全同于柏拉图的"形式"或"理念"概念。

"奚得而不死",这是对于事物从生到死及其如何存在、生存的追

---

① 丁四新:《楚竹书与汉帛书〈周易〉校注》,上海古籍出版社,2011年,第521页。

问。"奚得",犹"得奚"。"死"是一个会意字,甲骨文从人(或跪人)从歺会意,歺表尸骨。《甲骨文字诂林》引罗振玉说:"象生人拜于朽骨之旁,死之义也。"①生命的终止即为死字的本义。《释名·释丧制》:"人始气绝曰死。死,澌也,就消澌也。汉以来谓死为物故,言其诸物皆就朽故也。"即释此义。同时,如何是死及如何是不死,这是一个哲学问题,不同的思想系统回答不同。从本篇竹书来看,"不死"大概包含两方面的含义,一是事物当下生命的存在及其延绵,二是终极意义上的不死或永生,其中前一种含义当是主要的。

[三]"既成既生","既"者,已也。此句言物已成已生也。

"奚顾而鸣","顾",原简写作"募",是"寡"字省体,此字当从廖名春说,读作"顾"。②"顾",顾念、考虑。"奚顾",犹"顾奚"。"名",原简写作"鸣","鸣"读作"名"。"名"在简文中作动词,是称名、命名的意思。从"流形成体"到"奚顾而名",这是典型的形名学思维。先有形体,后有名号,名号建立在形体的基础上,这是形名学的一般思想。"鸣"字,一说读如字,疑非。第三章有"禽兽奚得而鸣","鸣"为鸣叫义,疑与本章"奚顾而鸣"的"鸣"不同。本章的"鸣"字当读为"名","奚顾而名"是说,应顾念什么而称名之。

[四]"既本既根",从"既成既生"一句来看,"本""根"二字在句中均作动词。在此句中,"本""根"对言,"根"指草木的根,则"本"

---

① 于省吾主编:《甲骨文字诂林》,中华书局,1996年,第2877页。
② 廖名春:《〈凡物流形〉校读零札(一)》,简帛研究网,2011年3月9日。

指草木的茎、干。《广雅·释木》:"本,榦也。"王念孙《广雅疏证》:"榦亦茎也。前《释诂》云:'茎榦,本也。'"①

"奚后之奚先","之",与也。《吕氏春秋·适音》:"乐之弗乐者,心也。"此"之"字即"与"义。"奚后""奚先",即何后、何先。"奚后之奚先",指物在生成过程中得其本根后,哪一部分先生,哪一部分后生。

〔五〕"阴阳之处","阴阳",指阴阳之气;"处",居处、安处。此句是说物体内部的阴阳之气的安处问题。

"奚得而固","固",稳固、安固。此句言物何得而安固不败。

〔六〕"水火之和","和",和谐。此句可能与古人的烹煮文化有关。《左传·昭公二十年》载晏子对曰:"异。和如羹焉,水火醯醢盐梅,以烹鱼肉,燀之以薪。宰夫和之,齐之以味,济其不及,以泄其过。君子食之,以平其心。……若以水济水,谁能食之?若琴瑟之专一,谁能听之?同之不可也如是。"水火相济以成和羹,可能是竹书"水火之和"的思想源头。竹书的"水火",当指生命体内部的两种对立力量或对立因素而言,是"阴阳"在身体内部进一步的落实。

"奚得而不诡","诡",原简从厂从坐,即"危"字,"危"读作"诡"。②"诡"是违背、违反义。银雀山汉简《孙子兵法·计》:"道者,

---

① (清)王念孙:《广雅疏证》,上海古籍出版社,2017年,第1716页。
② 复旦读书会:《〈上博(七)·凡物流形〉重编释文》,复旦大学出土文献与古文字研究中心网,2008年12月31日;秦桦林:《楚简〈凡物流形〉中的"危"字》,简帛网,2009年1月4日。

令民与上同意者也，故可与之死，可与之生，民弗诡也。"① "奚得而不诡"是说，何得而不违背"水火之和"的原则。

【今译】

凡物流变出形体，何得而成就事物本身？流出其形象而成就形体，事物何得而不死亡，而可以持续存在？物已成就、已生出，应考虑什么而称名之？已得其本，已得其根，物体的哪一部分先形成，哪一部分又后形成？阴阳在事物内部的居处，何得而安固不乱？水火在物体内的和谐，何得而不违背之？

第二章：

闻之曰[一]：民人流形，奚得而生？[二]₂流形成体，奚失而死？[三]有得而成，未知左右之情？[四]天地立终立始，天降五度，吾奚₃横奚纵？[五]五气并至，吾奚异奚同？[六]五音在人，孰为之公？[七]九域出谋，孰为之封？[八]吾既长而₄或老，孰为荐奉？[九]鬼生于人，奚故神明？[十]骨肉之既靡，其智愈章，其魂奚适，孰知₅其疆？[十一]鬼生于人，吾奚故事之？[十二]骨肉之既靡，身体不见，吾奚自食之？[十三]其来无度，₆吾奚待之祝？祭员〈异（祀）〉奚升？吾如之何使饱？[十四]顺天之道，吾奚以为首？[十五]吾欲得₇百姓之和，吾奚事之？[十六]通天之明奚得？鬼之神奚食？

---

① 银雀山汉墓竹简整理小组编：《银雀山汉墓竹简（壹）》，文物出版社，1985年，第3页。

先王之智奚备？[十七]

【注释】

[一]"闻之曰"，"闻"，原简一律写作"䎽"，"䎽"读作"闻"。"闻之曰"在《凡物流形》中一共出现了九次，其中一处抄脱了"闻之"二字，当据补。这些章段都以"闻之曰"开头，似乎表明它们都是作者听闻前人旧说的结果。从内容看，这些前人都是喜欢深思的人，是当时很了不起的知识分子。甚至可以设想，部分"闻之曰"来源于作者的老师。这些"闻之曰"不仅是本篇竹书作者高度关注的内容，而且间接反映了作者的思想和观点。

[二]"民人流形"，此句是"凡物流形"的演绎命题，可见此章专问和专论民人的生成、生死等问题。"民"对君而言，"人"对物而言。民、人二字义近，民人连言，泛指所有人。"流形"，指流变出人的形体。

"奚得而生"，何得而出生。

[三]"流形成体"，此句已见上章，在本章中专指人的流形成体。

"奚失而死"，"奚失"即"失奚"。此句是说，人何失而死亡，其生命不再存在。

[四]"有得而成"，指民人有得于阴阳之气而成就其形体。

"未知左右之情"，"知"或"智"，原简一律写作"智"，今所据释文已据文义分别读之。"情"，情实。"左右"，疑指人身体之左右。"左右"亦为泛指，不仅包括人身的上下、前后在内，而且包括身体的各个部分在内。疑此句是说，不知道身体各个部分的实情。《庄子·齐物论》："非彼无我，非我无所取。是亦近矣，而不知其所为使。若有真宰，而特不得其朕。可行己信，而不见其形，有情而无形。百骸、九窍、六藏，赅而存焉，吾谁与为亲？汝皆说之乎？其有私焉？如是皆有，为臣妾乎？其臣妾不足以相治乎？其递相为君臣乎？其有真君存焉？如求得其情与不得，无益损乎其真。"庄子似乎亦有竹书所谓"未知左右之情"的疑惑和追问。

在第3号简背上端，竹简书有"凡勿湻型"四字。此四字读为"凡物流形"，是竹书原有篇题，系抄写者据本篇首句四字题名。

［五］"天地立终立始"，此用盖天说，"天地"是万物生成和存在的本原。"立"，建立。"立终立始"，即立其终立其始。此句言天地建立万物终始发展的法则。"终始"从过程言，犹生死。

"天降五度"，"度"，法度；"五度"，即五种法度，清华简《参不韦》称之为"五则"，清华简《五纪》称之为"五德"。《五纪》的"五德"指礼、义、爱、仁、忠五种美德。就清华简《参不韦》篇的"五则"，整理者说："五则，又作'五德'。简四至五'帝乃用五则唯称'，简九八作'用五德唯称'。'五则'，见于典籍，所指不一。简文'五则'可能即《五纪》之'五德'。《五纪》简九至十：'一曰礼，二曰义，三曰爱，四曰仁，五曰忠，唯后之正民之德。'此篇简文谓：'五则，乃以立建后、大放、七承、百有司、万民，及士、司寇。'（简七）可比较参看。"① 整理者之说可从。又,《参不韦》第 4—5 号简曰:"帝乃自称自位,乃作五刑则,五刑则唯天之明德。帝乃用五则唯称,行五行唯顺,听五音唯均,显五色唯文,食五味唯和,以抑有洪。"(引文从宽式)

"吾奚横奚纵","吾",原简一律写作"虡","虡"读作"吾"。下同。"吾"在简文中出现次数众多,似指一般性的我,在文中是发问者和思考者。"横",原简从衡省(即省去行旁),"衡"读作"横"。"纵横"犹经纬、规矩,就行为言。此句是说,我应当怎样行为活动,才符合天所降的五种法度呢。"纵横"亦见于清华简《参不韦》篇。《参不韦》第 23—24 号简曰:"参不韦曰:启,天则不远,在乃身。五则曰中,五行曰放,五音曰纵,五色曰横,五味曰藏。"(引文从宽式)不过,《凡物流形》"奚横奚纵"的关键在于"称"(符合)。清华简《参不韦》第 4—5 号简曰:"帝乃用五则唯称。"

[六]"五气并至","气",原简写作"既",同"燹"字,"燹"即"氣(气)"字。"五气",整理者指出,即五行之气。② 其说可从。五行之气,即金、木、水、火、土之气。此种"五行",亦见于清华简《参不韦》篇。"并",原简写作"竝","竝"同"並"字。"并至","并",副词,一起,同时;"至",达到。

"吾奚异奚同","异",与之异;"同",与之同。此句是说,我如何

---

① 清华大学出土文献研究与保护中心编:《清华大学藏战国竹简(十二)》,中西书局,2022 年,第 110-111 页。
② 曹锦炎释文注释:《凡物流形(甲本)》,载马承源主编:《上海博物馆藏战国楚竹书(七)》,上海古籍出版社,2008 年,第 231 页。

与之异、与之同,言人自己如何处理或对待五行之气,方得身心安定、生命长久。"奚异奚同"的关键在于"顺"。清华简《参不韦》第5号简曰:"行五行唯顺。"

[七]"五音在人","五音"①,指宫、商、角、徵、羽。"在",原简写作"才","才"读作"在"。"在",在于。这句是说,五音在于人之听使和掌握。

"孰为之公","公",公平、调和。"孰",原简一律写作"篙","篙"读作"孰"。下同。"孰",谁也。《凡物流形》此句的"公",相当于清华简《参不韦》"听五音唯均"的"均"。《参不韦》第5号简曰:"听五音唯均。""公"与"均"在两篇简文中都是调和之义。比较两句,《凡物流形》此句似在《参不韦》此句之后。

[八]"九域出谋","域",原简写作"囩","囩"同"囿"。"九域",古书或写作"九有",与"天下"观念对应,在简文中指九域之民人。"谋",原简写作"謀","謀"同"謀(誨)",读作"谋"。"谋",谋划、计谋。

"孰为之封",《说文·土部》:"封,爵诸侯之土也。"从甲金文看,"封"的本义为堆土植树为界,在简文中是封疆划界的意思。

[九]"吾既长而或老","或",相当于"又",王引之《经传释词》

---

① "五音",从李锐改释。参见丁四新等:《上博楚竹书哲学文献研究》,河北教育出版社,2022年,第745页。

卷三:"或,犹又也。"①"长""老"义近,此处对言,"长"谓年长、年纪大,"老"谓寿考。甲文"老"字,像老者倚杖之形。《说文·老部》:"老,考也。七十曰老。"

"孰为荐奉","荐",原简写作"烖",复旦读书会读作"薦(荐)"。②"荐",进献。"奉"与"荐"义近,是奉持、进献的意思。简文此句是说,吾年岁既长又老,始忧死后谁为之进献祭祀。

[十]"鬼生于人",言人死为鬼。《说文·鬼部》:"鬼,人所归为鬼。"即人死后离开形体而存在的精灵或魂魄。

"奚故神明",言何故神明。"故",缘故、原因。"神明","神"谓能力超卓,"明"谓无所不知,形容人死为鬼的超凡能力和智慧。

[十一]"骨肉之既靡","骨肉"二字,原简合文。"靡",原简写作"林",即"麻"的本字,读作"靡"。"靡",靡灭。《荀子·大略》:"利夫秋毫,害靡国家。"王念孙《读书杂志》:"靡者,灭也。"③

"其智愈章","其智",指鬼的明智。"章",原简写作"暲","暲"同"章"。《玉篇·日部》:"暲,明也。与章同。""章",章明、显著。此义后写作"彰"。

"其魂奚适","魂",原简写作"𢈔",其下并有一短墨横("▬"),

---

① (清)王引之:《经传释词》,上海古籍出版社,2017年,第64页。
② 复旦读书会:《〈上博(七)·凡物流形〉重编释文》,复旦大学出土文献与古文字研究中心网,2008年12月31日。
③ (清)王念孙:《读书杂志》,上海古籍出版社,2017年,第1912页。

整理者释为"夬",读作"缺",复旦读书会读作"慧"。① 此字,宋华强厘定为"叟",读作"魂"。② 宋说可从。"叟"从口声,与"魂"通。"魂"即魂魄。从此句来看,"𥎦"必须是一个实体,释为"夬",读为"慧",这是不对的。"适",之也,往也。《说文·辵部》:"适,之也。从辵,舌声。"《尔雅·释诂上》:"适,往也。"由此造于彼谓之适。

"孰知其疆","疆",疆界、疆域。

[十二]"吾奚故事之","事",侍奉。"之",指代鬼。"事鬼",在中国古代的方式通常为祭祀。

[十三]"身体不见","不见",不被看见,或不被见到。

"吾奚自食之","自",从也。"奚自",即"自奚",是从何、从哪里的意思。"食",原简写作"飤","飤"同"食",后写作"饲"。《说文·食部》:"飤,粮也。"段玉裁注:"以食食人物,本作食,俗作飤,或作饲。"③《诗·小雅·绵蛮》:"饮之食之,教之诲之。""食"即供养、给人吃之义。

[十四]"其来无度","度",法则,引申为有规律义。

"吾奚待之祝","奚待",即"待奚",是待何、待什么的意思。"之",而也。"祝",祭祀时司祭礼的人。《说文·示部》:"祝,主赞

---

① 曹锦炎释文注释:《凡物流形(甲本)》,载马承源主编:《上海博物馆藏战国楚竹书(七)》,上海古籍出版社,2008年,第232页;复旦读书会:《〈上博(七)·凡物流形〉重编释文》,复旦大学出土文献与古文字研究中心网,2008年12月31日。
② 宋华强:《〈凡物流形〉甲本5—7号部分简文释读》,简帛网,2009年6月23日。
③ (清)段玉裁:《说文解字注》,上海古籍出版社,1981年,第220页。

词者。"在简文中,"祝"作动词用,是用言语向鬼神祈祷求福之义。《书·洛诰》:"王命作册,逸祝册。"孔颖达疏:"读策告神谓之祝。"①简文此句是说,吾待何而祝祷之。

"祭员奚升","员",沈培疑为"異"字之讹,"異"读作"祀"。②"升",进献。《吕氏春秋·孟秋纪》:"是月也,农乃升谷,天子尝新,先荐寝庙。"高诱注:"升,进也。"《吕氏春秋·孟夏纪》:"是月也,驱兽无害五谷,无大田猎,农乃升麦。"高诱注:"升,献。"③"奚升",犹"升奚",即进献何物的意思。

"吾如之何使饱","如之何"的"之",指代鬼。"饱",原简写作"餥"。"餥"从卯声,读作"饱"。"使饱",使鬼享祀而吃饱。

[十五]"顺天之道","顺",顺从。"天之道",指上天的法则。

"吾奚以为首","奚以",即"以奚",以何也。"首",始也。《尔雅·释诂上》:"首,始也。"《老子》第三十八章:"夫礼者,忠信之薄,而乱之首。""首"即始义。

[十六]"吾欲得百姓之和","和",和谐、和睦。"百姓之和"是衡量治乱的重要标准。

"吾奚事之","奚",如何、怎样。"事",在此是治理的意思。《战国策·秦策四》"齐、魏得地葆利,而详事下吏。"高诱注:"事,治。"④

---

① (清)阮元校刻:《十三经注疏·尚书正义》,中华书局,2009年,第462页。
② 这个意见,是沈培对复旦读书会《〈上博(七)·凡物流形〉重编释文》一文的网上评论,参见复旦大学出土文献与古文字研究中心网,2009年1月1日。
③ 许维遹:《吕氏春秋集释》,中华书局,2009年,第156、87页。
④ (汉)高诱注:《战国策》,丛书集成初编本,商务印书馆,1937年,第57页。

［十七］"通天之明奚得"，"通"，从高佑仁释文。① "明"，聪明、明智。此句犹言"通天之明，吾奚得之"。

"鬼之神奚食"，"鬼之神"，指鬼之精神、魂气；"食"，原简写作"飤"，读去声。此句犹言"鬼之神，吾奚食之"。

"先王之智奚备"，"先王"，死去称"先王"。"智"，智慧。"备"，具备。此句犹言"先王之智，吾奚备之"。

【今译】

听人说：民人流变出其形状，他得到了什么而产生呢？既然已流变出其形状且成就其躯体，他又丧失了什么而死去呢？人有所得而成就其形体，但我不知道身体前后左右上下各部分的实情是什么？天地建立天下万物的开始和终结，上天降下五度（礼、义、爱、仁、忠），我在其中如何践履？五气（金、木、水、火、土的五行之气）一起到来，我如何与之或同或异呢？五音（宫、商、角、徵、羽）的演奏在于人，而谁能真正为之调和呢？九域之人（即天下之人）都出谋划策，争夺疆土，谁能真正为之封建呢？我既年长而又衰老，谁能在我死后进献牲谷呢？鬼产生于人，何故神明超卓呢？骨肉已经糜灭，其智慧愈发章明，其魂魄去往哪里，谁知道其疆域呢？鬼产生于人，我何故要侍奉之呢？骨肉已经糜灭，身体看不见，我从哪里给予其食物吃呢？鬼来至没有法度，我待什么而祝祷祈福呢？祭祀如何进献？我如何使鬼吃饱呢？顺从上天的法则，我以什么为开始？我想达到百姓和谐，我应当怎样治理他们呢？

---

① 高佑仁：《释〈凡物流形〉简 8 之"通天之明奚得？"》，简帛网，2009 年 1 月 16 日。

通天的圣明如何获得？鬼的精神如何进食？先王的智慧如何具备？

第三章：

闻之曰：登₈高从卑，至远从迩。十围之木，其始生如蘖。足将至千里，必从寸始。[一]日之有₉耳（珥），将何听？月之有军（晕），将何征？水之东流，将何盈？[二]日之始出，何故大而不炎？其人〈入〉₁₀中，奚故小厓〈雁（焉）〉暲睹？[三]问天孰高欤？地孰远欤？[四]孰为天？孰为地？孰为雷₁₁电？孰为霁？[五]土奚得而平？水奚得而清？草木奚得而牛？₁₂ₐ禽兽奚得而鸣？[六]₁₃ₐ夫雨之至，孰雩〖而〗荐之？夫风之至，孰嘘吸而迸之？[七]

【注释】

[一]"登高从卑"，"登"，原简写作"迸"，"迸"读作"登"。"高"，高处。"卑"，卑下，指低处。"至远从迩"，"至"，到达；"远"，远方；"迩"，近处。此句之意，见于伪古文《尚书·太甲下》："若升高必自下，若陟遐必自迩。"

"十围之木"，"围"，指两臂合抱起来的长度。《庄子·人间世》："其大蔽数千牛，絜之百围。""木"，树干也。"其始生如蘖"，"始生"，初生。"蘖"，芽蘖，树木被砍伐后新生的枝芽。《汉书·贾邹枚路传》："（枚乘谏曰）夫十围之木，始生如蘖，足可搔而绝，手可擢而拔，据其未生，先其未形也。"这段话，又载于《说苑·正谏》篇。

"足将至千里，必从寸始"，"寸"，十分为一寸。《淮南子·主术》："夫寸生于稯，稯生于日，日生于形，形生于景，此度之本也。"高诱注："稯，禾穗……十稯为一分，十分为一寸。"① 据此可知，足长大概为一寸，故《凡物流形》说"必从寸始"。《荀子·劝学》："故不积跬步，无以至千里；不积小流，无以成江海。"这段话又见《大戴礼记·劝学》篇。

以上六句简文，《老子》第六十四章有一段意思相同的话，云："合抱之木，生于毫末；九层之台，起于累土；千里之行，始于足下。"

[二]"日之有耳"，"耳"在简文中是一个同音双关字，既指耳朵，又指日珥，故下文云"将何听"。"将"，想要，打算。《广雅·释诂一》："将，欲也。"

"月之有军"，"军"在简文中是一个同音双关字，既指军队，又指月晕，故下文云"将何征"。"征"，征伐。

"水之东流"，这是一个以黄河、长江流域为中心的判断和陈述。"盈"，在简文中作动词，是充满、装满的意思。

[三]"日之始出"，"始"，初始、刚始。"炎"，热也。《玉篇·炎部》："炎，热也。"《楚辞·九章·悲回风》："观炎气之相仍兮，窥烟液之所积。""炎气"即"热气"。

"其人中"，"人"系"入"之误，二字形近。"入"，进入。"中"，指天顶。"奚故小雁〈雁（焉）〉暲睹"，"雁"是"雁"字之误，"雁"

---

① 何宁：《淮南子集释》，中华书局，1998年，第661页。

读作"焉"。"焉",而也。"暲",同"章",明也。《玉篇·日部》:"暲,明也。与章同。""睹",原简写作"殹","殹"读作"睹"。"睹"是显明、著明之义。《荀子·天论》:"珠玉不睹(睹)乎外,则王公不以为宝。"王念孙《读书杂志》:"'不睹乎外'四字文义不明,睹当为睹……此言珠玉睹乎外,亦谓其光采之著乎外。"①"暲""睹"二字义近,均指日光明亮。

[四]"问天孰高欤","问",原简写作"𦖞",此处"𦖞"字当读作"问"。"问"连带下数句言。"孰",何处。

"地孰远欤","孰",何方;"远",辽远。

[五]"孰为天","孰",谁也。下三"孰"字,训同。"为",制作。

"孰为雷电","电",原简写作"神",读为"電(电)"。

"孰为霽","霽",原简写作"啻","啻"读为"霽(霽)"。

[六]"禽兽奚得而鸣","鸣",鸣叫。此句的"鸣"与第一章"既成既生,奚顾而鸣"的"鸣"字义不同,"奚顾而鸣"的"鸣"当读为"名"。"名",称名、命名。

[七]"夫雨之至,孰雩〖而〗荐之","雩",古代祈雨的祭祀,在简文中作动词。"雩"下,疑脱"而"字。"荐",原简写作"瀌","瀌"读为"薦(荐)"。② "荐"在简文中作动词,是进献祭品的意思。

---

① (清)王念孙:《读书杂志》,上海古籍出版社,2017年,第1824—1825页。
② 郭永秉:《由〈凡物流形〉"鳶"字写法推测郭店〈老子〉甲组与"朘"相当之字应为"鳶"字变体》,复旦大学出土文献与古文字研究中心网,2008年12月31日;何有祖:《〈凡物流形〉札记》,简帛网,2009年1月1日。

"夫风之至","风",原简写作"凸",此处"凸"字当读为"风"。"孰嘘吸而迸之","嘘吸",原简写作"飍飉","飍飉"读作"嘘吸",参见宋华强说。① "嘘",是呼气、吐气。"吸",是吸气、纳气。"迸",通"拼"。"拼",使令也。《尔雅·释诂下》:"拼,使也。"

《庄子·天运》曰:"天其运乎? 地其处乎? 日月其争于所乎? 孰主张是? 孰维纲是? 孰居无事而推行是? 意者其有机缄而不得已邪? 意者其运转而不能自止邪? 云者为雨乎? 雨者为云乎? 孰隆施是? 孰居无事淫乐而劝是? 风起北方,一西一东,有上彷徨,孰嘘吸是? 孰居无事而披拂是? 敢问何故?"《庄子》这段话与本章《凡物流形》简文高度类似,值得参考。另外,《庄子·天下》曰:"南方有倚人焉,曰黄缭,问天地所以不坠不陷,风雨雷霆之故。惠施不辞而应,不虑而对,遍为万物说。说而不休,多而无已,犹以为寡,益之以怪。"这段话说明,在惠施的时代及以前,追问各种自然现象发生的原因是当时的思潮。根据《庄子·天下》《庄子·天运》推测,竹书《凡物流形》当是战国中期的著作,约与惠施同时或稍早。

【今译】

听人说:登临高处从低处开始,达到远方从近处开始。十围的大树,其初生阶段小如芽蘖。足将欲达到千里之外,必定从寸步开始。日有耳朵(珥),将欲听什么? 月有军队(晕),将欲征讨何方? 水向东流,将欲充满哪里? 太阳刚从地平线出来,何故看起来较大却不炎热?

---

① 宋华强:《〈上博(七)·凡物流形〉札记四则》,简帛网,2009年1月3日。

日进入天顶,何故看起来较小却明亮耀眼?请问天何处最高?地何方最远?谁制造了天?谁制造了地?谁制造了雷电?谁造成了雨过天晴?土何得而平整?水何得而清澈?草木何得而生长?禽兽何得而鸣叫?久旱而甘雨来至,谁行雩礼而进献物品以求之?风的到来,谁嘘吸而令使之?

第三节 《凡物流形》第四、五、六、七章注译

第四章:

闻之曰:察道,坐不下席[一];端冕,14箸(宁—佇)不与事。[二]之〈先〉知四海,至听千里,达见百里。[三]是故圣人处于其所,邦家之16危安存亡、贼盗之作,可先知。[四]

【注释】

[一]"察道","察",原简写作"👁"(甲本24),在简文中是一个关键字,整理者的释文有误,何有祖等人改释为"察"①,这是对的。"察"是明察、周知、明了之义。"道"在此篇竹书中有宇宙本根、万物本体、政治规律、修身原则等义。"察道",连下句"坐不下席""端冕,箸不与事"言。

---

① 何有祖:《〈凡物流形〉札记》,简帛网,2009年1月1日。学者关于此字的讨论,可以参看丁四新:《"察一"("察道")的工夫与功用——论楚竹书〈凡物流形〉第二部分文本的哲学思想》,《武汉大学学报(人文科学版)》2013年第1期。

"坐不下席","坐",跪坐;"席",垫籍之物,用芦苇、竹篾、蒲草等编成的坐卧铺垫的用具。席地而坐,是古人的生活习惯。本章"察道,坐不下席"等句,与《老子》第四十七章同义:"不出户,知天下;不窥牖,见天道。其出弥远,其知弥少。是以圣人不行而知,不见而名,不为而成。"

[二]"端冕",原简写作"耑㝱",今从李锐释文。① 《礼记·乐记》:"(魏文侯问于子夏曰)吾端冕而听古乐,则唯恐卧。"孙希旦注:"端冕,端衣而服冕也……古乐用于祭祀,祭时端冕,故端冕而听古乐。"② "箸不与事","箸"在简文中作动词,通"宁"。"宁"后作"佇"字,"佇"同"伫",久立谓之伫。《国语·周语上》:"大夫、士日恪位著,以儆其官。"韦昭注:"中廷之左右位,门屏之间曰著。"③ "著"即"箸"字。"箸"假借为"宁(佇)"。《释名·释宫室》:"宁,佇也。""宁(佇)"即久立义。"不与事","与",参与、干预。"端冕,箸不与事",与上句"察道,坐不下席"相应,亦言圣人"察道"的专注状态。

[三]"之知四海","之"是"先"字之讹,二字形近。"四海",四方,"海"以荒晦言。在简文中,此词具体指四海之事或天下之事。

"至听千里","至",至极。"听"言千里。

"达见百里","达",遍达。"见"言百里。

---

① 参见丁四新等:《上博楚竹书哲学文献研究》,河北教育出版社,2022年,第753页。
② (清)孙希旦:《礼记集解》,中华书局,1989年,第1013页。
③ 徐元诰:《国语集解》,中华书局,2002年,第33页。

[四]"是故圣人处于其所","圣人",本篇竹书所设想的理想人格,是得道者。"所",居所。

"邦家之安危存亡、盗贼之作","邦",邦国,对诸侯而言;"家",家邑,对大夫而言。"盗贼",二字义近,盗以窃利言,贼以败伤言。"作",生作、兴起。

【今译】

听人说:圣人察道,极其专注,久坐而不下垫席;他端正衣裳,头戴冠冕,久立在那里而不介入任何事务。他能够先知四海之事,听到千里远的信息,见到百里内所有情况。因此圣人居处在宫室之内,就能预先知道邦国和家族的安危存亡,以及盗贼是否作乱的问题。

第五章:

闻之曰:心不胜心,大乱乃作[一];心如能胜心,$_{26}$是谓小彻。[二]奚谓小彻?人白为察。[三]奚以知其白?终身自若。[四]能寡言乎?能一$_{18}$乎?夫此之谓小成。[五]

【注释】

[一]"心不胜心",前一"心"字与后一"心"字有主宾之别,是"心"本身的分化和对立。前者通往"道",是认识"道"并与"道"合一的"心",可以称之为"道心";后者将人置身于物欲世界中,阻碍前者通往"道"的努力,可以称之为"人心"。从先秦道家来看,后一种

"心"("人心")通常指智巧、诈伪、欲望的心理活动。"胜",克胜、制胜。"心不胜心",指道心不能克胜人心。

"大乱乃作","大乱",当指邦家之乱和天下之乱,即上文所说"邦家之危安存亡、盗贼之作"是也。

[二]"心如能胜心","如",如果。

"是谓小彻",《说文·攴部》:"彻,通也。"在简文中,"彻"是通彻、通顺之义。"小彻"就"心如胜心"言,下文对其做了进一步的解释。"小彻"与"大彻"相对,前者局限在自心的治理上,而后者则推展到国家社会的治理上。心之彻谓之小彻,邦家、天下之彻谓之中彻、大彻。

[三]"人白为察","白"为隐喻,兼具明亮与明白两义①,当然后一义是主要的。"人白",言人内心达到光明、明白的境地。心乱则暗,心彻则白。"白"由"彻"而来,先"彻"而后"白",这是符合逻辑的。"察",周知、明了。

[四]"终身自若","终身",指身体终结、死亡。"自",自己。"若",顺也,和顺也。《尔雅·释言》:"若,顺也。"

[五]"能寡言乎","寡言",少言。"寡言"则清静自然,合乎道。《老

---

① 《庄子·人间世》:"瞻彼阕者,虚室生白,吉祥止止。"《庄子·天地》载为圃者曰:"机心存于胸中,则纯白不备;纯白不备,则神生不定;神生不定者,道之所不载也。吾非不知,羞而不为也。"帛书《二三子问》第4行:"戒事敬命,精白柔和而不讳贤,爵之曰夫子。"《盐铁论·讼贤》:"二公怀精白之心,行忠正之道。"据以上引文可知,"白"常常被古人用来形容心的一种正向的存在状态。

子》第二十三章:"希言自然。"河上公注:"希言者,谓爱言也。爱言者,自然之道。"① 竹书"能寡言乎"与《老子》此说相近。

"能一乎","一",原简写作"🅰",整理者厘作"豸",读为"貌"②,误。此字在《凡物流形》中共出现十九次,如第17号简作"🅱"。在简文中,它是一个关键字。沈培最先指出,此字应当读作"一"。③ 随后,复旦读书会将此字厘作"🅲",亦读作"一"。④ 在简文中,大多"一"字可以表示"道"。需要指出,"道"字在此篇竹书中只出现了两次。"能一乎"之"一",是统一、同一、合一之义,指此心达到高度统一的状态。"一"是此心"心能胜心"的终极结果,而"一"的状态同时是人君与道合一的状态。

"夫此之谓小成","此",指"寡言""能一"。"小成"即指此两种状态。"小成"与"大成"相对,"小成"限定在"心能胜心"或身治上,"大成"据下文当指邦家治和天下治。

【今译】

听人说:道心若不能制胜人心,大乱就会产生。道心如若能制胜人

---

① 王卡点校:《老子道德经河上公章句》,中华书局,1993年,第94页。
② 曹锦炎释文注释:《凡物流形(甲本)》,载马承源主编:《上海博物馆藏战国楚竹书(七)》,上海古籍出版社,2008年,第256页。
③ 沈培:《略说〈上博(七)〉新见的"一"字》,复旦大学出土文献与古文字研究中心网,2008年12月31日。
④ 复旦读书会:《〈上博(七)·凡物流形〉重编释文》,复旦大学出土文献与古文字研究中心网,2008年12月31日。笔者对于此字的释读有综述,参见丁四新:《"察一"("察道")的工夫与功用——论楚竹书〈凡物流形〉第二部分文本的哲学思想》,《武汉大学学报(人文科学版)》2013年第1期。

心,这就叫作小彻(小通彻)。什么叫作小彻?人内心明白,达到明察悉知的地步,这就叫作小彻。凭什么知道人达到了明白的地步?凭其终身和顺。能寡言少语吗?能此心同一吗?能寡言,能同一,这就叫作小成。

第六章:

〖闻之〗曰[一]:百姓之所贵唯君,君之所贵唯心,心之所贵唯一。[二]得而解之,上$_{28}$宾于天,下蟠于渊。[三]坐而思之,谋于千里;起而用之,通于四海。[四]

【注释】

[一]"〖闻之〗曰","闻之",原简抄脱此二字,当据补。

[二]"百姓之所贵唯君","百姓",指民,民与君相对。"贵",尊贵、尊尚,在简文中作动词。"唯",语助词。下同。在传统政治思维中,"百姓"与"君"是一对关系,其中"君"居于主导的一方。

"君之所贵唯心",古人普遍认为"心"比"体"更重要,在二者的关系中"心"是核心,此篇竹书即将"心"作为人君认识道、获得道、与道合一的关键,故曰"君之所贵唯心"。

"心之所贵唯一",心如何能够胜心,如何能够获得道,乃在于此心达到"一"的状态,故曰"心之所贵唯一"。

[三]"得而解之","得",指"得一"。"解",通达。此段简文,可以参看《淮南子·原道》和帛书《十六经·成法》。《淮南子·原道》

云:"是故一之理,施四海;一之解,际天地。"高诱注:"解,达也。"①《十六经·成法》云:"黄帝曰:一者,一而已乎?其亦有长乎?力黑曰:一者,道其本也,胡为而无长?【凡有】所失,莫能守一。一之解,察(际)于天地;一之理,施于四海。何以知【一】之至,远近之稽?夫唯一不失,一以驺(趋)化,少以知多。"

"上宾于天","宾",义为宾列、环列。《逸周书·太子晋解》:"吾后三年将上宾于帝所。"《潜夫论·志氏姓》引之,无"所"字。《风俗通义·正失·叶令祠》引《周书》作:"吾后三年将上宾于天。"甲骨卜辞常见殷先王"宾于帝"的表达。

"下蟠于渊","蟠",义为遍及、遍至。《庄子·刻意》:"精神四达并流,无所不极,上际于天,下蟠于地。"《淮南子·道应》:"若神明四通并流,无所不极,上际于天,下蟠于地。"《管子·内业》:"上察于天,下极于地,蟠满九州。"

[四]"坐而思之","坐",谓跪坐于室内的席上。"思之","之"及下句"之"字,均指代"一"。

"起而用之","起",起立,由坐而立也。"用",施用。

"通于四海","通",原简写作"𦈎",从糸从束,整理者读为"陳"。②此字,苏建洲释读为"通"③,当从此说。《凡物流形》第24号

---

① 何宁:《淮南子集释》,中华书局,1998年,第60页。
② 曹锦炎释文注释:《凡物流形(甲本)》,载马承源主编:《上海博物馆藏战国楚竹书(七)》,上海古籍出版社,2008年,第252页。
③ 苏建洲:《释〈凡物流形〉甲15"通于四海"》,复旦大学出土文献与古文字研究中心网,2009年1月14日。

简有"陈"字，作"𢎥"，从𠧢从東，与本简上述字形略有不同。"通于四海"，是古人成辞，见于《荀子·儒效》《新序·杂事五》《穀梁传·僖公九年》《汉书·王莽传上》等书篇。"陈于四海"则不见于传世古书。

【今译】

听人说：百姓所尊贵的是君主，君主所尊贵的是心，心所尊贵的是一。心得一而通达之，此人即可以上宾列于天帝，下遍至于深渊。坐居席上而思虑之，可以谋及千里；起立而施用之，可以通达四海。

第七章：

闻之曰：至精而智[一]，15 察智而神，察神而同[二]，〖察同〗而敛，察敛而困，察困而复。[三]是故陈为新，人死复为人，水复24于天。[四]咸〈凡〉百物不死如月，出则又入，终则又始，至则又反。[五]察此焉，起于一端。[六]25

【注释】

[一]"至精而智"，"精"，原简写作"情"，"情"当读为"精"。"精"，精一、精粹。"智"，智慧、聪明。本章大体上论述了生物的魂魄或精神在其死后，经过智、神、同、敛、困、复六个阶段，而如何重返其形体的问题。或者说，本章主要论述了"百物不死"的道理及其原因。此句简文是说，生物死后的魂魄经过自我作用达到极其精纯的状态，就会产生智慧。此句简文是后五句的基础，后五句简文以"察"贯通和统摄

起来。

［二］"察智而神"，此句简文是说，魂魄明察，具有智慧，就会神奇起来。

"察神而同"，"同"，指魂魄的会合、聚集。《说文·同部》："同，合会也。"此句简文是说，魂魄明察，至于神奇，就会会合起来。

［三］"〖察同〗而敛"，此句"察同"二字抄脱，当补。"敛"，原简写作"僉（金）"，读作"敛"。《说文·攴部》："敛，收也。""敛"即收敛、聚集义。此句简文是说，魂魄明察，至于会合，就会聚集起来。

"察敛而困"，"困"，是极、尽之义。《广雅·释诂一》："困，极也。"《论语·尧曰》"四海困穷"的"困"，即训为"极"。《国语·越语下》："日困而还，月盈而匡。"此句简文是说，魂魄明察，至于聚集，就会走向穷极。

"察困而复"，"复"，复返、还复，指魂魄的复返。此句简文是说，魂魄明察，至于穷极，就会重返形体。

［四］"陈为新"，此句是说陈旧的事物变为新的事物。

"人死复为人"，"复"在句中作副词，是又复之义。此句是说，人死又复成为生人。

"水复于天"，"复"在句中作动词，是复返、还返义。此句是说，水复返于天上。

［五］"咸百物不死如月"，"咸"是"凡"字之误，二字形近。"如

月",如月有晦朔盈亏、循环往复的变化。从此句可知,本篇竹书的作者持生死循环、万物不死的观念。

"出则又入",此句简文是说,万物皆有出有入、有显有隐。"则",而也,表转折。《楚辞·天问》:"夜光何德,死则又育?"

"终则又始",到了终点则又开始。

"至则又反","至",至极。"反"通"返",复返、回返。以上数句,皆以月为喻。

[六]"察此焉","察",考察。"此",指上文"凡百物不死如月"之说。"焉",原简写作"言","言"读为"焉",在句末作语助词。

"起于一端","起",生起。"端",原简写作"耑",耑、端为古今字。"端",端头。"一端",古书习见,与两端、百端、万端相对。"一端",在简文中当具体指"至精而智"。

【今译】

听人说:生物死后,魂魄(或精神)经过自我作用而达到极其精纯的状态,就会产生聪明;魂魄明察而聪明,就会神奇起来;魂魄明察而神奇,就会会合起来;魂魄明察而会合,就会聚集起来;魂魄明察而聚集,就会走向穷极;魂魄明察而穷极,就会复返于形体。所以陈旧的事物可以变为新的事物,人死后可以重又变成人,水复返于其所降落的天上。万物不会绝对死亡,好像月亮一样,出而又入,终而又始,到达至极就又复返循环。考察"百物不死如月",都起源于一端。

第四节 《凡物流形》第八、九、十章注译

第八章：

闻之曰：一生两，两生三，三生女〈四〉，女〈四〉成结。[一] 是故有一，天下无不有；无一，天下亦无一有。[二] 无 21【目】而知名，无耳而闻声。[三] 草木得之以生，禽兽得之以鸣。[四] 远之事 13A 天，近之事人。[五] 是故 12B 察道，所以修身而治邦家。[六]

【注释】

[一]"一生两"，"一"，指"道"之"一"，"一"来源于"道"。"一"属于数字哲学，在简文中代指"道"。"两"，在战国中期可以代指"阴阳"。

"两生三"，"三"，大概指"两"或"阴阳"的合生者。《老子》第四十二章："道生一，一生二，二生三，三生万物。万物负阴而抱阳，冲气以为和。"从引文看，"三"大概指阴阳相冲之和气。《淮南子·天文》："道{曰规}① 始于一，一而不生，故分而为阴阳，阴阳合和而万物生。故曰：'一生二，二生三，三生万物。'"《淮南子·天文》篇即以"三"为阴阳合和之气。河上公注"二生三"云："阴阳生和、清、浊三气，分为天、地、人也。"注"三生万物"云："天、地、人共生万物也，天施

---

① 王念孙说"曰规"二字为衍文。参见何宁：《淮南子集释》，中华书局，1998 年，第 244 页。

地化，人长养之也。"① 河上公两注明显不符合老子原意，不可从。

"三生女"，"女"，从复旦读书会释文，可能系"四"字之形误。② "四"具体指什么，今不可解。

"女成结"，"女"为"四"字之形误。"结"，本义为打结，在简文中作名词，是结聚而生成事物之义，具体指流形成体。

[二]"是故有一，天下无不有"，"一"者，道之始。竹书很重视"一"的概念。"天下"，指天地之间。从一到万，即为道生万物，故曰"天下无不有"。

"无一，天下亦无一有"，此句反说之，其意与上句相辅相成。

[三]"无【目】而知名"，"目"，原简残缺，今据文义补。名与目对应，目观物之形，人即据其形而命名之。

"无耳而闻声"，声与耳对应，耳听物之声，人即据其声而称号之。目与形名、耳与声号各自对应。此句及上句"无【目】而知名"，言察一、察道在认识中的至关重要性。

[四]"草木得之以生"，"草木"，即草本、木本植物，指代所有植物。"得之"，得于道之"一"。

"禽兽得之以鸣"，"禽兽"，二字对言，《尔雅·释鸟》："二足而羽谓之禽，四足而毛谓之兽。""得之"，见上注。"鸣"，鸣叫。

[五]"远之事天"，"事"，原简写作"矢"，褚红轩读为"事"，当

---

① 王卡点校：《老子道德经河上公章句》，中华书局，1993年，第9页。
② 复旦读书会：《〈上博（七）·凡物流形〉重编释文》，复旦大学出土文献与古文字研究中心网，2008年12月31日；沈培：《略说〈上博（七）〉新见的"一"字》，复旦大学出土文献与古文字研究中心网，2008年12月31日。

从之。① "事"，侍奉。

"近之事人"，"事"，原简亦作"矢"，"矢"亦当读为"事"。此句及上句，言远之侍奉上天，近之侍奉先祖和父母也。侍奉上天和侍奉先祖，均以祭祀之礼进行之。《论语·学而》："事父母，能竭其力；事君，能致其身。"此侍奉生人也。"事"者，均以"道"或"一"进行之。

［六］"是故察道"，"察道"与"察一"可以换言。"察道"是究竟之辞，"察一"是方便之辞。"察"，明察、悉知。

"所以修身而治邦家"，"以"，用也；"所以"，所用来。"修身"，修治身心；"治邦家"，治理邦国和家邑。

【今译】

听人说：一生成两，两生成三，三生成四，四成就结聚的作用，于是万物流形而成体。所以有了"一"，天下万物就产生出来，而无所不有；如果没有"一"，天下就不会有任何一物。如果能察道知一，那么即使无目，一个人也能够知道其名称，即使无耳，也能够闻听其声号。草木得到"一"而生长，禽兽得到"一"而鸣叫。如果一个人能察道知一，那么他就能够远之侍奉上天，近之侍奉亲人。因此察道知一，是圣人用来修身和治理邦国家邑的根本。

第九章：

闻之曰：能察一，则百物不失。如不能察一，则$_{22}$百物俱失。［一］

---

① 褚红轩：《上博七〈凡物流形〉文字释读研究》，西南大学硕士学位论文，2011年。

如欲察一，仰而视之，俯而揆之，毋远求度，于身稽之。[二]得一
【而】₂₃图之，如并天下而担之；得一而思之，若并天下而治之。[三]
守一以为天地稽。[四]₁₇是故一，咀之有味，臭〖之有臭〗，鼓之有
声，近之可见，操之可操。[五]揆之则失，败之则₁₉槁，贼之则灭。[六]
察此焉，起于一端。[七]

【注释】

[一]"能察一"，犹"如能察一"。上章末句言"察道"，此章言"察
一"，可以互看。

"则百物不失"，"失"与"得"相对，指丧失其所是，或不得其
所是。

"如不能察一"，"如"，若也。

"则百物俱失"，"俱"，皆也，都也，在句中作副词。《孟子·尽心
上》："父母俱存。"

[二]"仰而视之"，"仰"，原简写作"卬"，读为"仰"。①《说文·人
部》："仰，举也。"谓仰首、举首，脸向上。"视"的本义是瞻视、瞻
看，在简文中是观察、考察义。《论语·为政》："视其所以，观其所
由。"此"视"字犹"观"字，是观察、考察义。

"俯而揆之"，"俯"，原简写作"𠂉"，左旁从人，右旁从勹从土，

---

① 复旦读书会：《〈上博（七）·凡物流形〉重编释文》，复旦大学出土文献与古文字研
究中心网，2008年12月31日。

上下结构，陈伟等人读为"俯"。① "揆"，原简写作"癸"，"癸"读为"揆"。②《尔雅·释言》："葵，揆也。揆，度也。""揆"即揆度、揣度、量度。

"毋远求度"，"度"，原简写作"厇"，"厇"当读为"度"。③ "度"，音徒故切，法度、法制义。据下文，"己身"即"度"。

"于身稽之"，"于"，以也，用也，在句中作表示方式的介词。"稽"，稽考、考查。

［三］"得一【而】图之"，"得一"，言己得一。在修养工夫上，"得一"是"察一"的递进。"而"字，据《凡物流形》乙本补。"图"，图谋、谋划，亦有思虑义。

"如并天下而抯之"，"如"，若也，好像。"并"，原简写作"𢆉"，即繁体"幷"字。在《说文》中，幷、竝（并）不同字。《广雅·释诂》："并，兼也。""并"即兼并、合并义。下"若并"的"并（幷）"字，训同。"抯"，取也，见《方言》卷十。这里的"抯"或"取"，是治理的意思，与下文的"若并天下而治之"的"治"字同义。《广雅·释诂三》："取，为也。"《老子》第四十八章："取天下常以无事。"

---

① 陈伟：《读〈凡物流形〉小札》，简帛网，2009 年 1 月 2 日。此字，刘信芳认为右上不从宀，下从土，读为"俯"。参见刘信芳：《试说竹书〈凡物流形〉"俯而寻之"》，复旦大学出土文献与古文字研究中心网，2010 年 2 月 23 日。

② 刘刚：《读简杂记·上博七》，复旦大学出土文献与古文字研究中心网，2009 年 1 月 5 日。

③ 复旦读书会：《〈上博（七）·凡物流形〉重编释文》，复旦大学出土文献与古文字研究中心网，2008 年 12 月 31 日。

河上公注："取，治也。"①

"得一而思之"，"思"，思虑。

"若并天下而治之"，"若"，如也，好像。"治"，治理。

［四］"守一以为天地稽"，"守"，原简写作"肘"，"肘"读作"守"。②在修养工夫上，"守一"是"得一"的递进。在简文中，察一、得一、守一是连续而递进的三个阶段。"天地"，指天下人。"稽"，通"楷"。《广雅·释诂一》："楷，法也。"《广雅·释诂四》："楷，式也。""楷"即法式、典范之义。《老子》第六十五章"知此两者亦稽式"，"稽式"即"楷式"。马王堆帛书《经法·道法》"至知者为天下稽"。

［五］"咀之有味"，《说文·口部》："咀，含味也。""咀"即品尝、玩味之义。

"臭〖之有臭〗"，第一个"臭"，原简为"臭"字繁构，是其异体。《说文·犬部》："臭，禽走臭而知其迹者，犬也。""臭"，音许救切，义为闻辨气味。此义后写作"嗅"字。《说文》有"臭"而无"嗅"。"之有臭"三字，《凡物流形》甲本抄脱，当据乙本补。第二个"臭"，亦音许救切，是气味的总称。《玉篇·犬部》："臭，香臭总称也。"《诗·大雅·文王》："上天之载，无声无臭。"郑玄笺："天之道难知也，耳不闻声音，鼻不闻香臭。"③《诗》"无声无臭"的"臭"字，即香臭义。

---

① 王卡点校：《老子道德经河上公章句》，中华书局，1993年，第186页。
② 此为邬可晶说。参见邬可晶：《〈上博（七）·凡物流形〉补释二则》，复旦大学出土文献与古文字研究中心网，2009年4月11日。
③ （清）阮元校刻：《十三经注疏·毛诗正义》，中华书局，2009年，第1087页。

"鼓之有声"，"鼓"，敲击、拍击。

"近之可见"，"见"字下为跪人旁，"视"字下为立人旁。《说文·见部》："见，视也。"段玉裁注："析言之，有视而不见者；浑言之，则视与见一也。"①

"操之可操"，"操"，操持、把持、握持。《说文·手部》："操，把持也。""把持"即"握持"。

[六]"捼之则失"，"捼"同"撋"字。②"撋"，义为振动、摇动。《周礼·夏官·大司马》："三鼓，撋铎"，"撋"即振动之义。"则"，就也。此句简文大概以盛满酒或水的杯具为喻。

"败之则槁"，"败"在简文中是砍伐义，故下文曰"槁"也。《诗·召南·甘棠》："蔽芾甘棠，勿剪勿败。"此句，同诗又作"蔽芾甘棠，勿剪勿伐"。"败"即"伐"义。马瑞辰通释："《说文》：'伐，一曰败也。'《广雅》：'伐，败也。'是勿败犹勿伐耳。"③此句简文以树木为喻。

"贼之则灭"，"贼"，贼杀。"灭"，绝灭。此句简文大概以禽兽为喻。

[七]"察此焉"，"此"，指本章上文所述。"焉"，原简写作"言"，顾史考等人读为"焉"④，今从之。

---

① （清）段玉裁：《说文解字注》，上海古籍出版社，1981年，第407页。
② 参见李锐说。参见丁四新等：《上博楚竹书哲学文献研究》，河北教育出版社，2022年，第765页。
③ （清）马瑞辰：《毛诗传笺通释》，中华书局，1989年，第84页。
④ ［美］顾史考：《上博七〈凡物流形〉下半篇试解》，复旦大学出土文献与古文字研究中心网，2009年8月24日。

"察此焉，起于一端"，亦见上文第七章。

【今译】

听人说：如果能察一，那么百物就不会丧失，而得其所是。如果不能察一，那么百物就会丧失，而不能得其所是。如果想要察一，那么仰头而视察之，俯身而揆度之，不需向远方寻求法度，于己身稽考之即可。得一而图谋之，这就好像将天下合并起来而治理之一样；得一而思虑之，这就好像将天下合并起来而治理之一样。守一而以之为天地万物的法式。所以一，玩味之而有味道，闻嗅之而有气味，敲击之而有声响，靠近之而可以看见，握操之而可以被握持。杯具中的酒水摇动之就会丧失，树木砍伐之就会枯槁，禽兽贼杀之就会绝灭。明察上述这些说法，都起源于一端。

第十章：

闻之曰：一焉而终不穷，一焉而有众，$_{20}$一焉而万民之利，一焉而为天地稽。[一] 握之不盈握，敷之无所容。[二] 大$_{29}$之以知天下，小之以治邦。🗲 [三] 之力，古之力，乃下上。[四]$_{30}$

【注释】

[一] "一焉而终不穷"，"一"，指"道"之"一"。"焉"字，原简写作"言"，"言"当读为"焉"。下同。"焉"是语助词。"终不穷"，谓终身不会困厄、困穷。"穷"与"达"对应。

"一焉而有众","众",指众人;"有众",指得到了众人的拥护。

"一焉而万民之利","万民之利",即"利万民"。

"一焉而为天地稽","稽"同"楷",楷式、法式也。"为天地稽",为天地万物的法式。

〔二〕"握之不盈握","握",以手握为譬说。

"敷之无所容","敷",铺展、铺开。"容",容纳、容盛。

〔三〕"大之以知天下","大",言"一"作用之大。"之",犹"则"也。"知",原简写作"智","智"读作"知"。"知",主持、掌管也。《左传·襄公二十六年》:"子产其将知政矣。"《国语·越语》:"吾与之共知越国之政。""知政",即主政、执政。

"小之以治邦","小",言"一"作用之小。"邦"下,竹简有一"▞"符号。在楚简中,此符号通常为分篇或终篇符号,说明《凡物流形》甲本当至此终篇。此符号下八字,当是衍文,不属于此篇。

〔四〕"之力,古之力,乃下上",此八字乙本无,当是衍文。"上"下,第30号简尚留白约六字位置。

【今译】

听人说:一啊能使人终身不会困穷,一啊能让人得到众人的拥护,一啊能对万民有利,一啊是天地万物的法式。用手去把握它,而不能盈一握;将其铺展开来,却无处能容纳它。一,大则可以用来掌管天下,小则可以用来治理邦国。

第五节　思想简说

竹书《凡物流形》是一篇思想性比较强的道家佚籍。本篇竹书甲本由十章、两部分组成，前三章为一部分，后七章为另一部分。

第一章通过追问的方式陈述了"物"的生成、存在和命名问题，其中"凡物流形""流形成体"以及以阴阳、水火解释"物"的存在，这些思想以前往往被人们忽视。在第一章的基础上，且与之相对，第二章的论述则集中在对"民人"的追问上，这包括"民人流形""流形成体"及其生死现象的问题，人与天地的关系及人类社会的生成问题，人与鬼的关系、祭祀的作用问题，以及吾与整个世界的和谐及其超越能力的获得问题。第三章阐述了事物的发展、变化之道，追问了众多自然现象发生的原因，如天地、雷电、水土、草木、风雨等的产生原因。

第四章以察道为叙述中心，第五章在所谓"心如能胜心"的基础上论述了小彻、小成两种修身工夫。第六章主要论述了"心之所贵唯一"的观点。第七章认为世间万物没有绝对的死亡，生死处于不断的往复循环的过程中。作者认为"凡百物不死如月"，并讨论了其原因。这个观念与通常所认为的道家学说有异，具有相当的陌生性，值得注意。第八章陈述了"一"的生成论，论证了"一"对于自然事物及人之存在十分重要。这一章还认为"察道"是圣人"所以修身而治邦家"的原因。第九章论述了"察一""得一""守一"的工夫论，这三种工夫是连续而递进的过程。竹书的工夫论无疑达到了相当成熟的地步。同时，本章再次肯定了"一"对于人及事物的重要性。第十章从功能或作用的角度肯定了"一"的重要性，特别从政治角度肯定了"一"具有"知天下"和"治邦"的作用。

总的来看，竹书《凡物流形》最重要的思想表现在如下四个方面：第一，"道"或"一"既是天地万物生成的本根，又是天地万物存在的本体。天地万物既来源于"道"或"一"，又依赖于"道"或"一"而存在。"一"，实际上是"道"之"一"，它是通过数字及数序之"一"的方式指向"道"并无限靠近"道"的。强调"一"和反复阐述"一"，是此篇竹书的一个重要特点。第二，本篇竹书提出了"凡物流形""流形成体"的生成原理，将"物"的生成建立在"形""体"概念上，而"物"因此可得而称名之。竹书由此突出了形名学的宇宙生成及事物生成的观念。在此基础上，《凡物流形》还追问了生死、人鬼现象及其关系问题，提出了"人死复为人"和"凡百物不死如月"等说法。第三，"道"和"一"既然如此重要，是天地万物的本根和本体，那么"察道"和"察一"就是圣人修身、治邦家和取天下的基本工夫。在此基础上，"察一""得一""守一"就是连续而递进的工夫过程。第四，本篇竹书在政治工夫论上采用了二分法，一个是身心的修治问题，另一个是邦家和天下的治理问题。并且，这二者的关系在简文中非常密切。在此基础上，《凡物流形》直接提出了"小彻""小成"的概念，间接提出了"大彻""大成"的观念。

本篇竹书无疑属于道家性质。除受到《老子》的影响外，本篇竹书还与黄老学说具有一定关系,与马王堆帛书《经法》《十六经》中一些章段及《管子·内业》《管子·心术》《管子·白心》的关系较为密切。据此,本篇竹书似可以推断为战国黄老学的著作[①],只不过其黄老成分的多少有待讨论。

[①] 曹峰甚至认为,《凡物流形》后半部分的内容"来自和《管子》四篇尤其是《内业》创作者相关的人(或团体)"。参见曹峰:《上博楚简〈凡物流形〉的文本结构与思想特征》,《清华大学学报(哲学社会科学版)》2010年第1期。

参考文献

一、文献典籍

（汉）高诱注：《战国策》，丛书集成初编本，商务印书馆，1937年。

（汉）司马迁撰，（南朝宋）裴骃集解，（唐）司马贞索隐，（唐）张守节正义：《史记》，中华书局，1982年。

（汉）许　慎：《说文解字》，中华书局，2020年。

（梁）萧统编，（唐）李善等注：《六臣注文选》，中华书局，1987年。

（清）陈　立：《白虎通疏证》，中华书局，1994年。

（清）段玉裁：《说文解字注》，上海古籍出版社，1981年。

（清）郭庆藩：《庄子集释》，中华书局，2012年。

（清）李道平：《周易集解纂疏》，中华书局，1994年。

（清）马瑞辰：《毛诗传笺通释》，中华书局，1989年。

（清）阮元校刻：《十三经注疏·周易正义》，中华书局，2009年。

（清）阮元校刻：《十三经注疏·春秋左传正义》，中华书局，2009年。

（清）阮元校刻：《十三经注疏·毛诗正义》，中华书局，2009年。

（清）阮元校刻：《十三经注疏·尚书正义》，中华书局，2009年。

（清）孙希旦：《礼记集解》，中华书局，1989年。

（清）孙星衍：《尚书今古文注疏》，中华书局，1986年。

（清）王念孙：《读书杂志》，上海古籍出版社，2017年。

（清）王念孙：《广雅疏证》，上海古籍出版社，2017年。

（清）王先谦：《荀子集解》，中华书局，1988年。

（清）王先谦：《庄子集解》，中华书局，1987年。

（清）王引之：《经传释词》，上海古籍出版社，2017年。

（清）王引之：《经义述闻》，上海古籍出版社，2017年。

（清）王筠：《说文句读》，载《续修四库全书》经部第218册，上海古籍出版社，2002年。

（清）朱彬：《礼记训纂》，中华书局，1996年。

（清）朱骏声编著：《说文通训定声》，中华书局，1984年。

（宋）晁公武撰，孙猛校证：《郡斋读书志校证》，上海古籍出版社，1990年。

（宋）洪兴祖：《楚辞补注》，中华书局，1983年。

（宋）张君房：《云笈七签》，中华书局，2003年。

（宋）朱熹：《诗集传》，中华书局，2017年。

（唐）李鼎祚：《周易集解》，中华书局，2016年。

（唐）陆德明：《经典释文》，上海古籍出版社，2013年。

［日］安居香山、［日］中村璋八辑:《纬书集成》,河北人民出版社,1994年。

陈伟主编:《楚地出土战国简册［十四种］》,经济科学出版社,2009年。

国家文物局古文献研究室编:《马王堆汉墓帛书(壹)》,文物出版社,1980年。

何　宁:《淮南子集释》,中华书局,1998年。

湖南省博物馆、复旦大学出土文献与古文字研究中心编:《长沙马王堆汉墓简帛集成》,中华书局,2014年。

黄怀信:《鹖冠子校注》,中华书局,2014年。

荆门市博物馆编:《郭店楚墓竹简》,文物出版社,1998年。

荆州博物馆编:《张家山汉墓:三三六号墓》,文物出版社,2022年。

马承源主编:《上海博物馆藏战国楚竹书(三)》,上海古籍出版社,2003年。

马承源主编:《上海博物馆藏战国楚竹书(五)》,上海古籍出版社,2006年。

马承源主编:《上海博物馆藏战国楚竹书(七)》,上海古籍出版社,2008年。

马王堆汉墓帛书整理小组编:《经法》,文物出版社,1976年。

马王堆汉墓帛书整理小组编:《马王堆汉墓帛书(肆)》,文物出版社,1985年。

清华大学出土文献研究与保护中心编:《清华大学藏战国竹简(伍)》,中西书局,2015年。

清华大学出土文献研究与保护中心编:《清华大学藏战国竹简(十二)》,中西书局,2022年。

王卡点校:《老子道德经河上公章句》,中华书局,1993年。

王恺銮:《邓析子校正》(《民国丛书》第五编),上海书店,1989年。

王利器:《文子疏义》,中华书局,2000年。

王利器:《吕氏春秋注疏》,巴蜀书社,2002年。

武汉大学简帛研究中心、荆门市博物馆编著:《楚地出土战国简册合集(一):郭店楚墓竹书》,文物出版社,2011年。

徐元诰:《国语集解》,中华书局,2002年。

许维遹:《吕氏春秋集释》,中华书局,2009年。

银雀山汉墓竹简整理小组编:《银雀山汉墓竹简(壹)》,文物出版社,1985年。

二、研究著作

[美]牟复礼(Frederick W. Mote):《中国思想之渊源》(Intellectual Foundations of China),诺普夫(Alfred A. Knopf)出版社,1989年。

[美]李约瑟(Joseph Needham)等:《中国的科学和文明》(Science and Civilization in China),剑桥大学出版社,1954年。

［日］谷中信一：《先秦秦汉思想史研究》，孙佩霞译，上海古籍出版社，2015年。

白　奚：《稷下学研究》，三联书店，1998年。

白于蓝编著：《战国秦汉简帛古书通假字汇纂》，福建人民出版社，2012年。

北京大学出土文献研究所编：《北京大学藏西汉竹书（贰）》，上海古籍出版社，2012年。

曹　峰：《近年出土黄老思想文献研究》，中国社会科学出版社，2005年。

陈鼓应：《黄帝四经今注今译》，台湾商务印书馆，1995年。

陈　静：《自由与秩序的困惑——〈淮南子〉研究》，云南大学出版社，2004年。

陈丽桂：《近四十年出土简帛文献思想研究》，中华书局，2015年。

陈　伟：《包山楚简初探》，武汉大学出版社，1996年。

陈　伟：《郭店竹书别释》，湖北教育出版社，2002年。

陈锡勇：《郭店楚简老子论证》，里仁书局，2005年。

崔仁义：《荆门郭店楚简〈老子〉研究》，科学出版社，1998年。

丁四新：《郭店楚墓竹简思想研究》，东方出版社，2000年。

丁四新：《郭店楚竹书〈老子〉校注》，武汉大学出版社，2010年。

丁四新：《楚竹书与汉帛书〈周易〉校注》，上海古籍出版社，2011年。

丁四新：《周易溯源与早期易学考论》，中国人民大学出版社，2017年。

丁四新等：《上博楚竹书哲学文献研究》，河北教育出版社，2022年。

丁原明：《黄老学论纲》，山东大学出版社，1997年。

丁原植：《郭店竹简老子释析与研究》，万卷楼图书有限公司，1999年。

丁原植：《文子新论》，万卷楼图书有限公司，1999年。

董莲池：《说文解字考正》，作家出版社，2004年。

方授楚：《墨学源流》，中华书局，1940年。

冯友兰：《中国哲学史新编》，人民出版社，1984年。

傅伟勋：《从西方哲学到禅佛教》，三联书店，1989年。

高　亨：《重订老子正诂》，古籍出版社，1956年。

高亨纂著，董治安整理：《古字通假会典》，齐鲁书社，1989年。

高　明：《帛书老子校注》，中华书局，1996年。

谷斌、郑开注译：《黄帝四经今译·道德经今译》，中国社会科学出版社，1996年。

顾　实：《庄子天下篇讲疏》，商务印书馆，1933年。

郭　沂：《郭店竹简与先秦学术思想》，上海教育出版社，2001年。

李　零：《长沙子弹库战国楚帛书研究》，中华书局，1985年。

李　零：《中国方术考（修订本）》，东方出版社，2000年。

李　零：《中国方术续考》，东方出版社，2000年。

李　零：《郭店楚简校读记》（增订本），北京大学出版社，2002年。

李学勤：《走出疑古时代》，辽宁大学出版社，1994年。

李学勤：《古文献丛论》，上海远东出版社，1996年。

廖名春：《郭店楚简老子校释》，清华大学出版社，2003年。

廖名春：《出土简帛丛考》，湖北教育出版社，2004年。

刘信芳：《荆门郭店竹简老子解诂》，艺文印书馆（台北），1999年。

刘　钊：《郭店楚简校释》，福建人民出版社，2005年。

聂中庆：《郭店楚简〈老子〉研究》，中华书局，2004年。

裴学海：《古书虚字集释》，中华书局，1954年。

彭　浩：《郭店楚简〈老子〉校读》，湖北人民出版社，2000年。

饶宗颐、曾宪通编著：《楚帛书》，中华书局香港分局，1985年。

孙以楷：《老子通论》，安徽大学出版社，2004年。

王辉编著：《古文字通假字典》，中华书局，2008年。

王世舜、韩慕君编著：《老庄词典》，山东教育出版社，1993年。

王叔岷：《庄子校诠》，"中央研究院"历史语言研究所专刊之八十八，1988年。

魏启鹏：《楚简〈老子〉柬释》，万卷楼图书有限公司，1999年。

萧汉明：《阴阳——大化与人生》，广东人民出版社，1998年。

萧萐父：《萧萐父选集》，武汉大学出版社，2013年。

杨树达：《词诠》，中华书局，1965年。

于省吾：《双剑誃诸子新证》，中华书局，1962年。

于省吾主编：《甲骨文字诂林》，中华书局，1996年。

余明光：《黄帝四经今注今译》，岳麓书社，1993年。

詹剑峰：《墨家的形式逻辑》，湖北人民出版社，1979年。

张岱年：《中国哲学大纲》，中国社会科学出版社，1982年。

张桂光：《古文字论集》，中华书局，2004年。

钟　泰：《庄子发微》，上海古籍出版社，1988年。

朱谦之：《老子校释》，中华书局，1984年。

宗福邦等主编：《故训汇纂》，商务印书馆，2003年。

三、学术论文

［澳］陈　慧（Shirley Chan）：《一：读〈凡物流形〉》（Oneness: Reading the "All Things are Flowing in Form"），《中国文化国际传播》（International Communication of Chinese Culture）2015年第2期。

［比］戴卡琳（Carine Defoort）：《〈太一生水〉初探》，载陈鼓应主编：《道家文化研究》第17辑，三联书店，1999年。

［法］贺碧来（Isabelle Robinet）：《论〈太一生水〉》，载陈鼓应主编：《道家文化研究》第17辑，三联书店，1999年。

［韩］李承律（Sungryule Lee）：《〈凡物流形〉及其对"一"的思想讨论》（The *Fanwu liuxing* and Its Intellectual Discussion about the One），《中国哲学杂志》（Journal of Chinese Philosophy）2016年第1-2期。

［美］艾　兰（Sarah Allan）：《太一·水·郭店〈老子〉》，载《郭店楚简国际学术研讨会论文集》，湖北人民出版社，2000年。

［美］杜维明（Weiming Tu）：《存有的连续性——自然的中国视域》（The Continuity of Being: Chinese Visions of Nature），载氏著：《儒家思

想——作为创造转化的自我》(Confucian Thought: Selfhood as Creative Transformation)，纽约州立大学出版社，1985年。

［美］方岚生（Franklin Perkins）：《〈凡物流形〉与《老子》中的"一"》(Fanwu liuxing and the "One" in the Laozi)，《早期中国》(Early China)总第38期，2015年。

［美］顾史考（Scott Cook）：《上博竹书〈恒先〉简序调整一则》，简帛研究网，2004年5月8日。

［美］顾史考：《上博七〈凡物流形〉简序及韵读小补》，简帛网，2009年2月23日。

［美］顾史考：《上博七〈凡物流形〉下半篇试解》，复旦大学出土文献与古文字研究中心网，2009年8月24日。

［美］韩禄伯（Robert G. Henricks）：《治国大纲——试读郭店〈老子〉甲组的第一部分》，载陈鼓应主编：《道家文化研究》第17辑，三联书店，1999年。

［美］夏德安（Donald Harper）：《读上博楚简〈恒先〉》，"2007中国简帛学国际论坛"论文，台湾大学中国文学系主办，2007年11月10—11日。

［日］大西克也：《试说"流形"原意》，载《出土文献》第1辑，中西书局，2010年。

［日］谷中信一：《从郭店〈老子〉看今本〈老子〉的完成》，载武汉大学中国文化研究院编：《郭店楚简国际学术研讨会论文集》，湖北人

民出版社，2000年。

［日］河井义树、姜声灿等：《〈太一生水〉译注》，载［日］池田知久监修：《郭店楚简の研究（一）》，大东文化大学大学院事务室，1999年。

［日］浅野裕一：《上博楚简〈恒先〉的道家特色》，《清华大学学报（哲学社会科学版）》2005年第3期。

［日］浅野裕一：《〈凡物流形〉的结构》，简帛网，2009年1月23日。

《美国"郭店〈老子〉国际研讨会"综述》，《国际儒学联合会简报》1998年第2期。

白 奚：《"宋尹学派"与稷下学》，载氏著：《稷下学研究》，三联书店，1998年。

曹 峰：《〈恒先〉编联、分章、释读札记》，简帛研究网，2004年5月16日。

曹 峰：《〈恒先〉的编联与分章》，载氏著：《近年出土黄老思想文献研究》，中国社会科学出版社，2005年。

曹 峰：《〈恒先〉注释》，载氏著：《近年出土黄老思想文献研究》，中国社会科学出版社，2005年。

曹 峰：《上博楚简〈凡物流形〉的文本结构与思想特征》，《清华大学学报（哲学社会科学版）》2010年第1期。

曹 峰：《释〈凡物流形〉中的"箸不与事"》，简帛研究网，2011

年 3 月 9 日。

曹　峰:《〈太一生水〉下半部分是一个独立完整的篇章》,《清华大学学报(哲学社会科学版)》2014 年第 2 期。

曹　峰:《关于黄老道家的一些新认识》,《诸子学刊》2015 年第 2 期。

曹锦炎释文注释:《凡物流形(甲本)》,载马承源主编:《上海博物馆藏战国楚竹书(七)》,上海古籍出版社,2008 年。

陈鼓应:《初读简本〈老子〉》,《文物》1998 年第 10 期。

陈鼓应:《从郭店简本看〈老子〉尚仁及守中思想》,载氏主编:《道家文化研究》第 17 辑,三联书店,1999 年。

陈　静:《〈恒先〉义释》,《西安建筑科技大学学报(社会科学版)》2007 年第 1 期。

陈丽桂:《〈太一生水〉研究综述及其与〈老子〉丙的相关问题》,载氏著:《近四十年出土简帛文献思想研究》,中华书局,2015 年。

陈松长:《马王堆汉墓帛画"太一将行"图浅论》,《美术史论》1992 年第 3 期。

陈松长:《〈太一生水〉考论》,载武汉大学中国文化研究院编:《郭店楚简国际学术研讨会论文集》,湖北人民出版社,2000 年。

陈　伟:《读郭店竹书〈老子〉札记(四则)》,《江汉论坛》1999 年第 10 期。

陈　伟:《〈太一生水〉考释》,载《古文字与古文献》试刊号,台北楚文化研究会筹备处,1999 年。

陈　伟:《〈太一生水〉校读并论与〈老子〉的关系》,载《古文字研究》第22辑,中华书局,2000年。

陈　伟:《上博五〈三德〉初读》,简帛网,2006年2月19日。

陈　伟:《读〈凡物流形〉小札》,简帛网,2009年1月2日。

褚红轩:《上博七〈凡物流形〉文字释读研究》,西南大学硕士学位论文,2011年。

丁四新:《〈太一生水〉考论》,载氏著:《郭店楚墓竹简思想研究》,东方出版社,2000年。

丁四新:《楚简〈太一生水〉第二部分简文思想分析及其宇宙论来源考察》,《学术界》2002年第3期。

丁四新:《楚简〈太一生水〉研究——兼对当前〈太一生水〉研究的总体批评》,载氏主编:《楚地出土简帛文献思想研究(一)》,湖北教育出版社,2002年。

丁四新:《论简本与帛本、通行本〈老子〉的思想差异》,载氏主编:《楚地出土简帛文献思想研究(一)》,湖北教育出版社,2002年。

丁四新:《帛书〈道原〉集释》,载氏主编:《楚地简帛思想研究(二)》,湖北教育出版社,2005年。

丁四新:《楚简〈恒先〉章句释义》,载氏主编:《楚地简帛思想研究(二)》,湖北教育出版社,2005年。

丁四新:《郭店竹简〈老子〉甲编"绝智弃辩"章校札五则》,载杨华主编:《学鉴》第3辑,武汉大学出版社,2010年。

丁四新：《论上博楚竹书〈凡物流形〉的哲学思想》，载《北大中国文化研究》第 2 辑，社会科学文献出版社，2012 年。

丁四新：《"察一"（"察道"）的工夫与功用——论楚竹书〈凡物流形〉第二部分文本的哲学思想》，《武汉大学学报（人文科学版）》2013 年第 1 期。

丁四新：《"亙"与"亙先"——上博楚竹书〈亙先〉的关键概念研究》，《新疆师范大学学报（哲学社会科学版）》2017 年第 3 期。

丁四新：《"数"的哲学观念再论与早期中国的宇宙论数理》，《哲学研究》2020 年第 6 期。

丁四新：《本体之道的论说——论帛书〈道原〉的哲学思想》，载湖南省博物馆编：《湖南省博物馆馆刊》第 2 辑，岳麓书社，2005 年；又载王中江主编：《老子学集刊》第 5 辑，中国社会科学出版社，2021 年。

丁四新：《新出儒家简牍文献及其研究》，《孔子研究》2023 年第 4 期。

丁原明：《战国南方黄老学的思想》，载氏著：《黄老学论纲》，山东大学出版社，1997 年。

丁原植：《〈恒先〉与古典哲学的始源问题》，"新出土文献与先秦思想重构"国际学术研讨会论文，台湾大学哲学系主办，2005 年 3 月。

董　珊：《楚简〈恒先〉初探》，载氏著：《简帛文献考释论丛》，上海古籍出版社，2014 年。

复旦读书会：《〈上博（七）·凡物流形〉重编释文》，复旦大学出土文献与古文字研究中心网，2008 年 12 月 31 日；又载刘钊主编：《出土文献与古文字研究》第 3 辑,复旦大学出版社,2010 年。

　　高　明:《读郭店〈老子〉》,《中国文物报》1998 年 10 月 28 日第 3 版。

　　高佑仁:《释〈凡物流形〉简 8 之"通天之明奚得?"》,简帛网,2009 年 1 月 16 日。

　　高　正:《帛书"十四经"正名》,载陈鼓应主编:《道家文化研究》第 3 辑,上海古籍出版社,1993 年。

　　郭沫若:《稷下黄老学派的批判》,载氏著:《十批判书》,东方出版社,1996 年。

　　郭　沂:《试谈楚简〈太一生水〉及其与简本〈老子〉的关系》,《中国哲学史》1998 年第 4 期。

　　郭永秉:《由〈凡物流形〉"廌"字写法推测郭店〈老子〉甲组与"朘"相当之字应为"廌"字变体》,复旦大学出土文献与古文字研究中心网,2008 年 12 月 31 日。

　　河北省文物研究所定州汉简整理小组:《定州西汉中山怀王墓竹简〈文子〉释文》,《文物》1995 年第 12 期。

　　何有祖:《〈凡物流形〉札记》,简帛网,2009 年 1 月 1 日。

　　胡家聪:《帛书〈道原〉和〈老子〉论道的比较》,载陈鼓应主编:《道家文化研究》第 3 辑,上海古籍出版社,1993 年。

　　胡翔骅:《帛书〈却谷食气〉义证》,载陈鼓应主编:《道家文化研究》第 3 辑,上海古籍出版社,1993 年。

黄人二、林志鹏：《上博藏简第三册恒先试探》，简帛研究网，2004年5月12日。

季旭昇：《读郭店楚墓竹简札记》，载《中国文字》新24期，艺文印书馆，1998年。

季旭昇：《〈上博三·恒先〉"意出于生，言出于意"说》，简帛研究网，2004年6月22日。

季旭昇：《恒先译释》，见氏主编：《〈上海博物馆藏战国楚竹书（三）〉读本》，万卷楼图书股份有限公司，2005年。

姜守诚：《放马滩秦简〈志怪故事〉中的宗教信仰》，《世界宗教研究》2013年第5期。

荆　雨：《帛书〈黄帝四经〉政治哲学思想研究》，武汉大学博士学位论文，2004年。

李建民：《太一新证——以郭店楚简为线索》，载中国出土资料学会编辑：《中国出土资料研究》第3号，1999年3月。

李　零：《包山楚简研究（占卜类）》，载《中国典籍与文化论丛》第1辑，中华书局，1993年。

李　零：《读郭店楚简〈太一生水〉》，载陈鼓应主编：《道家文化研究》第17辑，三联书店，1999年。

李　零：《郭店楚简校读记》，载陈鼓应主编：《道家文化研究》第17辑，三联书店，1999年。

李零释文注释：《亙先》，载马承源主编：《上海博物馆藏战国楚竹书（三）》，上海古籍出版社，2003年。

李零释文注释：《三德》，载马承源主编：《上海博物馆藏战国楚竹书（五）》，上海古籍出版社，2006年。

李　零：《北大秦牍〈泰原有死者〉简介》，《文物》2012年第6期。

李　锐：《清华大学简帛讲读班第三十二次研讨会综述》，简帛研究网，2004年4月18日。

李　锐：《〈恒先〉浅释》，简帛研究网，2004年4月23日。

李　锐：《〈太一生水〉补疏》，简帛研究网，2007年5月26日。

李　锐：《道精、道一与道德、道说——试论理解〈老子〉之"道"的另一种角度》，《人文杂志》2009年第5期。

李　锐：《上博简〈凡物流形〉的思想主旨与学派归属》，《陕西师范大学学报（哲学社会科学版）》2017年第5期。

李学勤：《"兵避太岁"戈新证》，《江汉考古》1991年第2期。

李学勤：《走出"疑古时代"》，《中国文化》1992年第2期。

李学勤：《楚帛书与道家思想》，载陈鼓应主编：《道家文化研究》第5辑，上海古籍出版社，1994年。

李学勤：《帛书〈道原〉研究》，载氏著：《古文献丛论》，上海远东出版社，1996年。

李学勤：《荆门郭店楚简所见关尹遗说》，《中国文物报》1998年4月8日第3版。

李学勤：《说郭店简"道"字》，载中国社会科学院简帛研究中心编辑:《简帛研究》第 3 辑,广西教育出版社,1998 年。

李学勤:《太一生水的数术解释》,载陈鼓应主编:《道家文化研究》第 17 辑,三联书店,1999 年。

李学勤:《论郭店简〈老子〉非〈老子〉本貌》,载王子今等编:《纪念林剑鸣教授史学论文集》,中国社会科学出版社,2002 年。

李学勤:《楚简〈恒先〉首章释义》,《中国哲学史》2004 年第 3 期。

连劭名:《楚竹书〈恒先〉新证》,《中原文物》2009 年第 2 期。

廖名春:《楚简〈老子〉校释(五)》,载郑万耕主编:《中国传统哲学新论——朱伯崑教授七十五寿辰纪念文集》,九洲图书出版社,1999 年。

廖名春:《上博藏楚竹书〈恒先〉新释》,《中国哲学史》2004 年第 3 期。

廖名春:《〈凡物流形〉校读零札(一)》,简帛研究网,2011 年 3 月 9 日。

刘　刚:《读简杂记·上博七》,复旦大学出土文献与古文字研究中心网,2009 年 1 月 5 日。

刘中良:《上博楚竹书〈凡物流形〉研究》,三峡大学硕士学位论文,2011 年。

刘笑敢:《从竹简本与帛书本看〈老子〉的演变》,载武汉大学中国文化研究院编:《郭店楚简国际学术研讨会论文集》,湖北人民出版社,2000 年。

刘信芳：《包山楚简神名与〈九歌〉神祇》，《文学遗产》1993 年第 5 期。

刘信芳：《上博藏竹简〈恒先〉试解》，简帛研究网，2004 年 5 月 16 日。

刘信芳：《试说竹书〈凡物流形〉"俯而寻之"》，复旦大学出土文献与古文字研究中心网，2010 年 2 月 23 日。

庞　朴：《一种有机的宇宙生成图式》，载陈鼓应主编：《道家文化研究》第 17 辑，三联书店，1999 年。

庞　朴：《古墓新知——漫谈郭店楚简》，载姜广辉主编：《中国哲学》第 20 辑《郭店楚简研究》，辽宁教育出版社，1999 年。

庞　朴：《"太一生水"说》，载姜广辉主编：《中国哲学》第 21 辑《郭店简与儒学研究》，辽宁教育出版社，2000 年。

庞　朴：《〈恒先〉试读》，载梁涛主编：《中国思想史前沿——经典·诠释·方法》，陕西师范大学出版社，2008 年。

彭　浩：《一种新的宇宙生成理论——读〈太一生水〉》，载武汉大学中国文化研究院编：《郭店楚简国际学术研讨会论文集》，湖北人民出版社，2000 年。

秦桦林：《楚简〈凡物流形〉中的"危"字》，简帛网，2009 年 1 月 4 日。

秦桦林：《〈凡物流形〉第二十一简试解》，复旦大学出土文献与古文字研究中心网，2009 年 1 月 9 日。

秦桦林:《从楚简〈凡物流形〉看〈象传〉的成书年代》,《周易研究》2009年第5期。

裘锡圭:《稷下道家精气说的研究》,载氏著:《文史丛稿》,上海远东出版社,1996年。

裘锡圭:《马王堆〈老子〉甲乙本卷前后佚书与"道法家"——兼论〈心术上〉〈白心〉为慎到田骈学派作品》,载氏著:《文史丛稿》,上海远东出版社,1996年。

裘锡圭:《郭店〈老子〉简初探》,载陈鼓应主编:《道家文化研究》第17辑,三联书店,1999年。

裘锡圭:《〈太一生水〉"名字"章解释——兼论〈太一生水〉的分章问题》,载《古文字研究》第22辑,中华书局,2000年。

裘锡圭:《纠正我在郭店〈老子〉简释读中的一个错误》,载《郭店楚简国际学术研讨会论文集》,湖北人民出版社,2000年。

裘锡圭:《以郭店〈老子〉为例谈谈古文字》,载姜广辉主编:《中国哲学》第21辑《郭店简与儒学研究》,辽宁教育出版社,2000年。

裘锡圭:《北京大学中国古文献研究中心郭店楚墓竹简研究项目介绍》,载《出土文献研究》第6辑,上海古籍出版社,2004年。

裘锡圭:《关于〈老子〉的"绝仁弃义"和"绝圣"》,载《出土文献与古文字研究》第1辑,复旦大学出版社,2006年。

裘锡圭:《是"恒先"还是"极先"》,复旦大学出土文献与古文字研究中心网,2009年6月2日;又载裘锡圭:《裘锡圭文集》第5卷,复旦大学出版社,2012年。

饶宗颐:《帛书〈系辞传〉"大恒"说》,载陈鼓应主编:《道家文化研究》第3辑,上海古籍出版社,1993年。

饶宗颐:《楚帛书与〈道原篇〉》,载陈鼓应主编:《道家文化研究》第3辑,上海古籍出版社,1993年。

任蜜林:《先秦道家视野下的〈凡物流形〉哲学研究》,《云南大学学报(社会科学版)》2016年第4期。

沈　培:《略说〈上博(七)〉新见的"一"字》,复旦大学出土文献与古文字研究中心网,2008年12月31日。

宋华强:《〈上博(七)·凡物流形〉札记四则》,简帛网,2009年1月3日。

宋华强:《〈凡物流形〉甲本5—7号部分简文释读》,简帛网,2009年6月23日。

苏建洲:《释〈凡物流形〉甲15"通于四海"》,复旦大学出土文献与古文字研究中心网,2009年1月14日。

孙功进:《上博楚简〈恒先〉的"复"观念探析》,《中原文化研究》2016年第2期。

谭宝刚:《恒先考论》,载氏著:《老子及其遗著研究——关于战国楚简〈老子〉、〈太一生水〉、〈恒先〉的考察》,巴蜀书社,2009年。

唐　兰:《马王堆出土〈老子〉乙本卷前古佚书的研究》,载马王堆汉墓帛书整理小组编:《经法》,文物出版社,1976年。

唐明邦：《竹简〈老子〉与通行本〈老子〉比较研究》，载武汉大学中国文化研究院编：《郭店楚简国际学术研讨会论文集》，湖北人民出版社，2000年。

王　博：《美国达慕思大学郭店〈老子〉国际学术讨论会纪要》，载陈鼓应主编：《道家文化研究》第17辑，三联书店，1999年。

王　博：《张岱年先生谈荆门郭店楚简〈老子〉》，载陈鼓应主编《道家文化研究》第17辑，三联书店，1999年。

王　博：《〈太一生水〉研究》，载氏著：《简帛思想文献论集》，台湾古籍出版有限公司，2001年。

王国维：《观堂集林·殷卜辞中所见先公先王考》，载谢维扬、房鑫亮主编：《王国维全集》第8卷，浙江教育出版社，2009年。

王政杰、丁四新：《"道"之"一"的哲学思想——以上博楚竹书〈凡物流形〉为中心》，《江西社会科学》2023年第6期。

王志平：《〈太一生水〉和〈易〉学》，载《简帛研究》二〇〇一年卷，广西师范大学出版社，2001年。

王志平：《〈恒先〉管窥》，简帛研究网，2004年5月8日。

王中江：《〈恒先〉宇宙观及人间观的构造》，《文史哲》2008年第2期。

王中江：《〈凡物流形〉编联新见》，简帛网，2009年3月3日。

王中江：《〈凡物流形〉的"贵君"、"贵心"和"贵一"》，《清华大学学报（哲学社会科学版）》2010年第1期。

王中江:《出土文献与先秦自然宇宙观重审》,《中国社会科学》2013年第5期。

王中江:《〈凡物流形〉"一"的思想构造及其位置》,《学术月刊》2013年第10期。

王中江:《早期道家"一"的思想的展开及其形态》,《哲学研究》2017年第7期。

魏启鹏:《楚简〈太一生水〉笺注》,载氏著:《楚简〈老子〉柬释》,万卷楼图书有限公司,1999年。

闻一多:《伏羲考》,载马昌仪编:《中国神话学文论选萃》上册,中国广播电视出版社,1994年。

邬可晶:《〈上博(七)·凡物流形〉补释二则》,复旦大学出土文献与古文字研究中心网,2009年4月11日。

吴根友:《上博楚简〈恒先〉篇哲学思想探析》,简帛研究网,2004年5月8日。

萧汉明:《〈太一生水〉的宇宙论与学派属性》,《学术月刊》2001年第12期。

萧汉明:《马王堆四篇古佚书和黄老思潮》,载丁四新主编:《楚地出土简帛文献思想研究(一)》,湖北教育出版社,2002年。

萧萐父:《〈黄老帛书〉哲学浅议》,载氏著:《吹沙二集》,巴蜀书社,1999年。

谢君直:《〈道原〉中的道论》,《鹅湖月刊》2000年第8期。

邢　文:《论郭店〈老子〉与今本〈老子〉不属一系——楚简〈太一生水〉及其意义》,载姜广辉主编:《中国哲学》第 20 辑《郭店楚简研究》,辽宁教育出版社,1999 年。

熊铁基:《对"神明"的历史考察》,载武汉大学中国文化研究院编:《郭店楚简国际学术研讨会论文集》,湖北人民出版社,2000 年。

许抗生:《初读〈太一生水〉》,载陈鼓应主编:《道家文化研究》第 17 辑,三联书店,1999 年。

许抗生:《初读郭店竹简〈老子〉》,载姜广辉主编:《中国哲学》第 20 辑《郭店楚简研究》,辽宁教育出版社,1999 年。

许抗生:《再读郭店竹简〈老子〉》,《中州学刊》2000 年第 5 期。

颜世铉:《郭店楚简散论(二)》,《江汉考古》2000 年第 1 期。

杨奉联:《疑问代词"奚"源自齐鲁说——兼谈上博简〈凡物流形〉"问物"的文本来源》,《新疆大学学报(哲学·人文社会科学版)》2017 年第 6 期。

张立文:《论简本〈老子〉与儒家思想的互补互济》,载陈鼓应主编:《道家文化研究》第 17 辑,三联书店,1999 年。

赵　涵:《帛书〈二三子问〉"精白"思想与儒家工夫论》,《周易研究》2017 年第 6 期。

赵建伟:《郭店楚墓竹简〈太一生水〉疏证》,载陈鼓应主编:《道家文化研究》第 17 辑,三联书店,1999 年。

郑吉雄:《〈太一生水〉释读研究》,载《中国典籍与文化论丛》第

14辑(《中国典籍与文化》增刊),凤凰出版社,2012年。

周凤五:《郭店竹简的形式特征及其分类意义》,载武汉大学中国文化研究院编:《郭店楚简国际学术研讨会论文集》,湖北人民出版社,2000年。

朱渊清:《"域"的形上学意义》,简帛研究网,2004年4月19日。

图书在版编目（CIP）数据

出土文献与早期道家 / 丁四新著. -- 北京：中国人民大学出版社，2024.3
（出土文献与早期中国思想世界 / 王中江主编）
ISBN 978-7-300-32629-0

Ⅰ.①出… Ⅱ.①丁… Ⅲ.①出土文物—文献—研究—中国 ②道家—哲学思想—研究—中国 Ⅳ.① K877.04 ② B223.05

中国国家版本馆 CIP 数据核字（2024）第 055345 号

国家出版基金项目
出土文献与早期中国思想世界
王中江　主编
出土文献与早期道家
丁四新　著
Chutu Wenxian yu Zaoqi Daojia

出版发行	中国人民大学出版社			
社　　址	北京中关村大街 31 号		邮政编码	100080
电　　话	010-62511242（总编室）		010-62511770（质管部）	
	010-82501766（邮购部）		010-62514148（门市部）	
	010-62515195（发行公司）		010-62515275（盗版举报）	
网　　址	http://www.crup.com.cn			
经　　销	新华书店			
印　　刷	涿州市星河印刷有限公司			
开　　本	890 mm × 1240 mm　1/32		版　次	2024 年 3 月第 1 版
印　　张	10.375　插页 3		印　次	2024 年 3 月第 1 次印刷
字　　数	214 000		定　价	79.00 元

版权所有　侵权必究　　印装差错　负责调换